企业文化建设实务

（第二版）

PRACTICES ON CORPORATE CULTURE BUILDING

何建湘◎著

中国人民大学出版社
· 北京 ·

图书在版编目（CIP）数据

企业文化建设实务 / 何建湘著 . —2 版 . —北京：中国人民大学出版社，2019.5
ISBN 978-7-300-26843-9

Ⅰ. ①企… Ⅱ. ①何… Ⅲ. ①企业文化 - 建设 - 研究 - 中国 Ⅳ. ① F279.23

中国版本图书馆 CIP 数据核字（2019）第 055238 号

企业文化建设实务（第二版）
何建湘　著
Qiye Wenhua Jianshe Shiwu

出版发行	中国人民大学出版社		
社　　址	北京中关村大街 31 号	**邮政编码**	100080
电　　话	010－62511242（总编室）		010－62511770（质管部）
	010－82501766（邮购部）		010－62514148（门市部）
	010－62515195（发行公司）		010－62515275（盗版举报）
网　　址	http://www.crup.com.cn		
	http://www.ttrnet.com（人大教研网）		
经　　销	新华书店		
印　　刷	北京宏伟双华印刷有限公司	**版　　次**	2014 年 10 月第 1 版
规　　格	170mm × 240mm　16 开本		2019 年 5 月第 2 版
印　　张	21.25 插页 2	**印　　次**	2025 年 2 月第 7 次印刷
字　　数	318 000	**定　　价**	55.00 元

序言
FOREWORD

文化从理念到行为的实践指南

企业文化对于企业持续发展的影响、对于企业保持持久竞争力的影响，已经成为共识。无论是迅速崛起的日本企业，还是那些具备持续竞争力的美国卓越企业，它们的成功都与企业文化密不可分。能够为企业赢得竞争力，这也正是企业文化的魅力所在。

理论上讲，企业文化首先表现为一些理念，因此树立恰当的文化理念，是企业文化奏效的前提。如同《追求卓越》中所呈现的，彼得斯和沃特曼通过对美国 43 家卓越企业的研究总结了美国成功企业的八项理念：采取行动；接近顾客；自主和创新精神；以人为本；亲身实践、价值驱动；坚持本业；组织单纯、人事精简；宽严并济。这些成功理念帮助美国企业走向卓越。本书作者亦通过研究 10 家中华老字号企业总结了中国成功企业的六项理念：诚信为本、顾客至上、以人为本、追求卓越、担当责任、善于创新，这些理念帮助中华老字号保有持续变革与成长的活力，可谓中华老字号长青之基因。如同本书中所讲，诚信为本为“信”，顾客至上为“礼”，以人为本为“仁”，担当责任为“义”，追求卓越与善于创新为“智”。这些理念不单是源于中国企业的实践，并且与中华传统文化“仁、义、礼、智、信”贯通，是名副其实的中国式企业文化理念。

在实践过程中，有的企业尽管也认可这些成功理念，并用这些理念表达企业的核心价值观，但却没有获得企业文化的力量，甚至有的企业还因此而否定了企业文化的价值。企业文化能够带来竞争力是毋庸置疑的。事实上，那些未获得竞争力的企业对企业文化仅仅理解了一半，因为企业文化是理念，但又不仅仅是理念。从根本上讲，要释放企业文化的力量，必须让文化从理念转化为行动，这正是企业文化建设所应该做的。

企业文化建设是一项体系化的工作。很多企业在实践中往往会感到无从下手，而在企业内部也常常感到企业文化的无力状态，更不用说在面对巨大的环境变化时，保持持续增长和竞争力成为一个极其巨大的挑战。本书作者的研究和这本书的呈现，让企业文化从有效的理念到有效的行动有了可操作和借鉴的有效方法，实践导向的价值理念以及全面深入的操作性方法使本书可以作为企业文化建设的行动指南，指导企业进行有效的管理实践。

本书作者通过长年深入企业进行企业文化咨询和企业文化案例研究，将成功企业的企业文化建设工作总结为八大子体系，包括目标体系、保障体系、识别体系（理念识别、行为识别、视觉识别）、培训体系、传播体系、激励体系、融入体系（战略、团队、采购、生产、服务、营销及品牌、创新）和评估体系。八大子体系通过战略规划启动、基础体系构建、企业文化推进、评估改进提升四大关键步骤贯彻实施。其中，战略规划启动对应企业文化目标体系和保障体系，基础体系构建对应企业文化识别体系，企业文化推进对应企业文化培训体系、传播体系、激励体系以及融入体系，评估改进提升对应企业文化评估体系。八大子体系和四大关键步骤综合构成了企业文化建设的有机系统。本书作者借助“战略转型背景下的企业文化目标体系制定”“文化与战略相匹配”等几十个典型案例对上述若干子体系和关键步骤进行详细的解读，这些案例既进一步强化了上述体系和步骤的重要性，同时也进一步增强了上述体系和步骤在实践中的指导性。除上述内容，本书作者在书中还呈现了诸多企业文化建设的实用工具、常用理论知识与诊断分析工具，如企业文化建设三年规划实施甘特图、企业文化手册撰写指导说明、奎因企业文化导向诊断分析模型、标杆企业文化核心要素结构模型、“PDCA”循环等，这些工具一部分与企业文化建设的八大子体系直接对应，一部分呈现了组织管理当中的经典工具，对企业文化建设而言都颇有帮助。

这部基于中国式企业文化建设实践总结而成的著作兼具理论性与实践性，而践行其中的企业文化建设体系本身就是一种颇具建设性的行动。

陈春花

北京大学王宽诚讲席教授、国家发展研究院 BiMBA 商学院院长

前言 PREFACE

2013年，我们选取了我国各行业最具代表性且经营业绩良好的10家中华老字号企业，对其发展历程、管理变革和创新、企业文化及服务品牌等方面进行了深入研究[①]，最终发现：在组织机构、产权结构、商业模式等不断变化的过程中唯一不变的是老字号的企业文化精髓，也正是这些核心价值观引领着它们走向长青之路。正如《基业长青》作者吉姆·柯林斯所言："高瞻远瞩的公司能够奋勇前进，根本因素在于指引、激励公司上下的核心理念，亦即核心价值和超越利润的目的感。"可见，优秀的企业文化是决定企业兴衰的关键因素之一，更是支撑企业持续成长的内在动力。

在专注于企业管理案例研究的10余年中，我们也发现，中国企业对企业文化建设越来越重视，而且大量的优秀企业之所以能够取得成功，关键在于其企业文化层面的良好基础。不过，我们也发现很多企业在企业文化建设过程中存在诸多问题，例如，不切实际，照搬西方企业所谓的先进理念与先进工具；好高骛远，提出遥不可及的企业文化建设目标；缺乏战略，企业文化与公司整体战略脱节；缺乏体系，没有长远性的规划与持续性的保障机制，更没有科学性的激励机制……这些问题，一直困扰着众多企业文化建设的实践者，让大家感觉力不从心，虽然投入了很长时间、很多财力与物力，但企业文化建设的工作成效仍然不够理想……归结起来，其根本原因是我国企业文化建设实践方面缺乏科学、系统、可操作的理论指导与经验总结，而专注于中国式企业文化建设实践的研究者又少之甚少，偏实务性的可操作性研究成果及图书更是几乎处于空白状态。

基于此，我们在2009—2014年，历时5年时间，就30余家标杆企业的企业文化实践案例进行了跟踪研究，总结提炼出具有成功企业共性特征的企

① 详见本书第1章。

业文化建设体系，即由“四个关键步骤、八大子体系”构筑的闭环式企业文化建设体系，并形成了《企业文化建设实务》系列成果。本书则是重点围绕该体系从实践角度展开论述，分别以理论总结、操作指导、案例解读等形式对每一个子体系进行了详细的剖析；而且，我们还对案例研究、项目咨询过程中企业常用的企业文化建设实用工具、理论常识与诊断分析工具进行了系统梳理，并在本书中列出了其中最关键、最常用的指导理论与实用工具。与此同时，我们对企业文化基本理论也进行了更新与丰富，尤其是对企业文化的定义、企业文化的内容构成进行了新的阐释，这也是在企业文化理论研究方面的一次提升。

“苟日新，日日新，又日新”。随着时代的进步与管理的变革，企业文化实践方面也涌现出了许多创新案例，理论也需要不断地更新与完善。《企业文化建设实务》出版后的4年里，我们特别增加了针对互联网企业、国有企业的深入研究，通过大量的案例总结分析，提出了“并行的党建文化体系”以及“融入‘无界生态’”的新概念。其中“并行的党建文化体系”强调了党建文化与企业文化之间彼此依存、相互作用、目标一致的紧密关系，认为党建文化与企业文化及企业管理的全面融合，是中国企业文化建设的最大特色，并成为中国企业创新管理模式中的“中国方案”，而这个“中国方案”本身又是中国党建管理工作的突破与创新。因此，我们将“党建文化”列为企业文化建设的重要影响因素之一。而“融入‘无界生态’”强调的是在当前以互联网科技、共享经济为主题的时代背景下，企业文化应该如何有效融入商业生态圈、适应科技的变革与时代的变迁。因此，我们将其列为融入体系的一个重要模块，而且在融入“无界生态”的有关描述中，还特别增加了“跨文化融合”概念，这也是当今众多“走出去”的中国企业所关注的重要课题。此外，我们还对整个企业文化建设体系进行了重新审视并进行部分理论的调整与补充，使其更完善、更科学。例如，有关企业文化建设体系的重要影响因素，除了提出“党建文化”，还增添了另一个重要的影响要素——公司战略，进一步明确了企业文化与公司战略相辅相成、相互推动的关系；又如，将原来的融入岗位、融入“组织细胞”，合并为融入“内部组织”，涵盖子公司、分支机构、部门、岗位、班组、项目等，而这个“内部组织”又与侧重于外部的“无界生态”一起形成有对应关系的有机整体；另外，还特别增加了近年新兴的“项目文化建设”等相关内容。理论指导实践，实践又作用于理论。上述理论的更新都有案例支撑，因此，《企业文化建设实务》（第二版）在完善理论的同时，重点增添了15个全新案例，案例更新程度达到50%以上。相关企业包括中国交建、中国路桥、阿里巴巴、京东、腾讯、海尔、小米、爱奇艺、金山办公、顺丰、红豆集团等，当然，其中少数案例是基于原来理论框架进行的案例补充或者更新。

这次理论完善、案例更新两部分修改文字量达5万余字，占旧版图书文字的35%左右。不过，原来总体的理论框架、通用理论、实用工具都没有调整。因此，《企业文化建设实务》（第二版）仍然保留着之前的三个特点：

（1）内容的实用性。源于9年企业文化案例研究以及企业文化咨询成果，我们总结了中国企业的企业文化建设路径与方法，强调具体实施方法，包括企业文化建设理论体系、详细的工作模块分解与说明、相应的案例解读、具体的操作工具。

（2）理论的创新性。基于对国内外关于企业文化的基本理论以及中国本土企业文化建设实践案例的研究，我们对企业文化有关理论知识进行了创新性的延伸与丰富，而且由“四个关键步骤、八大子体系”构筑的闭环式企业文化建设体系，其本身也是企业文化建设实践方面的创新性理论总结。此外，随着时代变迁与管理变革，我们保持着对企业文化理论的及时更新与完善，例如第二版对企业文化理论进行了完善，并增加了更加符合时代发展特征、符合中国企业特色的一些理论创新内容。

（3）知识的系统性。本书除了强调实用性，还有企业文化基本理论、企业文化建设体系理论做有力支撑，是一本系统性的企业文化建设理论与实践图书，而且，企业文化建设体系中各个子体系之间紧密衔接、相互支撑，其本身就具有系统化、规范化与科学化的优势与特点。

内容的实用性、理论的创新性、知识的系统性，使得本书不仅具有充分的理论支撑，还提供了具体的实践指导、应用工具以及相应的案例解读，成为目前国内第一本用理论总结、操作指导、案例解读、工具支撑的企业文化建设实践图书。我们期望通过本书的再版，继续为企业文化建设的实践者提供最鲜活的标杆案例、最及时的理论总结，并一如既往地提供“拿来即用”的企业文化建设操作指导、实用工具与借鉴经验，从而帮助和指导企业科学、规范、高效地开展企业文化建设工作，确保企业文化建设工作的价值最大化，有效提高企业文化建设能力与管理水平，推动企业快速实现战略目标；同时，也为企业文化建设研究者提供企业文化研究参考，成为中国企业文化建设研究与实践方面的标杆成果之一。

《企业文化建设实务》出版 4 年来，本书得到了不少读者的欢迎与支持，这其实也是本次图书再版的重要原因之一！为了便于各位读者能够更高效地阅读和使用本书，笔者专门整理了一些读者共同关注的重要问题在此进行集中性解惑答疑。

问题一：如此完整的企业文化建设体系，对于一个规模不大或者企业文化相对落后的企业来说，是不是过于复杂，甚至无从着手？

答：本书总结的企业文化建设体系基于大量标杆企业的案例提炼而成，所研究的企业对象规模相对较大、组织结构相对完善、管理体系相对成熟。但是，企业文化建设体系的形成并非一蹴而就的，大量工作需要分阶段实施，随着企业的发展需要经历不断的变革、优化与完善；另外，不同企业的企业文化建设体系往往有自己的个性特征，并非一模一样的，这与企业性质、规模、组织特性等因素有关。因此，笔者的建议是：首先，分析自己企业的特性以及所处的发展阶段。其次，对照企业文化建设理论体系，审视自身企业存在的差距，找到适合自身企业的路径与方法并加以改进。虽然不一定要求短期内各个体系都是非常完善的，可能某个体系只有部分工作达成，甚至在企业发展的某个阶段某些子体系都仅仅是次要工作，但是要求整个体系各个环节的关键要素缺一不可，而且不要孤立地看待各个子体系。再次，根据企业所处发展阶段，分步骤、有侧重地开展工作，注重科学性与实效性相结合。例如企业文化建设初期，侧重于企业文化理念的提炼、宣贯等，具体的融入工作也是根据公司的战略重点有选择性地予以实施，而评估的方式则会相对简单。最后，还要根据企业的发展规模与经营实力量力而行，切忌不顾实际追求完善体系的塑造，而进行大量物力与人力投入。

问题二：在企业文化建设体系应用、案例及工具借鉴过程中，需要注意哪些问题?

答：要把握两大原则：一是遵循企业文化建设理论体系的运行规律，清晰掌握各个体系的具体内容及工作要点，做到各个体系的关键要素缺一不可，做到各个体系之间相互支撑，做到各个体系的完善循序渐进；二是遵循有利于企业发展的规律，即与企业发展战略保持一致，符合企业的规模、特性与发展阶段，注重企业文化建设的实效性。因此，不可全盘照搬书中所述路径、方法与工具，而要在遵循规律的前提下，有选择性地学习与吸收，必要的情况下进行调整与改善，将其转化为自己特色的解决方案。例如，有些标杆案例确实很优秀，但是因企业背景不同而不能照搬，不过我们可以学习其中一些好的做法，例如传播手段、宣贯方式；又如，大企业的某些子文化建设方案，相当于一个小公司的企业文化建设体系，如果与自己企业比较匹配，可以直接借鉴过来；另外，大量工具的应用，也应该根据企业的实际情况进行适当调整，不要孤立地建设某一个体系，因为很多工具可能同时适用于不同的子体系。

问题三：对于初期创业企业来说，企业文化重要吗？应该如何有效实施企业文化建设工作?

答：当然重要，而且是非常重要。我们发现，大量成功企业在创业初期都有自己鲜明的企业文化特征。只是创业初期，企业文化的表现方式可能存在一些区别，有的企业从第一天创业开始就非常重视相关工作，表现出来的企业文化也比较规范有序且形象鲜明，有的企业不一定很“专业化”地开展相关工作，但是创业团队所表现出来的做事风格、公司自发形成的文化价值观已经非常出类拔萃。当然，无论哪种呈现方式，都与企业领导者的高度重视密不可分，而且公司在该阶段的价值观往往都是企业领导者或者创始团队所倡导的，对公司成功创业起着关键的支撑作用。因此，创业初期，往往更加需要企业领导者或者创始团队所建立的强势文化。关于如何有效实施的问题，笔者认为需要做到强势引领、身体力行、遵循规律三点。一是强势引领，即企业领导者树立个性突出、颇具号召力的文化价值观，而且应该得到创业团队的共同认同，在后期招聘过程中也需要注重选择价值观一致的团队成员；二是身体力行，即企业领导者及创业团队要以身作则，持之以恒地践行企业文化价值观，以实际行动去感染新的团队成员，同时也要通过各种方式积极主动地进行文化传播与推广；三是遵循规律，包括正确地认知企业文化建设体系的运行规律、遵循符合企业自身特性与发展要求的规律等。因此，可以借鉴书中提出的企业文化建设理论体系，从无到有，逐步建立并完善自己的企业文化建设体系。与此同时，一定要根据创业初期企业的特征，量力而行，侧重于文化理念的宣贯、文化制度化与“内部组织”的文化融入，选择适合自己的培训、传播、激励、融入路径与手段。另外，还需要根据企业环境变化、战略调整，及时进行企业文化的更新与变革，切忌照本宣科、脱离实际、盲目投入、故步自封。

期望上述解答能够为读者的学习带来些许帮助，并在此诚挚地感谢各位读者一如既往的厚爱与支持，同时也欢迎大家随时提出新的宝贵建议！

当然，此项研究成果以及图书的出版，还离不开我身边各位权威专家学者、企业家、企业文化研究与实践者、案例提供企业方、同学、朋友等的大力支持。在这里，我想特别感谢北京大学王宽诚讲席教授、国家发展研究院BiMBA商学院院长陈春花女士，中国企业家俱乐部理事长、招商银行前行长马蔚华先生，财经作家、“蓝狮子”财经图书出版人吴晓波先生，秦朔朋友圈发起人秦朔先生，中国人民大学商学院教授叶康涛先生，北京外国语大学国际商学院EDP中心主任于兹志先生等几位专家的指导与帮助；同时还要感谢本书策划编辑丁一先生的精心策划，感谢何冀兵、张万文、冷元红、蔡骏杰、薛江、周孚方、张楚扬、高剑峰、徐明星、郭晓勇、庞连贞、张春晏、孙欣、荀薇华、朱象松等同学及好友为本书内容及推广提供的鼎力支持，其实还有更多的同学、同事及好友一直在默默地宣传和推广我的图书，我心存感激，就不一一道谢了；最后，感谢妻儿黄乐及何天言对我创作事业的理解与支持。

同时，我也真诚地期望更多关注企业文化、关注管理案例的人士共同参与进来，针对本书的不足之处提出宝贵意见，与我们一道助力中国企业提高企业文化建设能力与企业管理水平！

何建湘

目录 CONTENTS

PRACTICES ON CORPORATE
CULTURE BUILDING

第 1 章

企业文化的力量

从柳传志赴哈佛大学商学院点评案例说起

2001 年，正值春暖花开的季节，受哈佛大学商学院邀请，时任联想集团董事局主席兼总裁的柳传志在哈佛大学的课堂上对联想案例《中国科技的奇迹——联想在中国》进行了点评。然而，点评过程中，柳传志却语出惊人地表示案例深度不够，而且个人并不是很满意。

是什么原因让柳传志在如此顶尖的商学院的课堂上指出其案例研究的不足呢？这还得从案例的背景说起。

由于当时的联想创造了中国科技的奇迹，引起世人关注，哈佛大学商学院也在积极地探索“联想为什么”。借 2000 年年初柳传志访问美国的良机，哈佛大学商学院副院长向柳传志发出邀请，希望联想能为其做一期案例，并将内容主题初步确定为“地区竞争策略”。2000 年 8 月，哈佛大学商学院“竞争与战略”课程[①]教研组组长理查德·维特（Richard Vietor）教授带领在校 MBA 学生等 4 人亲赴联想，完成历时一个多月的访谈、实地调研以及后期长达半年的案例分析后，最终形成了《中国科技的奇迹——联想在中国》这个案例，入选哈佛大学商学院案例库，同时，计划在 2001 年春季的课堂上正式使用并邀请柳传志先生为其点评。而在当时，进入哈佛大学商学院案例库的中国企业只有联想和海尔两家。

这便有了柳传志点评案例的那一幕。柳传志在指出案例深度不够的同时，也对案例进行了深度剖析，阐述了自己的理由。

他认为案例在研发策略、销售策略、生产方式等运营层面花费了过多的笔墨，而在企业机制与企业文化层面提及甚少。他认为联想成功的关键在于有企业机制和企业文化层面的良好基础。当然，这也许与中西方经济和文化环境差异有关，但对于中国企业而言，这需要特别强调。

① 这门课程通常引用的是发达国家跨国公司的案例。

正如柳传志所言，其实，联想能取得今天的成绩，能做强做大，关键是在企业机制和企业文化这个层面有很好的基础。与同时在中关村成长起来的企业相比，联想正因为有了深厚的文化底蕴，才能任凭企业运营层面的千变万化、经营策略的不断调整，最终获得成功并健康发展。但恰恰在这个层面，哈佛大学商学院的案例谈得不多，几乎没有涉及。

同时，柳传志还提出了独具特色的“房屋论”① 以及“管理三要素”② 为其观点提供有力支撑，并博得哈佛大学商学院师生的高度认同。

柳传志先生提醒哈佛大学商学院，对联想成功案例的总结不能忽略联想企业文化产生的巨大价值，其实这也是在提醒中国企业，在持续发展过程中，必须高度重视和发挥企业文化的力量！

企业文化是企业成功的关键要素之一

首先，企业文化对企业的长期经营业绩有重大影响，甚至是决定企业兴衰的关键因素之一。

两位知名的哈佛大学商学院教授约翰·P. 科特（John P. Kotter）与詹姆斯·L. 赫斯克特（James L. Heskett）在 1992 年出版的《企业文化与经营业绩》一书中就已经表达了这个观点，而这个结论是其历时四年对数十家公司进行研究所得。

表 1－1 和表 1－2 是有关数据（基于 1977—1988 年的数据）。

表 1－1　　重视与不重视企业文化的公司的业绩对比

	重视企业文化的公司	不重视企业文化的公司
总收入平均增长率	682%	166%
员工增长率	282%	36%
公司股价	901%	74%
公司净收入增长率	756%	1%

① 房屋论：柳传志认为，企业的管理就像是一栋房屋，屋顶是产品的研发、生产和销售，屋体是物流、资金流、信息流的管理，而支撑企业发展的根基则是人才、机制和文化。文化作为企业发展的根基，如果根基不牢，企业将来的发展很容易走偏，因此必须高度重视。

② 管理三要素即搭班子、定战略和带队伍。

表 1－2　　优秀企业的企业文化指数与经营业绩的关系

公司名称	企业文化指数（1 强～ 5 弱）	经营业绩指数	资本年均回报率（%）	股票价格年均增长率（%）
沃尔玛	1.12	139	18.70	46.67
布希公司	1.63	43.7	12.43	23.30
《纽约时报》	1.76	36.5	14.51	22.98
道琼斯	1.83	33.6	26.64	17.07
惠普	1.93	40.2	16.35	17.50

从以上数据便可以清晰地理解他们在书中提出的主要结论：企业文化与长期经营绩效有巨大的正相关性，但是企业长期经营绩效的好坏与企业文化的强弱无关，而与企业文化是否适应外部环境变化有关。

其次，优秀的企业文化是企业成功的必要条件之一。

一项名为“常青树项目”的开拓性研究发现，大多数管理实践与业绩无关，企业只要在战略、执行、文化、组织结构这 4 项首要管理实践上表现卓越，并做好人才、创新、领导、兼并与合作这 4 项次要管理实践中的任意 2 项，便能成功在握，基业长青，故称之为“4+2”管理法则（见图 1－1）。

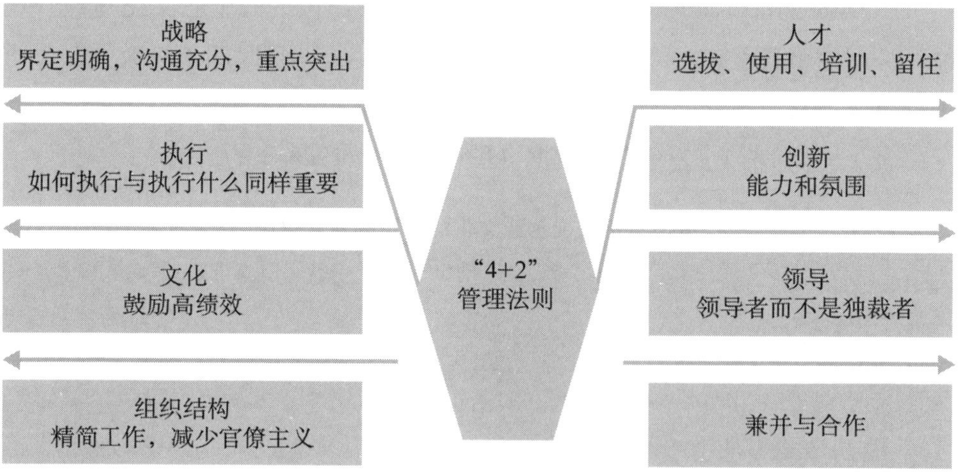

图 1－1　“4+2”管理法则示意图

其中“文化”属于 4 项首要管理实践要素之一，可见，优秀的企业文化是企业成功的必备条件之一。

中华老字号长青之基因

中华老字号是指历史悠久，拥有世代传承的产品、技艺或服务，具有鲜明的中华民族传统文化背景和深厚的文化底蕴，得到社会广泛认同，形成良好信誉的品牌，具有很强的历史文化价值和经济价值。目前，我国有将近 2 000 家中华老字号，它们历经沧桑，经历了无数次历史的变革与岁月的洗礼，蕴涵了数代民族企业家的艰辛和传奇，传承着中国传统文化的精髓，记载着中国现代商业文明的进程，不仅是中国商业文明的源头，还是世界商业文明中不可或缺的“中国元素”。例如医药业的同仁堂、珠宝业的老凤祥、白酒业的茅台、啤酒业的青岛啤酒、酒店业的锦江、丝绸业的瑞蚨祥，无不是行业的“领头羊”。其中的茅台、青岛啤酒、同仁堂、锦江已经成功走向世界成为国际品牌，而瑞蚨祥曾经是美国零售业巨头沃尔玛创建的灵感源头以及学习的榜样，被誉为“中国第一个驰名商标”的同仁堂已经是享誉全球的中药品牌。

而这批见证了中国商业历史变迁的“瑰宝”，是如何应对时代变革的？它们如何在一次次危机中涅槃重生？又究竟是什么支撑它们保持长青不衰？

我们选取了各行业最具代表性且经营业绩良好的 10 家中华老字号企业，即同仁堂、青岛啤酒、老凤祥、全聚德、锦江、张裕、茅台、中央商场、瑞蚨祥、张一元。它们绝大多数都是百年以上的老店，营业收入或者品牌价值均排在所有中华老字号前 10 名，且皆为行业领先者。我们对这 10 家老字号的发展历程、管理变革和创新、企业文化及服务品牌等方面进行了深入研究，最终发现：在组织机构、产权结构、商业模式等不断变化的过程中唯一不变的是老字号的企业文化精髓，而也正是这些核心价值观引领着它们走向长青之路。正如《基业长青》作者吉姆·柯林斯（Jim Collins）所言：“高瞻远瞩的公司能够奋勇前进，根本因素在于指引、激励公司上下的核心理念，亦即核心价值和超越利润的目的感。”

而且这 10 家企业的企业文化精髓存在极强的一致性，不仅都继承了中国传统文化的精髓，还充分展示了现代商业文明的特征，我们从中提炼出“中华老字号企业文化理念核心六要素”——诚信为本、顾客至上、以人为本、追求卓越、担当责任、善于创新，这些核心要素便是支撑中华老字号应对变革、保持生命力的原动力，即中华老字号长青之基因（见图1-2）。[①]

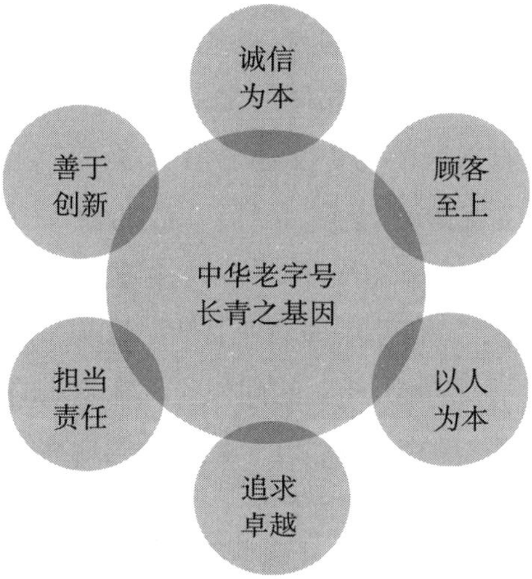

图1-2　中华老字号长青之基因

一、诚信为本

“诚，信也”，“信，诚也”。这一中华民族的传统美德在这10家老字号的企业文化精髓中，都排在首要位置，并频繁出现在传统古训中，堪称老字号之“魂”。例如瑞蚨祥的“至诚至上、货真价实、言不二价、童叟无欺”，张一元的“诚信为本”，同仁堂的“诚信为本，药德为魂”，青岛啤酒的“好人酿好酒”，全聚德的“以德为先，诚信为本”等。这里以瑞蚨祥和张一元的案例故事为例，阐述它们的“诚信”理念。

案例1-1

大火烧不掉瑞蚨祥的信念

瑞蚨祥创办才7年时，便经历了一次毁灭性的打击，但是瑞蚨祥凭着一个“信”字，不但没有垮掉，还获得了良好的信誉与口碑，并得到了更多客户以及合作伙伴的支持和信赖。1900年，义和团进北京，一把大火使瑞蚨祥几乎化为灰烬，但是，大火烧掉的只是店内的账目和物品，却无法摧毁

① 本书侧重于文化基因探索，其实企业的成功还与战略、领导者领导力、团队协作、组织结构、商业模式、产权结构等因素有关，这里不再展开详述。

瑞蚨祥坚强的信念——诚信。在巨大的灾难面前，瑞蚨祥的当家人孟雒川毅然向社会郑重宣布：凡瑞蚨祥所欠客户的款项一律奉还；凡客户所欠瑞蚨祥的钱物一笔勾销。瑞蚨祥当家人非凡的气魄和高尚的商业信誉，无不令人折服，在当时的社会上引起巨大震动，一时传为佳话。

案例 1-2

天灾减产时主动放弃利润

2010 年春天，南方气候反常，福建茶叶产区遭遇百年不遇的灾情，茶树大面积受损，天灾减产直接导致原料提价，幅度高达 50%。面对高价原料，张一元既要保障茶农的利益，又要保证北京市场的茶叶供应。于是，张一元坚持采购并接受茶农高达 50% 的提价，但是在零售价上仅上调 25%，主动放弃部分市场利润。面对天灾减产，原料提价，一直秉承“诚信为本”古训的张一元，并没有将责任全部推给客户，而是尽自己最大的努力来分担责任，充分展示着这个百年老店“诚信为本、厚德兴茶”的文化精髓。

二、顾客至上

服务（顾客）、满足顾客需求是企业存在的根本理由，中华老字号也不例外，它们从创立之日起，便始终将顾客放在第一位，并且坚持以“礼”字当先，诚待天下宾客。例如，锦江（饭店）一直坚持的服务理念是“热心、用心、细心、精心”，同仁堂始终追求的最高境界是“患者第一，顾客至上”，青岛啤酒肩负的使命是“用我们的激情酿造出消费者喜好的啤酒，为生活创造快乐”，全聚德提出的使命是“弘扬中华饮食文化，奉献人类健康美食”，老凤祥提出要“忠诚顾客”等。这里以锦江（饭店）和全聚德的案例故事为例，阐述它们的“顾客至上”理念。

案例 1-3

里根夫妇的晨衣

1984 年美国总统罗纳德·威尔逊·里根（Ronald Wilson Reagan）到上海访问，下榻锦江饭店。里根和夫人南希早上起来，服务人员已经准备好了晨衣，里根和夫人穿上一试，不由得惊讶起来：“哦，这么合身！就像为我们量了尺寸定做的。”里根和夫人没有想到，锦江饭店早已留有他们这方面的档案资料，而且还知道南希喜欢红色服饰。里根在离开锦江饭店时，除在留言簿上留下他的赞誉之词，还特地将他们夫妇的合影照片夹在留言簿内，并在背面签有赠给锦江饭店留念字样。

案例1-4

十个帮手难抵一个好堂头

全聚德一直以来都有“十个帮手难抵一个好堂头”（堂头即现在的服务员）的行话，可见其对顾客服务的高度重视。多年来，全聚德始终坚持“以顾客为关注焦点，一切从顾客出发，一切让顾客满意”的服务理念，把“服务”作为打造集团核心竞争力的软实力之一，通过强化服务意识、搭建服务体系组织架构、制定服务规范、完善服务监督与反馈机制，构建现代餐饮服务体系，并不断提升服务品质，为顾客创造高价值的服务，成为“中国服务”的践行引领者。北京前门店的“三转服务”与和平门店的“十个一”工作法是全聚德“顾客至上”服务理念的浓缩体现。“三转服务”是指“服务员围着客人转，厨师围着服务员转，后勤围着一线转”；“十个一”是指“说好第一句话，倒好第一杯茶，上好第一条热毛巾，倒好第一杯酒，布好第一道菜，卷好第一卷烤鸭，坚持好一个站姿，用好一只托盘，备好一辆撤台车，送走最后一位客人”。这种“一切从顾客出发”的心贴心式真诚服务，使顾客深受感动并博得顾客好评。

三、以人为本

以人为本，即强调以人为中心，尊重人、关心人、爱护人。其核心思想源于中国古老的“人本主义”，具有深厚的历史文化渊源，与孔夫子的“仁者爱人”、孙中山的“我为人人，人人为我”思想，可谓一脉相承。就企业而言，以人为本通常包括两个层面，即内部员工与外部顾客及利益相关者，这里主要指内部员工。[①] 而这批中华老字号在“以人为本”方面的集中体现

① 由于在“顾客至上”部分着重阐述了“以顾客为中心”的相关服务理念与案例，因此这里主要指员工。

是关爱员工的工作环境、生活质量、学习成长、职业发展、管理参与以及综合性的员工满意度改善。

案例 1－5

企业高幸福指数的来源

青岛啤酒曾经获得“2012 年度最具幸福感企业”称号，成为组成企业幸福指数的优秀样本之一。而这种高幸福指数源于 100 年来青岛啤酒持续地从工作环境、身心健康、员工权益、学习与职业发展、价值分享等方面给予员工充分的关爱和成长支持，不断提升员工的“幸福指数”，激发了员工的激情，从而驱动着一个快乐而激情的啤酒品牌的诞生，实现了员工与企业的共同成长。例如，青岛啤酒注重营造安全、环保、和谐的工作氛围；在青岛市率先设立员工关爱基金，给予员工生活上的关怀关爱；以完善的培训机制、良好的职业发展规划、公平合理的晋升机制、体系化的价值创造与分享机制为员工提供良好的学习、工作与成长环境。

案例 1－6

员工稳定率达 98%

近些年，在很多企业遭遇用工荒的时候，张一元的员工稳定率却能始终保持在 98%。如此高的员工稳定率在服务行业甚为少见。而张一元又是如何做到的？首先是管理层能够达成“员工是最宝贵的资源，要把员工当作最特别的顾客来关怀”的共识，然后是实实在在地给予员工关爱与尊重。一是提供稳定的待遇保障。随着企业的发展，员工不仅能拿到每年递增的工资，还能体会到充分的“安全感”。即使在 2008 年金融危机、2010 年年初茶叶产区出现“倒春寒”等经营最困难的时期，张一元也从未“放弃”一名员工，甚至牺牲企业的利益来给员工普涨工资。二是提供良好的学习成长环境与职业发展平台。张一元每年投入专项资金，为员工提供岗前培训、每年分期再教育、每月技术练兵、技能大赛等学习机会，同时还为员工建立合理的晋升通道，确保人人都有上升空间。三是通过“员工例会”“合理化建议制度”“领导班子接待日”等双向沟通方式，给予员工充分的尊重与管理参与权。四是重视感情投资，给予员工“家”一般的关爱。例如，每年新春佳节，董事长都会将亲手写的慰问信，送到所有员工及员工家属手中，每当员工生活遇到困难、工作不顺心时，公司党政工都会在第一时间伸出援手。

四、追求卓越

追求卓越是指企业永远不满足于现状而追求更高的目标，要员工高标准、高质量、高效率地完成工作任务，要提供最优质的产品与服务，要不断创新、勇于挑战自我、敢于竞争、勇创一流。这批中华老字号正是凭借其“追求卓越”的精神，在员工队伍素质、生产运营能力、产品质量、顾客服务水平、管理水平、品牌实力、综合效益等方面都处于行业的领先地位。

案例1-7

在继承与创新中追求卓越

2013 年 10 月 13 日重阳节，一年一度的茅台酒节上，全体参祭人员向历代祖师、宗师郑重宣誓：“以人为本，以质求存，恪守诚信，继承创新……”在继承传统中寻求创新，在创新中追求卓越，已经成为白酒企业在市场竞争中立于不败之地的必然要求。千百年来，茅台人正是凭借其坚持传统工艺，继承历代茅台人的智慧结晶，并在保证质量的前提下，创新性地将传统工艺与现代科技相结合，不断继承和发扬传统工艺，创造出了一整套在中国白酒乃至世界酒业中独一无二，充分体现天、地、人和谐统一精髓，包含众多复杂、系统的堪称“独门绝技”的特殊酿造工艺，支撑着茅台一直屹立在中国白酒行业的高峰。

案例1-8

炮制虽繁必不敢省人工，品味虽贵必不敢减物力

同仁堂各门店都悬挂着这样一副对联：“炮制虽繁必不敢省人工，品味虽贵必不敢减物力。”这是同仁堂第二代传人乐凤鸣留下的训条，也正是这一古训，造就了一个以“卓越品质与疗效”享誉全球的老字号中医药企业。在选料与制作过程中，同仁堂依然坚持过去因长期供奉御药而形成的优良传统，即“地道、上等、纯洁”，要求选择最佳时机采集传统原产地药效成分含量最多的药材、选用同一药材中最高级别的药材、不允许含有杂质和无用部分，例如市场上的安宫牛黄丸，同仁堂采用的就是天然牛黄和天然麝香。

在配料工序中，同仁堂坚持“三检斤、四核对”的严格制度，“三检斤”是指各种原料在起货、掺料、移送时一定要依配料单检查各味原料药材的重量，“四核对”是指每一味原料药在配料、抓样、剩料、计算余亏时要一一核对。为了适应市场变化与国际竞争，同仁堂还引入了现代质量管理制度，从人、机、环、法、料、测等各个方面按照高标准、高要求进行科学、系统、高效的管理，以保证产品的质量，并使之符合国家标准乃至国际标准。

五、担当责任

担当社会责任，企业义不容辞。正如管理学大师彼得·德鲁克（Peter F. Drucker）所言：“企业并不是为着自己的目的，而是为着实现某种特别的社会目的并满足社会、社区或个人的某种特别需要而存在的。”因此，企业在追求利润的同时，应该勇于担当社会责任，与员工、顾客、股东、供应商、合作伙伴、社会（社区、环境等）等利益相关者形成利益共同体，实现经济价值、环境价值与社会价值的有效统一。这批老字号，无不是从诞生之日起，就肩负着回馈社会的历史使命，并始终坚持“以义为上，义利共生”，追求与利益相关者的共赢发展。例如，张裕成立的初衷就是“实业兴邦”，而同仁堂创立的根本目的是“济世养生”，中央商场的创立宗旨是“抵制日货、弘扬国货、振兴民族商业”。此外，众多老字号还肩负着弘扬国粹的历史使命，比如同仁堂是中医药文化的代言者，老凤祥提出的企业使命之一是“继承创新民族精典”，全聚德是“弘扬中华饮食文化”，茅台是“弘扬国酒文化”，张一元是“弘扬国饮”……

案例 1－9

葡萄酒之“中国梦”

1892 年公司成立之初，张裕就提出了“实业兴邦”的口号；1915 年，张裕在美国巴拿马万国博览会上荣获四枚金奖，其创始人张弼士又郑重提出“发奋图强，后来居上，祖国的产品都要成为世界名牌”的葡萄酒之“中国梦”，这与当前社会倡导的实现国家富强、民族复兴、人民幸福的“中国梦”完全吻合。也正是背负这个光荣梦想，张裕跨越三个世纪，历经坎坷，创造了一个个辉煌的成就。从 1892 年开创中国葡萄酒工业化生产的新纪元，到今天成为中国乃至亚洲最大的葡萄酒生产经营企业；从 1915 年在巴拿马万国博览会上代表中国葡萄酒在国际舞台上崭露头角，到今天不断获得多项国际荣誉，包括跃升为世界葡萄酒行业 10 强，成为“全球葡萄酒 30 个顶级品牌”中唯一的亚洲品牌，成为上海世博会欢迎宴会、二十国集团财长和央行行长会议、金砖国家峰会、上海合作组织峰会等国际会议的宴会用酒。张裕的发展历程，不仅是中国葡萄酒历史的生动写照，还是一部中国民族实业的沧桑发展史，正如《孙中山全集》中所说，张裕公司经历了中国民族工业发展的每一个阶段，代表了中国制造业的进步。

案例 1-10

同仁堂的“四个善待”

同仁堂的创始人乐显扬提出“济世养生，以医药为最”，在 300 多年前就树立了“以人为本，以义为上”的标杆，并始终坚持“诚信为本，药德为魂”的经营理念，一直以卓越品质与服务向消费者及社会履行自己“德、诚、信”的承诺。而今，同仁堂又进一步明确提出“四个善待”，即“善待社会，善待职工，善待投资者，善待合作伙伴”，对“以人为本，以义为上”这一历史基因进行传承与发扬。例如，在激烈的市场竞争中，同仁堂杜绝“给回扣”和“派医药代表”，与不良风气抗争，净化了社会环境。在抗击“非典”期间，同仁堂宁可亏损也要坚持供药，并且保证品质不加价。甚至是在 1997 年，社会上减员增效成风时，同仁堂却提出“不让一位员工下岗”，并做出了三项承诺：职工转岗不下岗，工资年年有增长，住房逐年有改善。最终，同仁堂在保障员工权益的前提下，想尽一切办法妥善安置了 2 100 余名本来可能下岗的职工，在稳住人心的同时大大提高了员工的忠诚度与归属感，并以最小的社会成本，成功完成了从一个百年老店到一家老国企的转制。

六、善于创新

创新是企业应对环境变化、市场竞争的必然要求，也是企业核心竞争力的重要元素之一。这批中华老字号正是凭借着卓越的创新能力，在管理机制、生产制造、信息技术、营销服务、经营模式、企业文化等方面，永远与市场变化和国际趋势“赛跑”，走在经济体制改革的前列，成为行业的佼佼者，甚至在国际竞争中取得一席之地。例如，瑞蚨祥曾经开创性地开展连锁经营，应该是世界上最早的连锁企业，曾经还是世界零售巨头沃尔玛的榜样；同仁堂是最早进行改制由百年老店向老国企转型的老字号之一，不仅是中医药行业第一家上市公司，还是中国第一家成功分拆上市的企业、全球中药行业的领导品牌；而张裕则是中国葡萄酒行业第一家上市公司；全聚德是餐饮行业上市第一股……它们的创新都有一个共同的特征，那就是在文化的传承中创新发展、追求卓越。

案例 1-11

以创新增强核心竞争力

中央商场由过去的一个单体店发展成为现在的多业态并存、跨地域经营的大型商业集团、A 股上市公司，并在规模、效益、管理、流程等核心竞争力上都有重大的突破和提升，与其长期坚持的核心价值观之一“创新”密不可分。近年来，中央商场致力于从思想观念、经营模式、管理体系、信息技术、服务理念五个方面进行创新，不断增强核心竞争力。例如，在信息技术方面，为了积极应对数字化浪潮给百货零售业带来的变革和冲击，公司不断加快网络基础设施建设和信息资源的开发利用。以引进 SAP 系统为契机，公司建立起功能强大的数据处理中心和信息管理体系，完成了信息系统对集团各子公司经营过程、管理节点、服务终端的全覆盖。此外，公司还积极开发和引进停车场管理系统、视频会议系统、卖场布局管理系统、供应链管理系统等，进一步提高企业的经营决策和科学管理水平。经营模式方面，在互联网技术向零售行业不断渗透的环境下，为了适应年轻消费群体快速、便捷、个性化的网络购物需求，公司依托网站平台和实体店，打造中商集团特色电子商务发展模式，同时立足于百货零售业这一核心主业，从传统零售超市或大卖场的经营模式创新发展成精品超市，坚持“差别化”服务理念，以更细致入微的服务、更优质的商品和精准营销策略等迎合特定顾客群的需要，让高端消费者真正享受到尊贵的购物体验。公司通过强力打造电子商务和零售新型业态，构建了新的经济增长点。

案例1-12

文化创意提升产品价值

创意和文化是首饰设计和制作的灵魂。多年来，老凤祥坚持创新、转型之路，始终将文化、创意完美融入设计与制作。老凤祥拥有行业内最多的国家级、市级工艺美术大师，形成了由首席设计师领衔的100多人的梯队化老中青设计师团队，他们本着“至诚、至信、至精、至善”的核心价值观，在传承传统工艺的基础上，努力挖掘中国传统文化精髓、汲取最新国际首饰理念、赶超时尚首饰潮流，在产品的制作技术、功能时尚、文化与情感元素等方面总是能够给客户带来充满创意与价值感的产品，甚至是将一件件首饰与工艺品变成了值得收藏与品鉴的艺术杰作，同时还向客户提供个性化定制服务，充分展示了百年品牌将创意、文化与个性化服务相结合的创新服务理念。例如，在南非的世界黄金博物馆中，就有以“天价”收购的老凤祥名师设计的黄金首饰套件“柔情”“世纪形态”等；在2013年165周年华诞之际，老凤祥又根据时尚化、年轻化的市场消费趋势，设计制作了引领潮流的密镶新品——老凤祥“动静”时尚钻饰系列，再次向世人展示了一个跨越三个世纪、具有深厚文化底蕴而又充满蓬勃青春气息的老字号民族品牌。今天，老凤祥已发展成为中国首饰业历史最久、规模最大、珠宝门类最全、文化底蕴最深、创新产品最多的珠宝首饰龙头企业，并成为上海文化创意产业的一道美丽风景。

诚信为本、顾客至上、以人为本、追求卓越、担当责任、善于创新，其实也可以说是中国传统文化的浓缩。诚信为本，“信”也；顾客至上，“礼”也；以人为本，“仁”也；担当责任，“义”也；追求卓越与善于创新，“智”也。中华老字号之所以能够长青不衰，正是因为它们继承与弘扬了中华民族传统文化的精髓，让“仁、义、礼、智、信”的精神内涵在企业经营与管理过程中体现得淋漓尽致，这些也支撑着它们历经各种风雨与艰难，创造无数辉煌与奇迹，并实现“修身、齐家、治国、平天下”的目标，为我们留下了宝贵的物质与精神财富！

附录

10 家中华老字号历史与文化理念列表

中华老字号	行业	地域	创立时间	距今历史	排名情况	传统古训或文化精髓	核心理念
同仁堂	医药	北京	1669 年	350 年	中华老字号中营业收入前 10 名	1. 炮制虽繁必不敢省人工，品味虽贵必不敢减物力 2. 修和无人见，存心有天知	以“仁”为核心的价值观，具体概括起来就是： 1. 传统文化 一条企业精神：“同修仁德，济世养生”。这是同仁堂企业文化的精髓，充分体现了中国传统优秀文化。 二点制药古训：“炮制虽繁必不敢省人工，品味虽贵必不敢减物力”与“修和无人见，存心有天知”。 三字企业真经：德、诚、信。 四句制药特色：“配方独特，选料上乘，工艺精湛，疗效显著”与“安全有效方剂，地道洁净药材，依法科学工艺，对症合理用药”。 2. 创新文化 四个善待理念：善待社会，善待职工，善待投资者，善待合作伙伴。 四个运行原则与四个发展理念：“独立运行，各有侧重，资源共享，共同发展”与“抓住品牌整体发展，抓住共性协调发展，抓住人才促进发展，抓住文化保障发展”。 四条员工标准与三条干部标准：“用同仁堂的文化吸引人，用同仁堂的干劲鼓舞人，用规范化的管理要求人，用优良的经营成果回报人”与“忠诚、无私、激情”。 四个提倡与四个反对：提倡堂兴我荣，堂衰我耻；反对只讲荣誉，不讲危机。提倡珍惜岗位，激情工作；反对只讲条件，不讲作为。提倡责任共担，权益共享；反对只讲善待自我，不讲奉献企业。提倡诚信为本，药德为魂；反对只讲眼前利益，不讲做长企业。 3. 综合概括 以义为上，义利共生的诚信文化。 以质为先，质、量共存的品质文化。 以人为本，人业共兴的和谐文化。

续前表

中华老字号	行业	地域	创立时间	距今历史	排名情况	传统古训或文化精髓	核心理念
青岛啤酒	酒业	山东	1903 年	116 年	营业收入前 10 名	1. 好人酿好酒 2. 以诚实守信为荣，以见利忘义为耻 3. 诚信、和谐、开放、创新	愿景：成为拥有全球影响力品牌的国际化大公司。 使命：用我们的激情酿造出消费者喜好的啤酒，为生活创造快乐。 企业精神：尽职尽责、追求卓越。 企业作风：严谨、务实、高效。 企业宗旨：以人为本、团队合作、造福社会。
老凤祥	珠宝首饰	上海	1848 年	171 年	营业收入前 10 名	至诚、至信、至精、至善	愿景：共创经典，共享品质。 使命：继承创新民族精典、国际时尚的首饰产品与文化。 价值观：至诚、至信、至精、至善。 至诚——忠诚事业，忠诚企业，忠诚顾客。 至信——信念，信心，信誉。 至精——精业，精艺，精品。 至善——善事，善学，善人。 经营理念：共进、共赢、共享——为股东创造价值共同发展，与客户共拓市场实现双赢，与员工共享成果回报社会。
全聚德	餐饮	北京	1864 年	155 年	品牌价值前 10 名	以德为先、诚信为本	企业愿景：中国第一餐饮，世界一流美食，国际知名品牌。 企业使命：弘扬中华饮食文化，奉献人类健康美食。 企业目标：构建和谐企业，创建学习型组织，打造餐饮联合舰队。 企业精神：想事干事干成事，创业创新创一流。 核心价值观：全而无缺，聚而不散，仁德至上。 企业作风：脚踏实地，求真务实，知难而进，雷厉风行，团结协作，追求卓越。

续前表

中华老字号	行业	地域	创立时间	距今历史	排名情况	传统古训或文化精髓	核心理念
锦江	酒店	上海	1951年*	68年**	品牌价值前10名	人和锦江，礼传天下	愿景——成为客人向往、员工自豪、股东满意、社会赞誉的世界知名品牌酒店集团。 使命——为客人优化服务，与员工共同成长，向股东贡献价值，对社会承担责任。 核心价值观——人和锦江，礼传天下。 服务理念——热心用心，细心精心。 管理方针——有序有效，有理有情。 经营思想——市场为先，品牌为魂。
张裕	酒业	山东	1892年	127年	营业收入前10名	中西融合、海纳百川、实业兴邦	企业精神：爱国、敬业、优质、争雄。
茅台	酒业	贵州	1951年***	68年	营业收入前10名	天贵人和，厚德致远	企业使命：弘扬国酒文化，追求创新卓越。 企业愿景：享誉全球。 企业核心价值观：天贵人和，厚德致远。 企业精神：爱我茅台，为国争光。 企业经营理念：理性扩张，统筹发展。 决策理念：谋则科学民主，定则果断执行。 人才理念：以才兴企，人企共进。 领导理念：务本兴业，正德树人。

续前表

中华老字号	行业	地域	创立时间	距今历史	排名情况	传统古训或文化精髓	核心理念
中央商场	零售	江苏	1936 年	83 年	营业收入前 10 名	以人为本，顾客至上	创立宗旨：抵制日货、弘扬国货、振兴民族商业。 核心价值观：以人为本，顾客至上。 企业（创新）精神：与时俱进、奋发进取。 经营定位：时尚生活、温馨欢乐。 服务宗旨：顾客满意是我们的永恒追求。
瑞蚨祥	纺织服装	北京	1893 年	126 年	消费者喜爱的中华老字号品牌之一	1. 至诚至上、货真价实、言不二价、童叟无欺 2. 财自道生，利缘义取	至诚至上、货真价实、言不二价、童叟无欺。
张一元	茶叶	北京	1900 年	119 年	消费者喜爱的中华老字号品牌之一	1. 诚信为本、厚德兴茶 2. 宁可人不买，不可人买缺	企业目标：打造中国茶叶第一品牌、弘扬国饮。 企业精神：诚信为本。 经营理念：金般品质、百年承诺。 特色：汤清、味浓，入口芳香，回味无穷。

*1951 年锦江饭店正式挂牌成立，新中国第一个国宾馆诞生。

** 锦江北楼 1929 年落成，距今 90 年；汇中饭店 1906 年落成，距今 113 年。

*** 起源于 1803 年“大和烧房”；国营茅台酒厂 1951 年成立。

PRACTICES ON CORPORATE CULTURE BUILDING

第 2 章

企业文化是什么

企业文化理论[1]的起源

企业文化，作为一门在企业管理实践中产生的新兴学科，其理论最早是由美国加利福尼亚大学教授威廉·大内（William Ouchi）在他1981年出版的《Z理论——美国企业如何迎接日本的挑战》一书中提出的。基于对日本企业的研究，他认为日本企业成功的关键因素是其独特的企业文化。

随后，在短短的两年时间内，美国又连续出版了三本企业文化专著。

一是美国斯坦福大学教授理查德·特纳·帕斯卡尔（Richard Tanner Pascale）和哈佛大学教授安东尼·G. 阿索斯（Anthony G. Athos）合著的《日本企业管理艺术》，此书提出了一种由7个关键要素构成的“7S”管理模式，即战略、结构、制度、共同价值观、技能、风格和人员，并且更深入地研究了日本企业成功的秘诀：注重硬管理与软管理的有机结合，且更偏重于软性的“4S”，即共同价值观、技能、风格和人员。

二是美国哈佛大学教授特伦斯·E. 迪尔（Terrence E. Deal）和美国麦肯锡咨询公司的艾伦·肯尼迪（Allan Kennedy）出版的《企业文化——企业生活中的礼仪与仪式》，此书以日本企业的经验为基础构建了企业文化的理论框架，并认为杰出而成功的公司大多具有强有力的企业文化，它标志着系统的企业文化管理理论的形成。

三是美国麦肯锡咨询公司研究人员托马斯·J. 彼得斯（Thomas J. Peters）与罗伯特·H. 沃特曼（Robert H. Waterman）合著的《成功之路——美国最佳管理企业的经验》，此书运用企业文化的理论框架研究43家美国优秀公司

---

① 这里主要强调企业文化理论的提出，而非企业文化本身。其实企业文化作为一种客观存在的社会行为，自企业的诞生之日起，就应该是自然存在的，甚至可以追溯到企业的前身，即具有经营行为的组织或者机构，而且随着经济与社会的发展，企业文化与历史文明应该也是同根同源的。就如中华老字号，其以“人”为核心的企业文化与中国传统文化密不可分，而且已经有几百年的历史，是中华民族璀璨历史文明中的一笔财富。

的成功经验，并提出了著名的“革新性文化”理论——这些公司之所以出类拔萃，就是因为都具备“革新性”的文化力量，且始终坚持文化在管理中的主导地位。而这种“革新性文化”的根本标志，就是与“人”紧密相关的八种品质，即“敏捷果敢，贵在行动”“亲近顾客，仰赖上帝”“鼓励革新，容忍失败”“尊重职工，以人促产”“深入现场，以价值观为动力”“不离本行”“人员精干，注重实效”“宽严相济，有张有弛”。

以上四本书标志着企业文化理论的诞生和逐步走向成熟，掀起了管理学界研究企业文化的热潮，促使企业文化向全球迅速传播并被企业广泛应用，被誉为“企业文化新潮四重奏”。

虽然企业文化理论产生于美国，但是从以上四本书的内容，我们可以清楚地发现，企业文化理论的根源其实是在日本。这是因为 20 世纪六七十年代，日本经济突飞猛进，而且到 80 年代，其汽车、电子产品等打入美国乃至全球市场，其企业竞争力迅速赶超美国成为全球第一，引起了美国管理学界以及企业界的强烈震动。于是，一向自居第一的美国也不得不放下“架子”，认真研究日本企业成功的奥秘，并虚心向日本学习，这便有了以上系列研究成果的产生，便有了企业文化理论的诞生与发展，并宣告了“第四次管理革命”[①] 的开始。

企业文化让日本企业一度赶超美国，但同样也是企业文化又让美国企业实现复兴、恢复霸主地位。美国在将日本企业文化研究透彻之后，着力打造属于自己的企业文化，并提出了以“人”为核心的“革新性文化”理论，最终以优秀的企业文化、突出的变革与创新能力，在十年之后的 20 世纪 90 年代中期，重新回到领袖位置，并持续保持全球性的竞争优势至今。

企业文化的定义

关于企业文化的定义，管理学界众说纷纭，至少有上百种说法，尚未形

① 企业文化是继古典管理理论（又称科学管理理论）、行为科学管理理论、丛林学派管理理论（又称管理科学理论）之后，世界企业管理史上出现的第四个管理阶段的理论，故称为“第四次管理革命”。

成定论。我们将一部分最具代表性且在学界比较有影响力的定义罗列如下：

（1）企业文化是指导企业制定员工和客户政策的宗旨。(威廉·大内，《Z 理论——美国企业如何迎接日本的挑战》，1981；理查德·特纳·帕斯卡尔和安东尼·G. 阿索斯，《日本企业管理艺术》，1981）

（2）企业文化是企业员工上下一致共同遵循的价值体系，一种员工都清楚的行为准则。企业文化是由企业环境、价值（观）、英雄、习俗与仪式、文化传播网络五个因素组成的。(特伦斯·E. 迪尔和艾伦·肯尼迪，《企业文化——企业生活中的礼仪与仪式》，1982）

（3）企业文化是由一些基本假设所构成的模式，这些假设是企业在探索解决对外部环境的适应和内部的结合问题的过程中创造和形成的，行之有效的，新成员在认识、思考和感受问题时所必须掌握的正确方法。(埃德加·H. 沙因（Edgar H. Schein)，《企业文化与领导》，1985）

（4）企业文化是企业员工，至少是企业高层管理者所共同拥有的价值观和行为方式。(约翰·P. 科特和詹姆斯·L. 赫斯克特，《企业文化与经营业绩》，1992）

（5）所谓企业文化，就是企业信奉并付诸实践的价值理念。(魏杰，《企业文化塑造：企业生命常青藤》，2002）

（6）企业文化是企业长期生产经营活动中自觉形成的并为广大员工恪守的经营宗旨、价值观念和道德行为准则的综合反映。(张德)

（7）企业文化是指企业形成的一种“个性”，它包括企业的信仰、观念、价值观、态度、工作方式、工作气氛和工作行为。(陈春花)

综合以上观点，结合长期的企业文化案例研究，我们认为企业文化可以这样定义：企业文化是企业发展过程中逐步形成的具有个性特色，且为全体员工认同并遵守的价值理念体系（包括使命、愿景、企业精神、核心价值观以及具体的经营理念和管理理念)，以及这些理念在企业规章制度、员工行为方式、企业整体形象以及生产经营管理中的体现的总和。

企业文化的四层次内容构成

关于企业文化内容结构层次的观点，就如企业文化的定义一样，百花齐放，也没有统一的说法。具体提法有“五层次”“四层次”“三层次”“二层次”“一层次”等结构理论，其中应用最广泛的是“企业文化四层次”结构理论，即精神文化、制度文化、行为文化与物质文化（见图 2－1）。但是无论哪种层次的理论，都是围绕内核与外缘两方面的内容展开描述的，而且都充分体现了特伦斯·E. 迪尔和艾伦·肯尼迪提出的“五要素”，即企业环境、价值观、英雄人物、习俗与仪式、文化传播网络。其内核主要指的是企业文化的精神内核，包括基本假设[①]、愿景目标、经营与管理理念等；外缘是指精神内核在企业生产经营实践中的具体外化体现，包括企业规章制度、员工思维方式、员工行为习惯、企业物质形象、企业社会形象等。

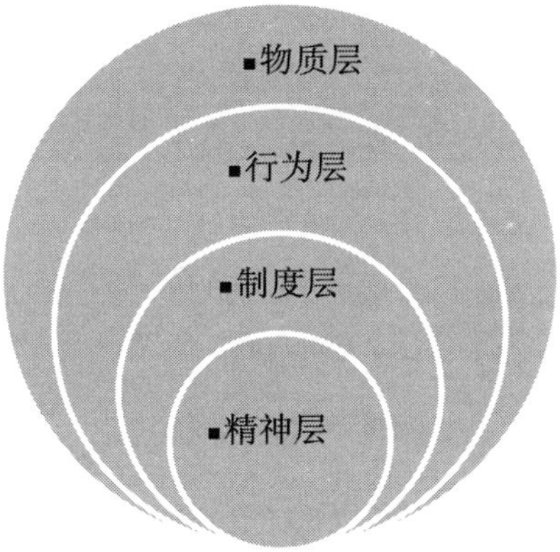

图 2－1　常用的“企业文化四层次”结构

但是，从以上“企业文化四层次”结构图中，我们可以发现其中缺乏对企业品牌内涵（不仅仅是物质层面）以及社会形象方面的阐述。而在长期的企业文化案例研究过程中，我们发现品牌内涵与社会形象等内容在企业文化建设过程中非常重要，甚至是关乎企业成败的因素。例如，品牌内涵所衍生出的品牌文化塑造，是企业获取品牌竞争力的重要手段；而与社会形象相关的社会责任，更是企业持续发展的必然要求。

基于此，可以将图 2－1 中的物质层调整为形象层，并在原来物质层内

① 这里指埃德加·H. 沙因提出的“基本假设”概念，即潜意识的、难以被人察觉到的假设、价值、信仰、规范等。

容的基础上添加品牌内涵、社会形象等元素，从而使企业文化四层次结构理论显得更加丰富、完善且贴近新时代企业发展的实际需求。从企业文化建设的角度，又可以从四个层面将其依次理解为“内化于心、固化于制、实化于行、外化于形”的过程。新的结构理论图如图 2－2 所示，其释义如下：

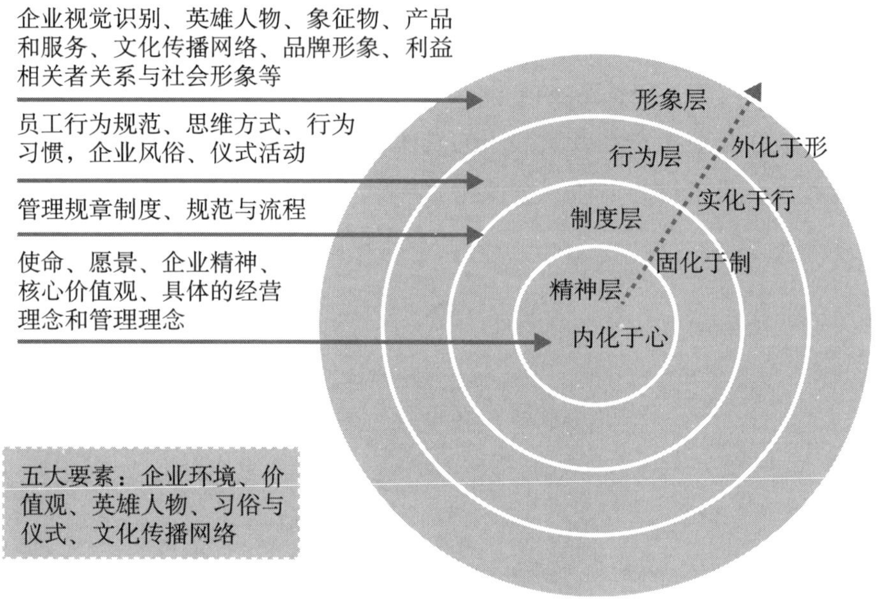

图 2－2　未名潮提出的企业文化四层次结构

资料来源：北京未名潮管理顾问有限公司。

（1）精神层（内化于心）：企业文化的精神内核，是企业文化建设一切活动的源泉，包括价值理念体系，即使命、愿景、企业精神、核心价值观、具体的经营理念和管理理念。

（2）制度层（固化于制）：企业文化核心理念通过制度化融入管理的重要载体，是员工践行企业文化以及树立企业形象的重要保障，包括企业的各项管理规章制度、规范与流程。

（3）行为层（实化于行）：员工践行企业文化理念的具体言行表现，包括员工行为规范、思维方式、行为习惯等，还包括企业风俗、仪式活动等。

（4）形象层（外化于形）：企业通过视觉识别设计、产品和服务（形象）、文化传播网络、社会责任等物质与行为向企业内外传播和树立的社会形象，包括企业视觉识别、英雄人物、象征物、产品和服务、文化传播网络、品牌形象、利益相关者关系与社会形象等。

企业文化的 10 个本质特征

正确认识企业文化的本质特征，是我们有效开展企业文化建设活动、实施企业文化管理的前提。企业文化的任何一项活动，都应该充分体现企业文化的本质特征，不能与其背道而驰，否则的话只能事倍功半，甚至导致企业文化管理的失败。

一、人本性与和谐性

企业文化的核心是“以人为本”，从企业内部而言，是指强调员工的核心价值，即本着“尊重员工、关爱员工、激励员工”的原则，通过“软性”管理模式，充分发挥员工的内在动力，激发员工的自觉行为，从而形成一个高凝聚力、高执行力与高竞争力的组织，这也是与西方传统的以“物”为核心、忽视人的主观能动性的管理模式的根本区别；从企业外部而言，是指强调以客户为中心，为客户创造价值的同时，与各方利益相关者形成共赢发展的和谐关系，推动人类社会的发展，这也是企业存在的根本目的。最有代表性的例子就是对同仁堂企业文化的概括，即“以义为上，义利共生的诚信文化；以质为先，质、量共存的品质文化；以人为本，人业共兴的和谐文化”。

二、融合性与依附性

任何一个企业的企业文化，都与所处历史时期、所处国家或地区的环境（包括政治、经济、文化等）、行业特征以及企业自身发展历程与特点有着密不可分的关系，而且是社会文化的重要组成部分。因此，企业文化依附于企业本身、特定的历史时期、行业环境、社会环境等，必然会融历史文化、区域文化、行业文化、企业自身文化于一体，并伴随企业的成长、社会的发展，不断融合更新，成为适合企业实际需求、符合时代精神需要的企业文化。例如，中国近代涌现出的一批企业大多承载着“产业报国”的使命，充分展示了当时的时代主旋律；而21世纪的大多数优秀企业都会融合国际化的元素，充分体现了所处新时代的日益国际化、竞争激烈的环境特点。

三、传承性与创新性

企业文化融合发展的过程，其实也是一个传承与创新的过程。传承性是指其传承来自各种环境与因素的优秀历史文化基因，包括企业本身的传统文化、地域文化、行业文化等；创新性是指其随着环境的变化、企业的发展、社会的进步，不断融合各类新元素，丰富企业文化理念的内涵，提高企业文化管理的水平，在传承中创新发展，也只有不断地变革与创新，企业文化才能在新的环境中充满生机与活力。例如，联想在生存文化、严格文化、亲情文化取得巨大的成功以后，于2001年又提出了“二次创业文化”，并提出“服务客户、精准求实、诚信共享、创业创新”的核心价值观以及“高科技的联想、服务的联想、国际化的联想”的愿景。从新的核心价值观与愿景中，我们可以明显看到联想是在继承历史传统文化基因的基础上，又特别增添并强调了创新、国际化等元素，这正是联想“二次创业”的需要，也是适应国际竞争与环境变化的需要。

四、共识性与自觉性

在我们给出的企业文化定义中，特别强调了“企业文化是……为全体员工认同并遵守的价值理念体系……”因此，企业文化理念体系的共识性是优秀企业文化的必然要求，是企业文化得到有效传播与推行的前提。无法想象不被多数员工认同的企业文化理念，却成为员工的行动纲领与价值导向，这样只会成为员工的精神枷锁，导致企业形成扭曲的、形而上学的企业文化。例如，有些企业不切实际地照搬一些国际巨头的企业文化理念，好看不中用；还有些企业则是在提炼企业文化理念的过程中，只顾突出领导风采，却忘了员工的认同感，使得文化“漂浮在上”。

有了共识性，才会有员工的主观能动性，才会有员工的自控、自律与自觉，这便是基于共识性的自觉性。而与自觉性相对应的便是强制性，这就要求企业文化理念必须是员工共同认同的，而且企业文化建设过程也是非强制性的。例如，有些企业在企业文化宣贯过程中因急功近利而强制推行文化理念与规章制度，忽略了员工的感受，这样做只会适得其反，难以形成共识性的企业文化，更无法培育自觉性的文化氛围。

五、个异性与稳定性

由于企业文化存在融合性与依附性的特征，企业文化多少都会展示出特定历史时期的时代共性、区域文化共性、行业文化共性等。但是，优秀的企业文化一定是在不脱离融合性与依附性的前提下，追求自己企业的个性与特色，这便是企业文化的个异性。而这些个异性，源于企业独特的历史环境、文化传统、领导人、管理方式、产品和服务等。而且，企业文化的个异性必须具有一定的稳定性，因为只有具有相对稳定性的个异性企业文化，才能称得上是经得起历史考验、发挥了文化实效、推动企业持续发展的企业文化，而昙花一现的个异性文化，只能是标新立异、追求虚名的企业文化。

例如，优秀的中华老字号企业，几乎家家都有自己个性化的“古训”或者文化主张，而且流传至今、经久不衰，在此基础上，这些企业又纷纷完善企业文化理念体系，借鉴国际上优秀的企业文化建设经验，在传承中不断创新发展，为企业持续成长提供文化保障。

企业文化的7项功能

通用电气公司原首席执行官杰克·韦尔奇（Jack Welch）认为，文化是永远不能替代的竞争因素，企业靠人才和文化取胜。

这便是企业文化的价值、企业文化的无穷力量。那么，企业文化区别于传统的经验管理、科学管理，在企业的生产经营实践中究竟发挥了哪些具体的、独特的功能与作用呢？弄明白这个问题，对于我们真正理解企业文化的价值，并有的放矢地开展企业文化建设工作具有重要意义。

我们认为，企业文化的核心功能可以用“七个力”来概括，即引导力、凝聚力、约束力、激励力、协调力、辐射力与优化力（见图 2－3）。

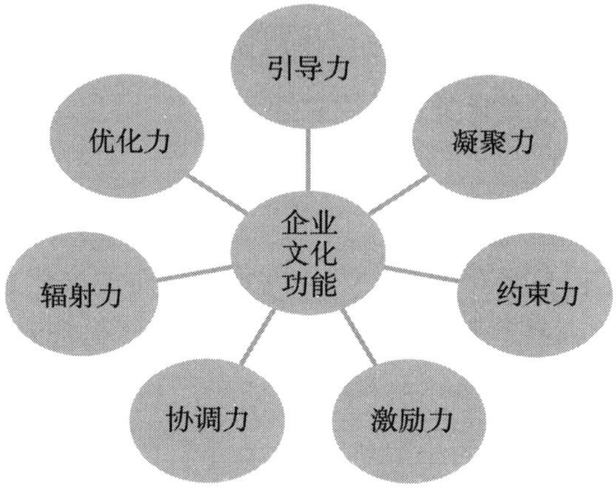

图 2－3 企业文化的功能——“七个力”

一、引导力

引导力主要指企业文化在生产经营过程中对全体员工的价值取向以及行为取向产生的导向作用，它主要体现在以下两方面。

一是目标导向。我们发现优秀的企业文化通常都会包含具有极强激励效果且切合实际的使命以及愿景目标，从而引领全体员工为了共同的理想与目标而奋斗。例如，那些优秀的中华老字号企业在价值理念中通常都会强调承担社会责任、振兴民族产业、弘扬民族文化与精神等相关理念，并提出创行业一流、世界一流等愿景目标。

二是价值导向。价值导向主要指企业所倡导的经营哲学以及具体的管理理念对全体员工的价值取向、思维方式、行为习惯产生的引导作用。例如众所周知的“海尔砸冰箱”的故事，充分体现了海尔对质量的重视，从而引导海尔全体员工增强质量意识，并付诸行动；又如同仁堂在 300 多年前提出的“炮制虽繁必不敢省人工，品味虽贵必不敢减物力”的古训，充分展示了同仁堂倡导的诚信理念、质量理念以及人本精神，从而引导员工追求“以义为上，以质为先，以人为本”。正如美国管理专家托马斯·彼得斯与罗伯特·沃特曼在《成功之路——美国最佳管理企业的经验》一书中所言：“我们研究的所有优秀公司都很清楚它们的主张是什么，并认真建立和形成了公司的价值准则。事实上，若一个公司缺乏明确的价值准则或价值观念不正确，我们则怀疑它是否有可能获得经营上的成功。”

二、凝聚力

凝聚力主要指企业所倡导的价值观被员工认知、认同之后，员工在思想意识上逐步达成共识，在实践行动中“劲往一处使”，从而产生的强大的凝聚力与向心力，这会促使员工与企业“同呼吸、共命运”，形成一个充满和谐性与协同性的组织。和谐性主要表现为员工之间的相互帮助、相互关爱以及员工对组织的热爱与忠诚；协同性主要表现为部门之间的高效协作以及资源协同效应的充分发挥。

这种凝聚力之所以强大，是因为其源于价值观的引导和以“人”为核心的“软性”管理环境，是一种自发的、内在的凝聚力，而并非“硬性”管理环境下通过刚性制度与规范产生的表象的组织凝聚力。而且，这种凝聚力不仅影响员工，还会对企业的经销商、合作伙伴等利益相关者产生强大的凝聚作用。

企业文化的凝聚力在企业创业初期或者遇到危机的时候，通常会表现出突出的优势并产生强大的力量。例如，那些已有几百年历史的中华老字号企业，伴随着历史的变迁、社会的变革、商业的巨变，历经了无数次磨难与蜕变，而每当出现危机的时候，这些企业的“精神领袖”、管理团队与多数员工总是能够众志成城、共渡难关，从而化险为夷、转危为机，在逆境中崛起、在蜕变中涅槃。

三、约束力

约束力主要指企业文化对员工思维方式以及日常行为产生的约束和规范作用，一般而言，企业文化的约束力通常是通过“硬性”的严格制度与“软性”的文化感染两条途径实现的。

一是“硬性”的严格制度。这里的严格制度，并非脱离企业文化的制度，而是渗透了企业文化理念的制度、规范与流程，是企业文化制度层面的内容，对员工行为具有一定的强制作用，同时又融入了企业文化的软力量，是员工践行企业文化、组织有序运转的重要保障。例如，生产企业通常会强调质量文化与安全文化，企业除了提出相应的质量理念与安全理念，必然还会通过建立健全的质量管理制度与安全管理制度对员工行为予以规范和约束，并保障企业的生产质量与安全。

二是“软性”的文化感染。文化感染相对严格制度而言，是一种非强制性的、潜移默化的“软”约束方式。通常在企业价值观、文化氛围、主流舆论等非制度形式的文化感染下，员工行为会受到无形的自我约束，其实这也是“文化自觉”的一种充分体现。而这种“软”约束力正是我们倡导并促使其积极发挥的企业文化功能。任何健全的制度都仍然会存在缺陷或者无法涵盖难以预料的事情，这种情况下，唯一能约束员工的只有企业长期形成的道德标准、价值观等。例如，一些餐饮企业菜品的制作过程、中药企业药品的制作过程，都保持着自己的传统工艺，而有些工作环节无法用制度来约束，工作质量也难以用制度来衡量，唯一能够让传统工艺传承下来并熠熠生辉的，就是企业长期以来形成的“软”约束力。

四、激励力

激励力主要指企业文化对员工的内在动机与潜在能力产生的激发效应，一般是从企业文化本身四个层面——“精神、制度、行为、形象”，激励着员工热情投入工作、积极创新，为企业创造高价值的回报。

精神层面的激励主要源于企业文化引导力中的目标导向与价值导向。例如，高远且符合实际的目标，会激励员工树立较高的工作目标与标准，并形成强烈的使命感；共同的价值观导向，会让员工迅速产生认同感、归属感、安全感与责任心，对员工的自觉行为、组织凝聚力的形成都具有极强的激励作用。

制度层面的激励主要源于渗透着企业文化理念并产生正向激励作用的制度与规范，其中包括员工关爱制度、员工培养制度、员工晋升制度、员工管理参与激励制度、绩效考核制度、创新奖励制度等。各项制度激励为员工提供良好的工作与生活环境以及公平的成长与发展平台，并以制度确保激励的持续性与公平性，从而使员工得到充分的尊重与关爱，最终达到调动员工积极性、激发员工主观能动性的目的。

行为层面的激励主要源于基于企业文化理念的员工行为规范、服务标准以及员工身边的榜样。行为规范与服务标准，犹如一把精确的标尺，帮助员工在实践过程中就自己的行为表现寻找差距、不断改进；而员工身边的榜样，犹如优秀企业文化的灯塔，为员工指明了企业文化的导向以及个人前进的方向。

形象层面的激励主要源于企业良好的品牌形象，品牌形象同样渗透着企业文化理念，包括精神内涵、物质表现、社会形象等。良好的品牌形象，通过视觉、听觉等形式，不断加强员工对企业文化的认知与认同感，并增强其荣誉感、安全感与责任感，进而激发其工作积极性与主动性。

五、协调力

协调力主要指企业文化对员工之间、部门之间甚至企业与外部之间的关系所产生的协调与润滑功能。良好的企业文化犹如纽带，使企业与员工、客户、合作伙伴、股东等利益相关者维系着和谐共生的关系。在企业内部通常表现为和谐融洽、积极向上的组织氛围，使员工在达成共识的前提下，彼此信任、沟通顺畅、团结互助；而在遇到摩擦与矛盾的时候，都会被企业文化这一“润滑剂”化解，并使得员工关系更加密切，组织凝聚力更强。这种独特的协调功能尤其在对制度的“双位”作用过程中表现得淋漓尽致。

一是在制度相对健全的前提下，企业文化起着确保制度“执行到位”的作用。例如，企业的规章制度与规范通常具有强制性，如果没有企业文化的协调作用，员工不可能自觉高效地执行各项规章制度，制度也就成了“冷冰冰”的文字，甚至是一纸空文。只有在员工认同企业文化的前提下，才可能确保各项制度执行到位，真正有效地发挥制度管理的作用。

二是在制度缺失的情况下，企业文化起着“及时补位”的作用。例如，在服务行业，通常会遇到客户提出一些特殊要求但又不在企业服务标准范畴内的情况，没有制度的约束，也似乎不是应尽的义务。但是，优秀企业文化环境下的员工，一般都会本着“以客户为中心”的宗旨，在力所能及的范围内为客户排忧解难，赢得客户与市场，这便是企业文化及时补位发挥的巨大能量。

六、辐射力

辐射力主要指企业在向内外部传播企业文化内涵与品牌形象、传递产品和服务价值的过程中，对员工、客户以及社会产生的文化辐射功能，它能不断提高企业的知名度与美誉度，增强品牌溢价能力。从企业文化的“四层次”结构来看，我们认为产生辐射力的途径主要是形象层与行为层。

一是形象层的辐射力。形象层是指企业通过视觉识别设计、产品和服务(形象)、文化传播网络、英雄人物、社会责任等物质与行为向企业内外部传播和树立的社会形象，是企业文化产生辐射力的主要途径。例如，企业的视觉识别设计、产品设计、现场环境等，是向企业内外部直观展示企业形象的主要方式；文化传播网络是企业文化内涵与品牌形象向内外部输出的最重要途径，具体包括各类媒体、宣传工具、宣传平台、文化活动等传播载体；英雄人物则是企业文化的“代言人”，向内外部传递企业文化价值观，并提高企业的美誉度；承担社会责任更是优秀企业文化的集中体现，即以高度的社会责任感，对外树立良好的社会形象。

二是行为层的辐射力。行为层是指员工践行企业文化理念的具体言行表现，包括员工行为规范、思维方式、行为习惯等。可见，企业的一举一动、员工的一言一行时刻都在对外展示着自己独特的文化内涵、精神风貌、管理风格与社会形象。因此，企业只有通过建立优秀的企业文化，来深刻影响员工的思想与行为，方能持续对外树立良好的社会形象，从而真正发挥文化的辐射功能，而不是空喊口号、只做形象工程。例如，员工在向客户提供服务的过程中，便自然地向客户传递了企业所倡导的价值观、展示了企业的形象；而企业能否在客户中获得好评、能否在社会中树立良好的形象，则取决于员工的言行是否渗透了优秀的企业文化基因。

七、优化力

优化力是指由企业文化的引导力、凝聚力、约束力、激励力、协调力以及辐射力产生的综合的优化功能，我们也可以视其为这几种力量同时产生的“合力”。对这种优化力，可以从员工个人与企业整体两个层面来进一步理解。

一是员工个人层面。在企业文化案例研究过程中，我们经常会听到一些优秀的企业文化如何影响或者改变落后员工的故事，这便是企业文化的优化力对员工成长发展所起的关键作用。因为员工在成长过程中需要文化的不断引导、激励、约束、协调、辐射等，单纯依靠一种力量来影响落后员工使之发生改变，是不可能的。正是这种优化力，使得企业的员工队伍不断优化。

二是企业整体层面。从企业整体运营角度看，企业文化的优化力主要体现在企业生产经营管理过程中各方面的自我调节与完善。例如，当企业的经营决策与企业一直倡导的价值观发生偏离时，企业文化会使其逐步调整至“正轨”；当企业的组织机构、实施的制度与企业文化产生冲突时，企业文化则会化解冲突与矛盾，并优化组织机构以及各项规章制度与规范；当员工的行为与企业价值观存在不一致时，身边的英雄人物、正能量的文化氛围会使其自觉矫正；当企业遇到困难时，企业上下会团结一致、共渡难关……总之，在生产经营管理过程中，优秀的企业文化会产生一种强大的、无形的优化力，使组织机构、管理机制、组织能力、企业形象等实现自我完善和不断优化，成为企业的决胜之道。

不过，优化力的形成要求企业的文化建设历经历史考验，文化体系相对成熟。上述各种力量产生协同效应，其实也是“文化自觉”的实现过程，更是企业文化内生性的充分体现。因此，一些新创立或者企业文化体系不完善的企业，不能急于求成、不切实际地追求优化力的形成，而应该耐心地先将企业文化建设的基础打好，不断完善企业建设体系，等员工形成价值观共享、文化与管理深度融合之后，自然会实现员工从“要我干”到“我要干”的转变，并实现员工队伍、管理机制、组织能力、企业形象的自我完善和不断优化，最终形成自己不可替代的核心竞争力。

而如何检验自己的企业文化是否具备优化力？又如何尽快实现企业文化的优化力？我们将在后面的章节中重点剖析。

PRACTICES ON CORPORATE
CULTURE BUILDING

第 3 章

认识成功有效的企业文化建设体系

何谓成功有效的企业文化建设体系

我们通过长年深入中国本土企业进行企业文化咨询、企业文化案例研究总结发现，大多数成功企业的企业文化体系建设工作可以划分为八大子体系，分别是目标体系、保障体系、识别体系、培训体系、传播体系、激励体系、融入体系和评估体系，这八大子体系通过战略规划启动、基础体系构建、企业文化推进、评估改进提升四大关键步骤贯彻实施，并紧密衔接、相互支撑、持续改善，以其系统化、规范化、制度化与科学化的优势与特点，构成了一个有机运行的闭环式企业文化建设体系（见图3－1），通过构建和运行该体系，企业可以实现企业文化建设工作的自我改进与提升，不断提高企业文化管理水平与企业文化建设能力，充分发挥企业文化在企业发展中的

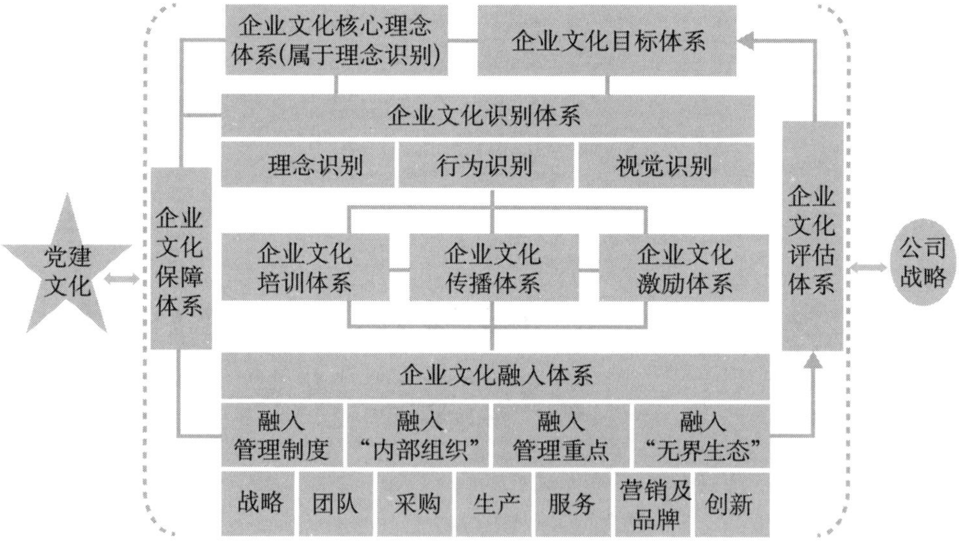

图3－1　企业文化建设体系

说明：生产包括研发、生产制造、质量管理等；营销包括销售、品牌等。

资料来源：北京未名潮管理顾问有限公司。

引导、激励、约束、凝聚和辐射等作用，实现企业文化与管理的深度融合，并不断提升企业“软实力”与综合管理水平，增强企业核心竞争力，促进企业持续健康发展。

该体系在运行过程中，与党建文化、公司战略相互影响、制约与推动，使后两者成为企业文化建设体系不可分割的一部分，尤其是党建文化要素的融入，形成了中国本土企业企业文化建设体系区别于世界其他企业的最大特色。

基于此，我们总结提炼出由“两项重要影响因素、四个关键步骤、八大子体系”构筑的闭环式企业文化建设体系，并对其进行详细的剖析，为企业提供操作性极强、实践证明有效的企业文化建设路径与方法，从而帮助和指导企业科学、规范、高效地开展企业文化建设工作，确保企业文化建设工作的价值最大化，有效提高企业文化建设能力与管理水平，推动企业快速实现战略目标。

两项重要影响因素

一、党建文化

这里的党建文化主要是指党在建设过程中形成的先进思想理念、工作机制、组织行为、组织形象等一系列内容的总和，其主要是针对所有国有企业以及多数规模化民营企业而言，因为这些企业基本上都拥有完善的党建组织与工作体系。而对于那些党组织并不健全的民营企业而言，这里的党建文化则主要是指影响企业的一些党建共性文化元素，例如先进的思想理念、组织结构特点、政治体制环境等。

党建文化与企业文化是相互作用、相互影响的，其目标与手段也几乎是一致的，都是通过思想层面引领员工发展，增强企业的凝聚力与战斗力，而且二者的根本目的都是以经济建设、企业发展为核心。这种彼此依存的做法与经验是中国企业在文化建设历程中形成的独有的“中国方案”。一方面，党建文化因为其独特的使命性与组织性，对企业文化有着绝对的引领与约束作用，尤其是多数国有企业党建文化的形成先于企业文化的塑造，其企业文化理念体系都基于党建文化内涵发展而来，而且对应的机构设置、发展定位、制度建设、宣贯工作等都与企业管理工作融为一体。这种深度的融合，其本身就是中国企业管理模式的创新内容之一。另一方面，正因为二者相互交融、目标一致，企业文化建设过程中先进的工作方法、管理手段，必然会促进党建工作体系的完善，推动党建文化发展，从而最大限度地发挥政治思想工作的作用，为企业发展保驾护航。

二、公司战略

这里的公司战略既包括企业的长远愿景目标，又包括企业制定的中长期战略规划以及短期内做出的一些战略业务调整。公司战略与企业文化之间也是相互支撑、相互制约的关系，而且二者会随着商业环境变化、企业发展壮大而动态变化。

一方面，企业文化对企业战略起着一定的约束作用。企业文化核心理念体系往往都明确了企业为什么存在、企业往何处走、企业如何发展等问题，并统一企业与员工的共同价值观。企业在制定战略、进行战略业务调整时，都必须考虑其是否与企业所追求的愿景目标一致，是否符合企业所遵循的共同价值观。

另一方面，企业文化在影响企业战略制定的同时，又要服从企业战略，为公司成功实现战略目标提供重要保证。因为企业文化具有极强的引导力、凝聚力、约束力、激励力、协调力以及辐射力，有利于促进员工从认知到认同，再到自觉践行公司战略，确保企业战略落地实施，并实现价值观共享、增强企业“软实力”，其根本目的也是最终达成战略目标。可见，企业战略脱离企业文化，则难以达成既定的目标与方向；而企业文化建设若背离企业战略，则毫无意义。

而且，企业在不同的发展时期进行战略调整时，必然会要求有与之相适应的企业文化目标体系、企业文化理念以及新的企业文化建设方案，为新战略的落地实施提供保障。当然，企业文化也会受时代变化、商业环境变化甚至是公司领导者变化等的影响而被要求产生“先进的文化”，这也可能会间接影响企业战略。因此，公司战略与企业文化一直在动态的变化中相互依存、相互作用，并且当企业在发展到一定阶段时，二者并无先后之分，而是相互交融、相互促进。总之，只有公司战略与企业文化完美匹配、良性互动，才能实现一个企业的持续健康成长。

四个关键步骤

一、步骤一：战略规划启动（目标体系、保障体系）

这一步是根据企业总体发展战略，确定企业文化建设的目标方向、实施规划及步骤，将其作为一个系统工程进行工作部署；同时启动企业文化保障工作，即根据战略目标与规划为企业文化建设创造良好的工作环境和实施条件，确保企业文化建设扎实、有效推进。

二、步骤二：基础体系构建（识别体系）

在战略思想的指导下以及全面保障的基础上，进行深入调研与分析、挖掘文化基因、系统梳理和完善，结合自身实际和未来发展需要，总结、提炼出符合自身实际、与母文化对接融合[①]的企业文化理念体系，并构建相应的行为识别体系、视觉识别体系。其中企业文化理念体系的总结提炼至关重要，因为企业文化理念体系是形成制度文化、行为文化和物质文化的思想基础，也是视觉识别体系和行为识别体系建设的前提，故在图 3－1 中单独标示。

三、步骤三：企业文化推进（培训体系、传播体系、激励体系、融入体系）

通过培训体系、传播体系、激励体系与融入体系，从宣贯传播到内化于心，从岗位实践到外化于形，从制度建设到固化于制，从“要我参与”到“我要参与”，不断增强企业文化的影响力与渗透力，将企业文化深度融入管理的各个环节、各个岗位、各个“组织细胞”，融入“无界”生态商业圈，充分发挥文化的引导、激励与凝聚作用，促进员工行为转变、组织执行

① 涉及母子文化对接融合的企业需要注意这个问题，一般企业不需要。

力提升、企业凝聚力增强以及整体管理水平提高，不断提升企业的凝聚力、领导力、执行力、成长力与整体形象，切实增强企业的核心竞争力。

四、步骤四：评估改进提升（评估体系）

通过建立和完善企业文化建设评估机制，定期或不定期地对企业文化建设工作以及效果进行测评考核，总结经验与成果的同时，有针对性、有侧重点地改进、提升，使其形成持续改进的良性闭环系统，实现企业文化建设工作的自我完善与提升。

闭环式八大子体系

一、企业文化目标体系

企业文化目标体系主要包括制定企业文化战略、企业文化建设实施纲要、分阶段目标及实施规划等内容。它明确了企业文化建设的目标以及实现目标的路径和方法，指导、部署企业文化建设工作，确保企业文化建设有计划地、系统性地层层推进。

输出成果：企业文化战略、企业文化建设三年规划等。

二、企业文化保障体系

企业文化保障体系主要包括组织、制度、物质（包括硬件、软件、知识管理等）和队伍保障四个方面，具体内容包括设立领导机构、专职管理部门、实施小组，建设专兼职宣贯员队伍，进行企业文化软硬件建设，完善各项宣贯制度以及相应的激励制度等。

输出成果：企业文化建设组织结构、相关制度、预算、知识管理办法等。

三、企业文化识别体系

企业文化识别体系主要包括理念识别（MI）体系、视觉识别（VI）体系和行为识别（BI）体系三大部分，是企业文化对外的“窗口”，也是企业文化建设的基础。需要结合自身实际和未来发展需要，总结、提炼出符合自身需要的企业文化理念体系，并构建相应的行为识别体系、视觉识别体系。

输出成果：企业文化理念体系、员工行为规范、视觉识别设计与导入实施。

四、企业文化培训体系

企业文化培训体系主要是指从培训内容、培训对象、培训方式、培训队伍、培训实施与管理（含培训效果评估）等方面进行系统性的规划与建设，从而使企业文化培训工作例行化、制度化、科学化。

输出成果：培训内容及课程体系设计、培训规划、培训实施与管理方案、培训队伍组建与培养方案等。

五、企业文化传播体系

企业文化传播体系主要是指通过传播工作组织化、传播主体专业化、传播载体多样化、传播内容可视化等，构建起用于对内外宣传、推广、渗透企业文化的“立体式”传播体系。

输出成果：宣贯员队伍组建与培养方案、传播载体梳理、传播计划等。

六、企业文化激励体系

企业文化激励体系主要是指从管理激励、环境激励等方面，用引导、约束、奖励、惩罚的方法促使企业文化建设真正落地实施，并激发员工参与企业文化建设的积极性。它可以创造良好的氛围，激发员工的内在动力，提高企业文化建设的实施效率。

输出成果：企业文化建设激励机制。

七、企业文化融入体系

企业文化融入体系主要是指通过融入管理制度（制度梳理与完善）、融入“内部组织”(部门与个人改进计划、班组文化建设、项目文化建设等)、融入管理重点（子系统文化建设)、融入“无界生态”（“生态式”企业文化建设、跨文化融合）等措施，从战略、团队、采购、生产、服务、营销及品牌、创新等七个方面深度植入文化理念，实现企业文化与企业经营管理的全面融合。企业文化融入体系的构建，直接促使企业文化深度融入企业内部的每一位员工、每一个“组织细胞”，产业链的每一个环节以及企业外部整个“生态商业圈”（包括客户、供应商、合作者、社区、环境等利益相关者），推动管理变革与创新，切实提高企业经营管理水平，增强企业软实力。

输出成果：完善的管理制度体系、部门与个人改进计划实施方案、班组文化建设实施方案、项目文化建设实施方案、子系统文化建设实施方案、“生态式”企业文化建设实施方案、跨文化融合实施方案等。

八、企业文化评估体系

企业文化评估体系主要是指从企业文化建设工作评估和结果评估两个层面，对企业文化评估的基本原则、建设步骤、评估对象、理论模型、评估形式、评估内容、实施方案、改进方案等内容进行设计和规范，使企业文化评估贯穿于企业文化管理的全流程，客观、真实地了解企业文化建设进展情况，并及时进行改进。

输出成果：企业文化建设评估办法、评估指标体系、企业文化诊断分析报告、企业文化管理提升方案等。

体系构建基本原则

一、支撑战略

企业文化建设必须服从企业战略发展需要。具体来说，就是提炼出符合企业发展战略需要的企业文化理念体系，并将其深度融入日常工作以及运营管理的各个方面，充分发挥企业文化的凝聚、塑造、激励等功能，使文化发挥出更大的价值，进而转化为实际生产力，促使全体员工为实现企业战略目标而主动融入、积极配合、有效推进、合力发展，并持续不懈地努力与奋斗。同时，企业文化也要为企业的战略转型或者战略业务调整担负起一定的引领与约束作用，以确保战略转型方向正确、新的战略定位符合企业所追求的共同价值观。

二、立足“四化”

企业文化建设要成功，必须保证其系统化、规范化、制度化和科学化。企业通过构建和完善目标体系、保障体系、识别体系（含理念体系）、培训体系、传播体系、融入体系、激励体系与评估体系等八大子体系，实现文化建设的系统化、规范化、制度化和科学化。系统化主要指系统思考、全盘考虑，整体推进企业文化建设；规范化主要指标准规范、严格执行，确保重要的文化要素（如员工行为、组织形象等）统一、规范；制度化主要指制度保障、长效机制，确保企业文化建设工作有据可依，并且通过引导、激励、约束与惩罚措施营造良好氛围；科学化主要指遵循规律（企业文化理论体系、企业文化建设路径与方法等）、科学评估。企业应该通过八大子体系构筑的闭环式系统实现企业文化建设的持续改进、螺旋式提升，而不能一蹴而就。

三、传承创新

企业文化是一个不断传承与创新的过程。随着内外部环境变化和企业战略调整，企业需要在继承过去优良传统、传承企业文化精髓的基础上，创新发展、与时俱进，不断赋予企业文化新的内涵，并加强新文化理念的宣贯落地，最大限度地发挥文化的塑造、激励作用，促使员工由“要我干”变成“我要干”，由制度驱动转变为价值观驱动，从而增强企业竞争软实力，确保企业战略目标的顺利实现。

四、重在融入

企业文化必须深度植入企业经营管理的方方面面，才能发挥效力，彰显价值，进而转化为竞争优势，保持旺盛的生命力。其融入途径主要包括四个方面：一是融入管理制度，主要指制度梳理与完善，即梳理现有流程、制度，按照科学发展观和企业文化理念对制度进行废、改、立，将文化理念融入生产及服务流程、管理制度中。这本身又是制度建设的过程，包括融入绩效管理制度，将企业文化理念与绩效考核、激励结合起来。二是融入“内部组织”，包括部门与个人改进计划、班组文化建设、项目文化建设等，促使文化深度植入岗位、班组、项目组等每一个“组织细胞”。三是融入管理重点，主要通过推行针对管理重点的子系统文化建设，打造特色子文化，并支撑公司重点战略或管理工作实施。四是融入“无界生态”，提倡以用户为核心，融入企业内外部利益相关者及全产业链，形成“生态式”企业文化，支撑商业生态圈构建。

五、开放融合

在企业文化建设过程中，企业应站在全局的高度，遵循开放融合的方针，加强与内外部的交流互动，保持企业文化的包容性和开放性。对外交流互动过程中，积极吸收和融合先进思想，进一步提升企业文化建设和内部管理水平，形成独具特色的企业文化，让更多的人认识和了解企业，并树立良好的社会形象。

六、全员参与

企业文化是企业全体员工的文化，需要大家的共同参与。引导、激励、推动全体员工共同参与的过程，也是企业文化建设的重要过程。要树立“大家的文化大家建”的意识，各级领导干部率先垂范，各个部门密切配合，全员广泛参与，上下左右齐心协力，营造全员建设企业文化的浓厚氛围，让广大员工切实感受到企业文化建设的目的与意义，并自觉校正行动方向。

PRACTICES ON CORPORATE
CULTURE BUILDING

第 4 章

优秀的企业文化是这样炼成的

并行的党建文化体系

国有企业是中国特色社会主义的重要物质基础和政治基础，是中国特色社会主义经济的“顶梁柱”。[①] 这是习近平总书记 2017 年 12 月在企业调研时对国有企业地位的强调。当今世界，没有任何国家像我国这样，国有企业在经济社会发展中发挥如此重要的作用。纵观我国社会主义建设、改革和发展的历程，国有企业为推动我国经济社会发展、科技进步、国防建设、民生改善做出了重要的历史性贡献，保障了国家战略的有效实施。2017 年，中央企业实力明显增强，资产总额与 5 年前相比增长 74%，累计实现利润比上一个 5 年增长 27%，进入世界 500 强的 82 家国有企业中，有 48 家为中央企业。中央企业上缴税费比上一个 5 年增长 41%，2017 年创造的增加值约占全国 GDP 的 8%，上缴的税费和收益约占全国财政收入的 12.5%；承担完成的一大批国家重大专项成果已成为国家名片，充分彰显了国家力量，体现了大国重器的责任担当；同时，还带头抗击重大自然灾害、推进脱贫攻坚、参与民生工程建设。

因此，基于中国本土企业文化案例研究形成的企业文化建设理论体系，不能缺少对占如此高比重的中国国有企业的深入研究。在过去的企业文化建设体系梳理过程中，我们更多的是强调国有企业、民营企业的一些共性之处，并没有突出国有企业企业文化建设的特点。而近些年，我们通过对部分标杆国有企业的深入研究发现，国有企业的企业文化建设不仅具有西方企业所不具备的中国特色，而且对其他民营企业一直产生着巨大的影响，堪称企业文化建设乃至于企业创新管理模式中的“中国方案”。这个“中国方案”就是：企业在文化建设过程中，拥有一个并行而又强大的党建文化体系，党

---

① 习近平在江苏徐州市考察时强调 深入学习贯彻党的十九大精神 紧扣新时代要求推动改革发展. (2017-12-14). 中国共产党新闻网.

建文化凭借其独特的使命性与组织性对企业文化起着重要的引领、约束与推动作用；而企业文化建设又促进党建文化的不断完善以及创新发展，二者彼此交融、相互作用，催生出党建文化深度融入企业管理的党建“新方案”与管理新模式，从而实现二者皆以经济建设、企业发展为核心的共同目标。因此，这一次更新的企业文化建设理论体系中，特别增加了党建文化这一重要元素。

党建文化体系是指党的建设的指导思想、基本理念、组织行为、制度建设、活动形式、组织形象等一系列内容的总和，是中国共产党近百年来自己摸索形成的独特组织建设体系，覆盖各政府、单位、组织、机构、企业、社会团体等。从理论层面看，我们对照企业文化的精神、制度、行为、形象四个层次，发现其体系健全、科学，完全可以从现代管理角度找到相应的理论支撑，二者的融合具有天然的基础优势。从实践层面看，其精神内涵、制度建设、队伍建设、宣贯措施、形象塑造等与企业文化建设都是融为一体并保持高度一致的，尤其是在国有企业中，党建文化更多地起着重要的引领、约束与推动作用。多数国有企业的党建文化建设先于企业文化的塑造，很多国有企业的企业文化理念体系基于党建文化内涵发展而来，甚至党建组织机构与企业文化建设机构都是同一个部门或者融为一体。而党建文化在影响企业文化的同时，企业文化建设所形成的先进的工作方法、管理手段，又必然会促进党建工作体系的完善，反过来推动党建文化的发展。更重要的是从目标层面来看，党建文化与企业文化的根本目的完全一致，都是以经济建设与企业发展为核心。因此，无论是从理论到实践，还是从方向到路径，党建文化与企业文化都具有高度一致的特征，二者形成彼此交融、相互作用、并行促进的关系也是必然的，其催生出的“党建文化深度融入企业管理”的独特“中国方案”既是中国党建管理工作的突破，又是中国企业管理模式的创新。

鉴于中国党建文化体系的普遍性与成熟性，以及国有企业的党建组织体系本身也非常健全、统一、规范的事实，在本书中，党建文化体系就不再通过国有企业的案例展开论述，而是综合性阐述党建文化体系的特征及其与企业文化之间的关系，之后再通过案例形式重点探讨党建文化体系对部分民营企业的影响。

一、使命性

使命性主要指精神层面的一种信仰力量，来源于中国传统文化，来源于中国党建过程形成的革命文化与社会主义先进文化。在传承中华优秀传统文化的基础上，国有企业继承和发扬了从中国革命、经济建设、发展改革的伟大实践中孕育的革命文化和社会主义先进文化。从井冈山精神、长征精神、延安精神、西柏坡精神，到雷锋精神、大庆精神、两弹一星精神，再到航天精神、北京奥运精神、抗震救灾精神，这些富有时代特征、民族特色的宝贵财富，脱胎于中华民族优秀文化传统，同时又在新形势下不断进行着再生再造、凝聚升华，孕育出了符合时代发展特征和反映各家企业底蕴的文化理念。几十年的发展壮大历程中，国有企业培育出了“苦干实干”“三老四严”的石油精神、铁人精神，铸就了“特别能吃苦、特别能战斗、特别能攻关、特别能奉献”的载人航天精神，锻造了“产业报国、勇于创新、为中国梦提速”的高铁精神。

这些植根于国有企业血脉的先进精神，其显著特征是以中国特色社会主义的共同理想、爱国主义为核心的民族精神，是以改革创新为核心的时代精神，其内涵就是敢于担当、甘于奉献、大胆创新。正因为国有企业拥有这些宝贵的文化财富，才树立了自己的文化自信，以强大的凝聚力与先进的软实力，忠实履行好自己至高的使命，建设具有全球竞争力的世界一流企业。

因此，这些先进的党建指导思想与文化内涵，必然会成为国有企业的企业文化理念的重要来源，催生出国有企业文化的“使命性”特征，产生巨大的引领作用。与此同时，这些先进理念还影响着一批又一批的民营企业(包括华为、海尔、红豆集团等)，例如众多企业曾经或者正在倡导红色文化、军队文化等。

二、组织性

组织性主要指党建文化实践过程中表现出来的完善的组织机构、强大的组织队伍、严格的组织纪律、系统的宣贯措施、至高的组织形象。

组织机构方面：健全的党组织是国有企业的最高领导组织，中国的国有企业姓党，这是不可动摇的根基。因此，企业文化建设的实施主体其本身就是企业的党建部门及其领导、党员等，很多国有企业的党宣部门与企业文化建设部门是“一个班子、两块牌子”。

组织队伍方面：组织队伍的强大不仅体现在蜂窝式的基层组织建设方面，还体现在成熟的队伍培养机制方面，这为企业文化向基层组织渗透、企业文化宣贯员队伍培养建设奠定坚实的基础，例如众多企业活跃在各个基层的党宣队伍就是现成的企业文化宣贯员队伍。

组织纪律方面：严格的纪律是从遵循严格的规章制度开始的。党章是党建文化在制度层面的最高统领。除了党章，我们党还陆续制定了包含组织制度、领导制度、党内生活制度、党内监督制度等一系列制度的科学体系，例如“中央八项规定”、《中国共产党廉洁自律准则》、《中国共产党纪律处分条例》、《中国共产党问责条例》、《中国共产党党内监督条例》等。完善的党建制度体系与企业文化建设中的企业管理制度是相辅相成，甚至完全融为一体的，例如党员绩效考核制度、廉洁制度等，而且党建制度要求更高，在国有企业也显得更为重要。

宣贯措施方面：宣讲员的层层宣讲、组织渗透，培训、会议、党建活动、文化墙、党建内刊、自媒体等多平台、多形式的融合传播，在使得党建文化传播实现系统有效的同时，也服务于企业文化建设宣贯。

组织形象方面：党建的组织形象是高度统一的，是至高无上的，因此，党建过程中相对企业形象而言，对企业组织表现、企业员工行为制定的标准更严、要求更高。其实，这与企业文化建设过程中塑造的品牌形象是高度一致的。这些具有极强政治色彩的“组织性”特征，直接渗透到企业文化建设体系中，与其融为一体，既起着方向引领作用，又起着支撑服务作用。在受其影响较大的民营企业中，阿里巴巴的“政委体系”就是其中的典型案例之一。

案例 4－1

锻铸红色品格　引领红豆发展

作为一个拥有 60 余年历史的民族服装品牌，红豆在中国可谓是家喻户晓。1957年起始于一家小手工作坊，历经濒临破产、扭亏为盈、快速发展、转型升级，到今天成为一家涉足纺织服装、橡胶轮胎、生物制药、地产四大领域，位居中国民营企业500强前列的多元化上市企业集团。红豆集团不仅是国务院120家深化改革试点企业之一，还是中国服装界唯一一家国家认定的商标战略实施示范企业。多年来，红豆集团荣获了国家级荣誉500多项。其中包括中国服装行业最高殊荣——成就大奖、国内首家通过《CSC 9000T中国纺织服装企业社会责任管理体系》认证的企业、2009年度全国纺织实施卓越绩效模式先进企业、CCTV中国年度品牌，其技术中心被评为国家级技术中心等。我们熟知的往往只是红豆卓越的绩效、知名的品牌、无数的荣誉，而其背后成功的党建文化成就（尤其是对于一家民营企业来说），恐怕鲜为人知。红豆集团党委是全国先进基层党组织，也是唯一一家由中组部发文号召全国学习的民营企业党组织。不过，正是其成熟的党建文化，对企业文化建设发挥了重要的引领作用，并支撑着红豆集团持续成长，打造出中国第一文化品牌，缔造了红豆跨国百年企业。

1. 红色品格，双轮驱动之一

多年来，红豆已经形成了独具红豆特色的“以情为核心，红、绿两种品格双轮驱动”的企业文化体系，其中的红色品格指的就是听党的话、跟党走，共同富裕，实业报国，保障企业方向正确，是其双轮驱动的重要组成部分。这也就决定了其企业文化理念必然会彰显出红色品格，同时也决定了其要通过党建工作给企业注入灵魂（成为红豆“三位一体”发展模式的重要一位）。例如，其使命“共同富裕，实业报国”，愿景“打造中国第一文化品牌，缔造红豆跨国百年企业”，核心价值观“诚信、感恩、创新、卓越”，充分体现了党建文化中的理念精髓，不仅包括传统的爱国奉献、勇于担当、诚信感恩的精神，还包括富有时代气息的改革创新精神。

2. 完善体系，融入企业管理

红豆对党建工作的重视不亚于任何一家国有企业，红豆坚持以党建引领先进企业文化建设，并开创性地形成了民营企业党建体系融入企业管理的经验与成果。早在1997年，红豆集团就在无锡市民营企业中率先成立党委。

目前集团党委下设 2 个二级党委、101 个党（总）支部，有党员 1 519 名。多年来，红豆集团坚持发挥党组织的政治核心作用和政治引领作用，创新民营企业党建工作方法，坚持把党建融入企业管理，把党的政治优势转化为企业的发展优势，形成了“一核心三优势”的党建经验、“一融合双培养三服务”的党建工作法、“五个双向”的红豆党建工作机制。完善的党建体系与企业文化建设融为一体，使其红色品格充分发挥驱动作用，从而加快企业转型升级、成功打造红色民营企业，努力突破人力、土地和环境三大资源瓶颈，高效实行绿色低碳生产，使集团保持了每年两位数以上的增长。红豆集团的党建工作也先后得到国家、省、市各级领导的充分肯定。其首创的“现代企业制度＋党的建设＋社会责任”的模式得到了中组部的高度肯定，于 2012 年 10 月向全国推广。

3. 基层建设，彰显红色力量

加强基层党组织建设是红豆集团有效完善党建文化体系、成功塑造红色品格的基石。2007 年，红豆集团党委在柬埔寨建立了中国民营企业第一个境外党支部，实现了党组织从集团总部到产销一线的全覆盖，党员在集团各个条线充分发挥模范带头作用，彰显“一个党员一面旗”的红色品格。集团党委先后获评区、市、省先进基层党组织。2011 年荣获“全国先进基层党组织”和非公企业“双强百佳”党组织光荣称号。同时，各基层组织积极开展各类党建主题活动，例如“我为企业献良策”、“落实科学发展观”、“转型升级促发展、我为党旗添光彩”、红豆党委与国企、“四找四学四比”、贯彻中央精神、贯彻落实十八大精神、群众路线教育实践活动等。在群众路线教育实践活动中，集团着力打造服务型党组织，努力实现“服务员工成长走在前、服务企业发展走在前、服务社会和谐走在前”的“三个服务走在前”工作目标，扎实推进集团实现“四个红豆”（千亿红豆、美丽红豆、幸福红豆、智慧红豆）的发展目标。红豆集团通过基层党组织建设，使红色品格扎根于各层级组织，使企业文化渗透至各个分公司及部门，这都是红豆党建文化体系完善的保障，更是红豆文化有效落地的重要途径。2013 年第二届全国基层党建创新典型案例交流会在北京召开，红豆集团选送案例《首创党建工作标准　推动企业科学发展》获“最佳案例”奖；同期，红豆集团被中国纺织工业联合会授予“全国纺织行业先进党建工作示范企业”称号。2014年，红豆集团又荣获“全国纺织行业党建工作模范企业”称号。

案例启示：

作为全国先进的基层党组织，红豆集团党委是唯一一个由中组部发文号召全国学习的民营企业党组织。成熟的党建文化对红豆的企业文化建设发挥着重要的引领作用，支撑着红豆集团持续成长，使其从一家小手工作坊成长为一家涉足纺织服装、橡胶轮胎、生物制药、地产四大领域，位列中国民营企业500强前列的多元化上市企业集团。其突出经验主要有三个方面：一是在企业文化理念体系中植入红色品格，并要求通过党建工作给企业注入灵魂，发挥红色品格的驱动作用；二是坚持发挥党组织的政治核心作用和政治引领作用，不断完善党建体系，创新民营企业党建工作方法，坚持把党建融入企业管理，把党的政治优势转化为企业的发展优势，创造了独具特色的党建经验、党建工作法、党建工作机制等；三是通过加强基层党组织建设，实现党组织从集团总部到产销一线的全覆盖，从而确保红色品格扎根于各层级组织，促进企业文化渗透至各个分公司及部门。

案例4-2

阿里巴巴的“政委力量”

政委一词诞生于军队，是党建文化体系中最重要的组织形式。政委作为政治思想的执行者，与同级军事指挥员同为部队首长，主持党委会的日常工作，通过加强部队政治工作、统一军队思想、建设人才队伍、增强部队凝聚力与战斗力，确保完成党和国家赋予军队的各项任务，其关键作用就是保证党对军队的绝对领导，同时也为人民军队制胜提供重要保证。而如此传统而又充满政治色彩的“政委”，却出现在一个没有军队、极具创新变革力的企业中，成为该企业成长的重要支撑力量，这不得不引起我们探究其中奥秘的兴趣。而这家企业正是曾创下美股史上最大规模首次公开发行股票（IPO）记录，并在2018年荣登全球最具颠覆力科技企业榜首的中国互联网企业巨头——阿里巴巴。

1.“政委力量”的发展起源

2004 年前后，整个互联网行业的发展日新月异，人才“低位高用”成为普遍现象。阿里巴巴也不例外，其企业到企业（B2B）业务在高速成长的过程中，出现了虽然机会多、工作多，但区域分散、人手不够，且大部分业务经理普遍缺少团队管理经验、缺乏战略意识，企业文化缺乏统一性，团队凝聚力相对薄弱等问题。这些困难严重制约着阿里巴巴实现“跨越三个世纪、存活 102 年”的梦想。因此，彼时的阿里巴巴急需配置一支懂战略（企业战略）、有文化（企业文化）、有经验（组织建设）的队伍辅助业务经理，在业务和人才培养方面为其提供快捷支持，并在一线员工中保证价值观的传承，增强组织的凝聚力。恰逢其时，两部热播的军事题材电视连续剧《历史的天空》和《亮剑》给了马云极大的启发，尤其是两位能打枪、懂政策的政委张京普、赵刚，在把有匪气的姜大牙、李云龙雕琢成将军的过程中所起的特殊作用，成为阿里巴巴“政委体系”引进的重要借鉴，也是阿里巴巴“政委体系”所追求的价值所在。经过成熟的酝酿，阿里巴巴于 2006 年正式引入“政委体系”，使其成为业务线的“完美搭档”，有效地解决了文化传承和干部培养问题，并避免了业务经理缺乏战略眼光、急功近利等问题的出现，从而彻底解决了“带队伍”的难题，支撑阿里巴巴快速形成庞大的商业帝国。

2.“政委力量”的组织机制

（1）角色定位及组织属性。阿里巴巴的“政委”属于阿里巴巴人力资源（HR）队伍，是其重要的一种功能型 HR，约占 HR 总人数的一半。阿里巴巴 HR 队伍分为职能型 HR 和业务型 HR 两种，前者主要负责 HR 领域的政策制定、工具研发等；后者就是派驻到各业务线、各区域及事业部的人力资源开发者与管理者、内部问题协调者及企业文化布道者，主要负责与各层级业务经理共同做好组织管理、团队建设、员工发展、人才培养等方面的工作，即“政委”。在阿里巴巴内部，又被称为 HR 多面手（HR generalist，HRG）——既懂人力资源管理，又了解业务需求，还能帮助阿里巴巴落地战略与文化的 HR“通才”，这类“通才”除了要具备基本的 HR 专业能力，还要拥有较强的战略衔接能力、业务洞察能力和个人领导能力。从人力资源管理专业角度而言，HRG相当于近些年人力资源部门职能分化和升级而出现的人力资源业务合作伙伴（HR business partner，HRBP），HRG或HRBP与人力资源专家（HR specialist，HRS）、人力资源共享中心（HR shared service center，HRSSC）共同组成了现代人力资源管理的三支柱模型。虽然HRG与HRBP都是突破传统人力资源六大板块的人力资源管理创新，但相对更具西方管理色彩的HRBP，HRG源自阿里巴巴的自我创新，源自土生土长的中国党建文化。

（2）层级设置。类似于军队中政委与同级军事指挥员同为部队首长的机制，阿里巴巴“政委”线由总部垂直管理，与其对应的业务线是平行关系，而并不向业务线汇报。不过阿里巴巴“政委”体系层级设置相对比较复杂，按区域与事业部两个层面进行不同职业层级的配置。区域层面的配置细分为三层：第一层即最基层是“小政委”，与各城市区域经理搭档；第二层即中间层是“大政委”，与高级区域经理搭档；第三层即最上层是HR总监，直接向马云及对应的高层管理者汇报。事业部层面的配置只有两层：对应部门级匹配的是“小政委”，其中很小的部门则会共享一个“政委”；对应总监级以上的则是“大政委”，覆盖总监的管辖范围。

伴随着阿里巴巴的四个发展时期，阿里巴巴“政委”体系的构建经历了种子期、萌芽期、发展期、生态期四个阶段，与其相对应的分别是事务级“政委”（业务“政委”）、专家级“政委”、战略级“政委”（生态“政委”）和合伙人“政委”四种类型。在不同阶段，“政委”所拥有的权力、承担的职责以及所需具备的素质能力存在很大的差异，层级越高，所拥有的话语权越大，所关注的业务范围越广，对企业整体和战略的影响力也越强，所担负的企业价值观传承责任越重，当然，对其个人能力的要求也越高。

3.“政委力量”的功能运行

（1）内部关系。在阿里巴巴HR内部，相对于负责事务性、基础性人力资源工作的职能型HR而言，“政委”（HRG）所负责的HR工作更具战略性、前瞻性与跨越性，更多地强调战略与文化落地，更多地关注业务，更多地倾向于组织的管理与服务。因此，阿里巴巴的“政委”们与其他HR其实是相辅相成的，共同成为现代人力资源管理三支柱模型的关键人力支撑。而与业务线经理的关系，虽然阿里巴巴的“政委”无须向其进行工作汇报，但却是业务线的服务者、监督者与平衡者。服务者，主要指凭借其专业的人力资源管理工作经验为业务线的组织建设、人才培养与业务发展提供服务支撑，弥补其不足，同时在思想上、方向上指引和帮助业务经理。监督者，主要指阿里巴巴的“政委”在用人、组织文化方面有一票否决权，对业务线的决策有一定的监督与制衡权。平衡者，一方面指阿里巴巴的“政委”帮助业务线平衡好战略发展方向，另一方面指阿里巴巴的“政委”平衡好内部沟通关系。例如，业务线往往会局限于关注短期目标、业绩导向，容易忽略长期的战略目标，而且缺乏文化的传承与人才储备培养意识，阿里巴巴的“政委”则需要随时帮助业务线调整方向、增强意识；同时，作为重要的思想工作者，“政委”还要随时平衡好业务团队在工作中出现的沟通问题与内部矛盾。

（2）特色运行方式及功能创新。独特的发展起源，特殊的角色定位、组织属性、层级设置以及内部关系，决定了这支“政委力量”特殊的运行方式。阿里巴巴的“政委”主要通过以下五种颇具企业文化个性的运行方式[①]，履行自己的职责，为阿里巴巴的战略与文化落地、业务高速发展提供强有力的支撑。

1）揪头发：指“政委”要有全局观，做到多方位、多角度考虑问题。你知道你的直接上级或者更高上级在想什么吗？上一个台阶看问题，把问题揪出来、揪上去。

2）摸温度：指“政委”要及时感知团队的状况。团队士气是否过于低落？团队士气是否虚高？影响团队士气的根本原因是什么？需要采取哪些措施？

3）照镜子：指“政委”时时要用镜子照自己、照同事、照老板，及时沟通交流，定期复盘（review）。最终目的是认识真实的自己，肯定自我优点，发现自我短板，为自我改进提供支持。

① 马海刚，彭剑锋，西楠 . HR+ 三支柱 . 北京：中国人民大学出版社，2017.

4）闻味道：指“政委”要通过“望闻问切”，透过现象看本质，对每个组织的文化氛围保持高度的敏感度。要对员工和团队的价值观进行综合诊断，评估员工、团队与阿里巴巴的价值观是否保持高度一致。望，指的是透过现象看本质；闻，即感受、闻气味；问，也就是沟通；切，则指的是以小见大、切中要害。

5）搭场子：指“政委”要搭建沟通的渠道和平台，让团队中出现的冲突或者矛盾得到妥善解决并达成共识，成为问题冲突双方之间的桥梁和见证者。

相对传统HR，阿里巴巴“政委”的功能创新在于：

1）更具战略导向性：能够辅助业务经理正确理解公司战略意图、战略格局，及时纠正错误的战略方向，最大限度地避免误入决策盲区。

2）更贴近业务终端需求：以业务终端需求为导向，凭借懂战略、有文化、有经验的专业能力，为业务终端提供全面的人力资源配置、团队管理、组织建设、业务发展辅助服务。

3）更能促进人力资源开发：作为“团队成员的合作伙伴”，强调以专业的人力资源管理经验，帮助业务经理及员工发展自我，创造更高价值，促进整个团队人才的增值与成长，并做好持续性的人才储备与培养工作。

4）更能推动文化落地：作为组织的润滑剂，侧重于管思想、管人心，确保团队的价值观和公司始终保持一致，解决团队中的冲突与矛盾问题，塑造高效协作、具有凝聚力的团队。

5）更能提高组织绩效：确保正确的战略导向、贴近业务终端需求、促进人力资源开发、推动文化落地，其根本目的是不遗余力地提升各业务线的人效产出，从而确保组织绩效不断提高。

案例启示：

政委本来是军队中的一个重要职位，其主要职责是：作为政治思想的执行者，通过加强部队政治工作、统一军队思想、建设人才队伍、增强部队凝聚力与战斗力，确保完成党和国家赋予军队的各项任务。阿里巴巴抓住军队政委的本质，结合企业实际业务需求，将其引入人力资源管理体系，将自己的“政委”定位为与业务线平行的人力资源开发者与管理者、内部问题协调者及企业文化布道者，主要负责与各层级业务经理共同做好组织管理、团队建设、员工发展、人才培养等方面的工作，并对业务线的决策进行适当的监督与制衡。同时，对“政委”进行创新性的层级设置、赋予其特殊的组织属性，与业务线形成平行的战略协同关系，建立起自己独特的“政委”体系，该体系通过揪头发、摸温度、照镜子、闻味道、搭场子五种颇具阿里巴巴企业文化个性的运行方式，为业务线保持正确的战略导向、贴近业务终端需求、促进人力资源开发、推动文化落地、提高组织绩效提供强有力的支撑，不仅短期内有效地解决了文化传承和干部培养问题，彻底解决了“带队伍”的难题，还持续为阿里巴巴的战略与文化落地、业务高速发展提供强大的人力资源保障，成为阿里巴巴快速形成庞大的商业帝国的重要支撑力量。这就是阿里巴巴的“政委力量”，这种力量来自阿里巴巴的自我创新，源自土生土长的中国党建文化。

企业文化目标体系构建

一、实践指导

企业文化目标体系构建是指明确企业文化建设的目标以及实现目标的路径和方法，指导、部署企业文化建设工作，确保企业文化建设有计划、系统性地层层推进。主要包括制定企业文化战略、企业文化建设实施纲要、分阶段的目标及实施规划等内容。

（一）目的与意义

企业文化目标体系是企业文化建设中一切工作实施的“统领”，其内容决定了企业文化建设方向的准确性、计划的有效性与可行性。同时，也是支撑企业发展总体战略的重要组成部分，确保企业文化建设形成整体规划、有序推进的工作格局。

（二）构建流程

构建流程包含三个步骤，如图 4－1 所示。

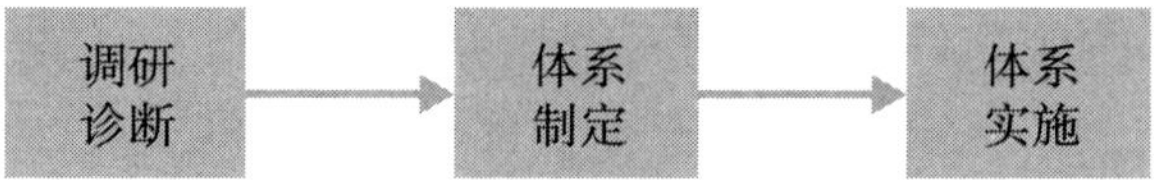

图 4－1　企业文化目标体系构建流程

调研诊断是企业文化目标体系构建的基础，侧重于对企业文化发展战略的诊断分析，包括未来建设的方向与重点。

体系制定是核心内容部分，包括企业文化战略制定、企业文化建设规划方案制定等。

体系实施是企业文化目标体系实现的过程，即后续各子体系实施的内容，此处不展开描述。

（三）主要工作模块

模块一：目标体系调研诊断

输出成果：企业文化战略分析报告。

通过与企业领导者、中层管理人员、基层管理人员、一般员工进行访谈、座谈、实地调研、问卷调查、文献研究等，对企业内外部环境、企业文化现状进行广泛深入的调研，从定性和定量角度综合分析和准确掌握企业文化现状以及面临的发展环境状况，厘清企业未来发展方向，寻找企业文化建设的重点和方向，并做出准确的判断和定位，形成企业文化战略分析报告。

模块二：目标体系制定

输出成果：企业文化战略规划、企业文化建设规划与实施细则（含规划、目标分解、工作进度表等）。

1. 确立企业文化战略目标

要求与公司总体战略目标形成一致性。

2. 划分企业文化战略阶段

由于不同企业的发展具有不平衡性，企业文化建设的进程也有先有后，这就决定了企业文化战略需要根据企业实际所处战略阶段的特性，分阶段、分步骤地实施，以利于企业文化战略的持续进行并支撑企业总体发展战略。一般而言，企业文化战略阶段可分为初创阶段、上升阶段、成熟阶段、变革阶段。

3. 明确企业文化战略重点

根据企业所处的不同战略阶段，明确企业文化战略重点。例如，有的重点在于企业文化理念提炼；有的重点在于企业文化宣贯、树立企业形象；有的重点在于规范制度、文化融入管理等。

4. 制定企业文化战略规划

依据企业文化战略分析报告，制定具有可行性的企业文化战略规划。具体的战略规划，可以根据企业不同时期的不同重点，划分为总体战略和各部门、各单位、各下属的分体战略，同时也可以根据时间的推进进行战略目标分解并提出相应的实施方案。战略规划在注重有效性与可行性的同时，还需要准备必要的应变方案。

5. 制定企业文化建设规划与实施细则

根据企业文化建设战略目标、规划以及调研诊断中反馈的主要问题，确定企业文化建设规划方案[①]及实施细则，要求注重方案的可实施性和有效性。具体内容可分为以下几部分。

第一部分：总体思路或者摘要。即企业文化建设规划的总体设想，要求用简洁的语言描述企业文化建设的背景、指导思想、原则、理论方法、主要任务、实施路径以及所要实现的目标。

第二部分：指导思想与原则。一般是根据行业要求、企业文化建设的原则要求、企业自身企业文化建设的相关要求进行描述。

第三部分：理论方法。主要指企业文化建设的相关理论支撑性内容。这部分内容根据实际需要安排，一般详细的企业文化建设规划方案都应该包括此部分内容。

第四部分：具体实施方案。一般要求对总体规划进行任务分解，列出阶段目标、阶段重点任务以及阶段具体措施（具体实施步骤）。企业应根据自己的实际需求，科学合理地制定任务分解方案，尤其是要突出每个阶段的特

① 部分企业文化建设规划方案涵盖了企业文化建设纲要和实施方案两部分，其实内容基本相同，只是建设纲要突出一些指导性、原则性、保障性内容以及简要的目标与规划，而实施方案则是具体的实施细则。关于具体呈现形式，企业可根据实际需要进行安排。正文中提及的方案内容更突出逻辑性和可实施性。

点以及不同重要程度的实施措施。例如，如果第一年侧重于宣贯，则在培训学习、传播形式、活动开展等方面加重“笔墨”；反之，则对这方面的工作进行适度的减量。

第五部分：年度工作推进表。要求至少以季度为单位，按照时间顺序列出各个阶段的关键工作任务、目标以及负责部门。

第六部分：保障措施。主要指企业文化建设工作开展所需要的一切保障，包括组织、制度、资金、硬件、人员等。

第七部分：附件。补充材料以附件形式安排，具体包括简化的规划实施甘特图、需要补充的理论体系说明、具体实施过程中的一些问题说明等。

模块三：目标体系实施

输出成果：企业文化建设规划与实施细则。

目标体系实施是指企业文化目标体系实现的过程，即后续七大体系实施的内容，这里不展开描述。

（四）工作要点提示

1. 注重内外部统一

企业文化目标体系是一切企业文化建设工作实施的统领，因此，做到内外部统一对于目标体系的构建尤其重要。主要从以下方面予以确保：一是与行业发展要求和趋势、母公司发展战略和文化战略相统一、相匹配；二是与企业自身发展战略相统一，支撑企业总体发展战略的同时，要对企业战略起着一定的引领与制约作用；三是与企业文化现状相统一，突出前瞻性、可实现性与激励性。

2. 注重战略目标分解

一个成功的目标体系，必须内容清晰、科学合理、可行性强。因此，战略目标分解是其中的一个关键要素。一般是把规划方案的总体目标按照时间进度、部门、人员分解为各种短期计划、部门行动方案、岗位责任书以及相关操作程序，使各级管理人员和员工明确各自的责任和任务，以保证各种实施活动与企业文化规划目标和任务保持一致。

3. 遵循“SMART”原则

目标体系构建应遵循“SMART”原则，即 specific——明确性，目标体系必须是具体的；measurable——可衡量性，目标体系必须是可以衡量的；attainable——可实现性，所设立的目标必须是可以达到的；relevant——相关性，目标体系中各项目标之间必须具有相关性；time-based——时限性，目标设置必须具有明确的截止期限。

二、案例解读

案例 4-3

文化引领企业转型升级

中国交通建设股份有限公司（简称中国交建）从事的水运、公路、桥梁、房地产及港机装备制造业务走过了由行业先行者到主力军再到领导者的光辉历程，其中许多业务历史悠久，与国家和民族的命运相伴相生，发展壮大。近年来，在企业合并重组、收购兼并、战略调整过程中，中国交建始终坚持以文化引领企业转型升级，其文化内涵不断丰富，文化建设体系逐步完善，不仅形成了独特的优良文化传统，还探索出了一条文化建设特色之路，文化的引导力、凝聚力与辐射力日益凸显，成为推动企业做强做优做大的持续动力。

1. 企业重组背景下的文化“大融合”

中国交建的重组采取了“强强联合、新设合并”方式，这在当时中央企业改革重组中是第一个。中国交建认真分析了中港、路桥两大集团企业文化建设情况以及重组后企业的发展目标与任务，研究提出中国交建企业文化建设的目标、方针与任务，即以创建和谐企业为目标，以倡导团结为主要任务，以继承、融合、创新为企业文化方针；强调中港、路桥两大集团的优秀文化成果、工作经验都要继承下来，发扬光大；要用发展的眼光和创新的思维在两大集团文化建设的基础上继续推进中国交建的企业文化建设，着力促进两大集团文化的融合，减少文化冲突，求同存异、取长补短、优势互补，同时吸收当今世界企业文化建设的新思想、新方式和新成果，在继承中推进中国交建企业文化建设与创新。基于此，十年来，中国交建以文化融合为着眼点制定文化建设的方针目标任务，构建新的企业文化符号体系，并积极推进文化融合实践。例如，以重组上市为契机倡导大局文化，以业务拓展为契机丰富主体文化，开展品牌创建活动，促进了企业间的沟通与交流，等等。

2.“五商中交”战略背景下的文化“大升级”

为率先建成具有全球竞争力的世界一流企业，中国交建在2013年提出新的发展思路和要求，即“五商中交”战略，进行科学的战略升级。“升级版”的中国交建需要“升级版”的企业文化。融合与升级并促，使中国交建的文化既继承了优良传统，又广纳时代元素，为企业战略提供强劲助力，引领企业优质发展。文化“大升级”主要体现在以下三个方面。

第一，核心理念体系升级。2014年，中国交建在二次党代会上对公司企业文化建设做出了承前启后、升级升华的部署，确定了新的企业文化核心理念体系。新理念体系清晰地表现了企业新战略指导下的愿景和使命，使传统的中国交建精神得以提炼升华的同时具备了充足的包容性和拓展性，最终指向打造共筑梦想、共创价值、共享成就的中国交建“理想共同体”。

第二，发展角色定位升级。“五商中交”战略提出以来，中国交建开始经历一场深刻的嬗变，企业的发展定位开始进行“由工到商”“工商相融”的转型升级。在继承优秀工程师文化基因的基础上，中国交建不断吸收现代商业文化，更加重视整合发展、培育市场、创造市场，更加重视产业链向价值链转化，更加重视价值创新，从而确立了“努力成为政府与经济社会发展的责任分担者、区域经济发展的深度参与者、政府购买公共服务的优质提供者”这一新定位，并且在近几年的实践中获得广泛认可。

第三，文化传播方式升级。近年来，信息传播格局、社会舆论生态和公众参与方式均在发生深刻变化。对此，中国交建主要从五个方面做好正面宣传、形象建设、国际传播、增信释疑工作，在世界舞台上讲好企业故事、传播中国声音、传递时代能量。一是做到重大事件及时报道、重大工程深度报道、重大活动持续报道；二是把重大决策部署宣传到位；三是从视觉系统、品牌体系、产品和服务、能力和水平、社会责任等方面着手，全面提升公司品牌的亲和力；四是创新融合自媒体平台建设，打造集报纸、网站、微信、展览、图书、视频于一体的宣传平台；五是“走出去”与“引进来”相结合，与上级主管部门、中央媒体、行业媒体、社会专家等建立良好关系，为公司改革发展创造良好的舆论氛围。

3. 新形势下的文化“新作为”

“十三五”时期，我国发展的环境、条件、任务、要求等都发生了新的变化，“创新、协调、绿色、开放、共享”成为新时期全面引领中国发展实践的新理念。对于入选“国有资本投资公司试点”的中国交建而言，“十三五”时期是深化改革、落实“五商中交”战略、加快转型发展的攻坚期，是建设具有全球竞争力的世界一流企业的重要机遇期。中国交建要想实现改革与升级的目标任务，迫切需要建设更具适应力、凝聚力、引领力和价值创造力的企业文化。

为此，中国交建明确提出了“十三五”企业文化建设的总体目标：以社会主义核心价值观为引领，巩固团结奋斗的思想基础，奠定遵纪守法的制度基础，夯实崇德向善的道德基础，提升科学发展的文化基础，形成企业文化的强大合力。与此同时，还列出了企业文化建设的具体目标，大概内容包括：深化企业文化建设思想认识，围绕公司战略规划持续构建独具中国交建特色的企业文化体系；统一企业文化核心理念并使之全面融入企业经营管理制度，促进集团文化、母子企业文化、社会文化与企业文化进一步融合；敦促员工自觉践行企业文化，自觉投身企业改革发展实践，凸显企业文化的管理功能；品牌传播成效显著，企业形象不断提升，品牌知名度和影响力不断扩大，母子品牌相辅相成，建立与世界一流企业相匹配的品牌体系；认真总结企业文化建设典型经验，树立一批先进典型，学习企业文化建设先进理论，总结中国交建企业文化建设经验，形成企业文化建设理论成果和实践成果。

围绕企业文化建设目标，遵循企业文化建设规律，中国交建还明确了下一步企业文化建设工作需要着力推进的重点工作，即五大工程，并以此来支撑其企业文化建设目标的实现。这五大工程分别是文化理念宣贯工程、行为规范践行工程、品牌建设推进工程、视觉规范执行工程与文化示范引领工程。

案例启示：

无论是企业重组背景下的文化“大融合”、“五商中交”战略背景下的文化“大升级”，还是今天新形势下的文化“新作为”，中国交建总是能够在历史发展的关键期，根据国家大战略、国家发展新理念、公司新战略，调整企业文化发展战略目标，并基于此提出明确的企业文化建设规划与实施方案，来引领企业转型升级。这正是中国交建能够成为全球基建行业翘楚的关键因素之一，也让企业文化实践者能够更加深刻地认识到企业文化建设目标体系构建的重要性，并正确把握企业建设目标体系构建的关键要素，即始终保持企业文化与公司战略的协同性与一致性。

案例4-4

战略转型背景下的企业文化目标体系制定

A公司是我国规模最大的综合性酒店及旅游服务集团，员工5万余名，以酒店管理与投资、旅行服务及相关运输服务为主营业务，拥有4家上市公司。A公司品牌是中国驰名商标、上海市著名商标，品牌价值达172亿元。

2012年，在“十一五”取得良好发展的基础上，A公司进一步确立了“推进整体上市、加快国际化步伐、公司品牌走向世界”与“成为世界一流、最受尊敬的现代综合性旅游服务集团”的战略目标。

为此，A公司在坚持“尊重传统、针对现状、面向未来”三项原则的前提下，对集团历史文化及现状、地域文化、国有企业文化、标杆企业文化、内外部环境等进行了全面诊断分析，明确提出了未来新时期的企业文化战略目标、企业文化建设重点以及具体的企业文化建设规划（含实施方案）。

1. 企业文化战略目标

通过完善集团企业文化建设体系，持续提升集团企业文化建设水平，使企业文化深度融入日常工作以及运营管理，逐步形成富有集团特色的行业标杆性企业文化建设模式，充分发挥企业文化的向心力和凝聚力，达到统一思想、团结全员、规范行为、塑造品牌、和谐发展的目的，使员工由“制度驱动”转变为“价值观驱动”，为集团成功实现战略转型提供强大的文化支撑。

2. 企业文化建设重点

从树立目标到具体实施、从宣传传播到融入管理、从评估监督到改进提升，从精神、制度、行为、形象四个层面，就诊断分析报告中提出的差距与问题进行重点改进，形成系统化、规范化、制度化与科学化的集团企业文化建设体系，并构建起一个自我完善和提升的“闭环系统”。初期建设重点为企业文化理念体系的提炼与更新完善以及企业文化新理念的宣传与推行。

3. 企业文化建设规划

A 公司企业文化建设三年规划与管理实务，具体包括企业文化建设总体思路、指导思想、基本原则、A 公司企业文化建设体系说明、阶段目标及任务、具体实施步骤、任务分工以及进度安排（表现形式有甘特图、任务分解表等）、保障措施等内容。其中具体的实施步骤、任务分工及进度安排是规划重点，进一步明确了企业文化建设各阶段的工作重点、具体任务、职责分工以及具有详细时间节点的工作进度安排。

案例启示：

企业文化目标体系的构建，首先应该做到与公司战略目标相统一，因为企业文化建设的根本目的是服务企业战略发展需要；其次是要求有科学合理的战略目标分解，做到具体的工作任务以及实施活动与目标保持高度一致，从而确保企业文化建设工作有序推进、高效实施；最后就是全面遵循“SMART”原则，即做到目标的“明确性、可衡量性、可实现性、相关性、时限性”相统一，从而确保企业文化战略目标的顺利实现。

案例 4－5

文化与战略相匹配

企业文化建设的根本目的是促进企业战略目标的实现。因此，联想的企业文化也随着战略目标变化、资源环境变化等，基于企业文化螺旋式发展模型[①]，不断调整和完善。在螺旋式上升过程中，联想的企业文化始终与企业战略保持高度一致，并且在保留“老文化”精髓的前提下，提出具有所处发展阶段特色的“新文化”，为企业新时期战略发展提供更具指导性和前瞻性的文化支撑。

1. 生存文化

1984—1987 年是联想创业初期，11 位中科院的研究员不懂市场和管理，在面对市场时感到了生存的压力，于是他们拿出“研究员站柜台”的勇气，

① 企业文化螺旋式发展模型是基于竞争性文化价值模型，结合联想企业文化的现实特点发展而来的一种文化分析模型。企业文化发展过程中遵循一种螺旋式上升的路径：创新导向—目标导向—规则导向—支持导向—高层次的创新导向，以此进行企业文化的不断演进，推动企业管理一步一步地迈向更高层次，从而形成一种螺旋式上升态势。

勇于“用热脸贴冷屁股”，嘴边经常说的就是“用户是我们的皇后”。这些创业者当时的信念就形成了联想初期的企业文化，他们坚定“质量是企业的生命”，“信誉比金子还贵”的信仰，坚持目标导向，拿出“只认功劳、不认苦劳”的劲头，让联想最终脱颖而出，越来越好。

联想集团副总裁杜建华曾亲身体会过被客户扫地出门的滋味，有一次他在福州跑银行，有一家银行让他在门外站了30分钟才让他进去，还有一家银行根本不让进去。这样的困难在创业初期太多了，但是创业者们就是凭着一股不服输的精神一步步把联想创立起来。

2. 严格文化

1988年以后，联想进入了快速发展阶段，逐渐由小部队向正规军迈进，联想提出了“管理三要素”“沟通四步骤”“做事三原则”，由目标导向转向规则导向，志在通过规则，实现“精准”与“效率”，随后逐渐形成了“严格文化”的氛围，强调“认真、严格、主动、高效”。

此阶段的文化影响着联想的快速扩张，企业的影响力也逐渐扩大。例如，柳传志为了提高会议效率定了一个规矩，即大家开会不准迟到，谁迟到就要自觉罚站一分钟。刚订立规矩不久，吴文洋（柳传志的老上级）在一次会议中就迟到了，柳传志对吴老说道：“公司有迟到要罚站的规定，请您站一分钟，等您回家以后，我可以给您罚站。”当时吴老立刻很不好意思，但还是按照规则站了一分钟。自那以后，这项规定在联想长期沿袭下来。柳传志罚站老上级的做法为公司的规则树立了威严，为公司各项制度严格执行树立了榜样。

3. 亲情文化

20世纪90年代末，联想开始注重团队的作用，提出“小公司做事，大公司做人”的理念，对员工要求“对内协作、对外谦和”，对各部门要求“精诚合作、共享资源”。此阶段联想由规则导向过渡到支持导向，提出“亲情文化”的理念，实行“称谓无总”，倡导“平等、信任、欣赏、亲情”。在联想任何人都不会称杨元庆总裁为“杨总”，而是亲切地称之为“元庆”，虽然只是称谓的转变，但是使员工感受到莫大的尊重和平等，从而倍感亲切。

4. 二次创业文化

2001 年，杨元庆从联想老一辈创业者手中接过“联想未来”的牌匾，开始承担起进一步发展联想的责任，此时联想进入了二次创业阶段，而联想的文化也做了相应的变革和完善，由支持导向转到了二次创业导向。联想提炼出了“服务客户、精准求实、诚信共享、创业创新”的核心价值观，公布了“高科技的联想、服务的联想、国际化的联想”的愿景，为联想的未来指明了方向。

例如，一次偶然的设计回顾中，QDI 设计工程师陈恒发现自己为某款主板选错了电容料件，虽然从理论上讲产品一两年之内一定不会有问题，即使到时候有部分产品返修也属正常，但是陈恒经过一番思想斗争后决定主动向上级汇报，找出最佳返工方案，将损失降到最低，最终企业在主板投放市场初期杜绝了问题隐患，直接避免了产品冲量后大量返修造成的经济损失，也维护了公司的品牌形象。虽然最后陈恒仍然受到了惩罚，但是其主动承认错误、敢于承担错误的勇气，实实在在地体现出了“对客户负责”“精准求实”“诚信共享”的联想风范。

案例启示：

联想的企业文化之所以能够保持生生不息的生命力，其关键原因在于它始终与企业战略保持高度一致，并且在传承与创新中，提出了适应每一个新发展时期的企业文化目标与价值导向，为联想的每一次跨越式发展提供强大的文化支撑。因此，我们在构建企业文化建设体系的第一步——构建企业文化目标体系时，就应该坚持做到企业文化目标体系与公司战略目标相统一，以充分发挥企业文化的引导力，确保企业文化战略目标的顺利实现。

企业文化保障体系构建

一、实践指导

企业文化保障体系构建是指坚持“系统化、规范化、制度化、科学化”等“四化”的原则，通过不断优化企业内外部环境、创造良好实施条件，为企业文化建设提供全方位的支持，确保企业文化建设扎实、有效推进。保障体系主要包括组织保障、队伍保障、制度保障与物质保障四个模块。具体内容包括设立领导机构、专职管理部门、实施小组，建设专兼职宣贯员队伍，进行企业文化软硬件建设，加强知识管理，完善各项宣贯制度以及相应的激励制度等。

（一）目的与意义

企业文化保障体系通过搭建“职责清晰、机制完善、物质保供、环境优良、全员参与”的保障平台，使企业文化战略得到高效执行，并对整个企业文化体系的构建与完善提供全方位的基础支撑，保障企业文化建设行动决策科学、执行有力、规范有序、有效推进。

（二）主要工作模块

模块一：组织保障

输出成果：企业文化建设组织机构设置、成员名单、职位说明书。

企业文化建设的成功与否，往往取决于组织机构的领导与实施力度，其统筹、协调、管理和监督功能至关重要。要求建立“高层领导牵头负责、各职能部门相互配合实施、基层小组全面渗透、外聘专家指导支持”的组织结构，形成“横向到边、纵向到底”的企业文化建设推进网络。通常的组织机构可以分为企业文化建设委员会、企业文化建设职能部门、基层企业文化建设小组、外聘企业文化专家智囊团四类，并在设置机构后赋予相应的明确职责。

1. 企业文化建设委员会

企业文化建设委员会是确立企业文化建设目标与方向、制定企业文化建设规划、保障企业文化落地、最终实现战略目标的核心机构，是企业文化建设的最高领导机构。主要负责企业文化发展战略制定、企业文化建设规划与实施方案制定、企业文化建设工作协调与监督，具有权威性、代表性与协调性等特征。其人员构成主要是企业领导层、中层骨干、员工代表及专家等。

2. 企业文化建设职能部门

企业文化建设职能部门直接接受企业文化建设委员会的领导与管理，具体负责实施企业文化战略、组织各部门开展企业文化建设工作，是确保企业文化有效渗透到各部门的具体执行机构，具有专业性、执行有力和高效性等特征。具体岗位可设置企业文化部部长、企业文化师、企业文化专员等。

3. 基层企业文化建设小组

基层企业文化建设小组可分为部分职能部门负责的亚文化建设小组以及班组成立的班组文化建设小组或者项目组成立的项目文化建设小组，凭借其形式多样、覆盖面广、贴近员工、反馈效果快的特征，促使企业文化组织保障延伸到各职能部门、各班组、各项目组等，广泛调动员工参与企业文化建设的积极性，形成全员参与企业文化建设的良好氛围。

4. 外聘企业文化专家智囊团

外聘企业文化专家智囊团是企业根据实际需要，适时外聘企业文化专家团队而形成的非常设组织机构，由企业文化建设委员会直接领导开展工作。主要负责从专业角度为企业文化建设提供智力支持与实践指导，通过调研、咨询、对标、培训等形式，帮助企业发现并解决问题，从而不断改善企业文化现状，提高企业文化建设水平。机构设置要求做到长期储备、即需即用。

模块二：队伍保障

输出成果：企业文化宣贯员队伍管理办法。

队伍保障主要是指组建一支职业化、专业化的企业文化宣贯员队伍，确保企业文化研究、培训、宣贯、评估等工作有效、持续、深入开展。通过宣贯员队伍深入各部门、各岗位对企业文化进行有效宣贯并协助研究、评估考核管理，保障企业文化宣贯工作“横向到边、纵向到底”，从而促进企业文化理念深入人心，实现企业文化“从员工中来、到员工中去”。

对宣贯员队伍的要求是持续、定期开展培训活动，进行专业化培养（学习内容涉及企业文化专业知识、演讲技能、备课技能、企业文化建设工作管理等），注重宣贯员队伍的企业文化专业知识培训以及演讲技能提升。同时要明确宣贯员的职责，例如除了宣讲、培训，还应承担研究、评估、考核等企业文化建设管理工作。考虑到宣贯员能力的不平衡性，初期可建立不同“梯次”的宣贯员队伍，即部分只负责宣讲与培训，部分则可以深度参与企业文化建设管理工作。

除了建设一支职业化、专业化的企业文化宣贯员队伍以及队伍保障工作的实施，还应与人力资源管理部门紧密配合，不断提高企业整体员工队伍的能力与素质，其目的是通过提升企业文化建设主体的能力来确保企业文化建设深入、高效地推进。

模块三：制度保障

输出成果：企业文化建设内部日常管理制度与规范，企业文化建设评价、考核与激励制度。

企业文化的制度保障有利于形成科学规范的长效机制、建立良性竞争与和谐发展的企业文化建设氛围，从而保障企业文化行动的决策和实施效率，促使企业文化建设工作得到高效落实。

制度保障一般包括企业文化建设本身的相关制度以及涉及行政、人力资源、生产、质量、财务等各个层面的管理制度体系两部分。这里主要指企业文化建设制度，其目的是用引导、约束、奖励、惩罚等措施确保所有部门、全体员工积极参与企业文化建设。

企业文化建设制度体系的主要内容包括两部分：

第一，企业文化建设内部日常管理制度与规范。例如企业文化建设规划与工作实施计划、企业文化建设委员会管理制度、目标分解与职责分工相关制度、员工行为规范、企业文化传播（宣贯）管理办法、企业文化内训师管理办法、企业文化专业人才培养办法、企业视觉识别体系管理办法、企业文化建设经费预算管理办法、政治思想教育工作管理办法等。

第二，企业文化建设评价、考核与激励制度。这是企业文化建设制度体系的重点部分，主要结合激励体系、评估体系的构建，建立和完善企业文化建设评价、考核与激励机制。具体评价和考核内容一般分为企业建设工作与企业文化建设效果两个部分，例如企业文化建设工作评价办法、企业文化建设效果评价办法、企业文化建设先进单位与个人评选办法、企业文化优秀案例征集办法、企业文化内训师 / 宣贯员评价与考核制度等。在此过程中要求做到以下三点：一是将企业文化建设工作纳入企业的方针目标，考核各部门主要负责人；二是将企业文化建设与全体员工的绩效考核挂钩；三是定期评选企业文化建设工作先进部门和个人，树立典型人物、典型事件。

模块四：物质保障

输出成果：资金预算、硬件建设规划与实施方案、知识管理体系。

物质是一切企业文化行动的基础。物质保障主要包括硬件与软件两部分，硬件方面是指场地、设施设备、工作环境、所需物品、传播平台、视觉识别体系建设等；软件方面是指资金与知识管理等。具体措施如下。

1. 设立专项资金——“财力”支撑

专项资金的支持是企业文化建设不可或缺的基础保障因素，要求做到专款专用、科学预算、统筹安排、监管到位、发挥实效。

2. 注重硬件建设——“物力”支撑

主要指建设和完善职工教育培训中心、教育基地、职工文体活动中心、图书馆、荣誉室、展览馆、企业文化活动场所等企业文化硬件设施；同时，结合传播体系建设丰富各类传播载体（包括内刊、传统媒体、展板、文化墙、社交媒体等），为企业文化建设的顺利推进提供强有力的硬件环境保障和传播平台保障。另外，还需要改善员工工作与生活环境，为员工创造良好的工作环境与企业文化建设氛围。

3. 强化知识管理——“智力”支撑

强化知识管理有利于实现公司内部知识共享、管理经验交流，推动学习型组织建设。主要指定期对公司及各部门的各项工作成果进行梳理和汇编，如企业文化建设成果、企业文化典型人物及事件、企业文化课程体系、制度修订、管理或技术创新（专利）、公司管理经验总结、公司质量管理体系、安全知识、安全管理体系等，并重点建设案例库、专利库、专题知识库（如安全、质量等），要求在此过程中做到体系化、常规化。

（三）工作要点提示

1. 组织保障方面

企业文化建设组织机构的设置与运行应注重以下几项原则：

（1）权威性与战略性。主要指充分发挥企业文化建设委员会，即企业文化建设最高领导机构的作用，奠定企业文化建设的战略地位，并充分发挥高层管理者的引领示范作用。

（2）稳定性与灵活性相结合。既要有稳定的组织机构、人员与管理制度及流程来确保组织机构的运行、企业文化建设工作的有效执行，又要有高层的持续指导、战略调整以及外部智囊团的灵活支持，以适应不断变化的环境。

（3）权责分明，分工合理。各主要岗位应该按照目标分解，承担明确的职责、享有应有的权利，要求做到任务合理分配、职责清晰，尽量避免不均衡、职责不清等现象。

（4）重点建设基层企业文化建设组织。由于基层企业文化建设组织涵盖各职能部门、各班组，可以说是企业的“组织细胞”，通过基层企业文化建设组织推行企业文化，有利于企业文化全面植入各岗位、各项目、各管理环节，是企业文化有效落地的关键环节。

2. 队伍保障方面

（1）注重对宣贯员队伍的专业化培养。不仅要培养宣贯员的企业文化专业能力，还要提升其演讲技能、备课技能等，另外还要注重灌输行业发展形势、行业文化诉求导向、集团或公司战略等方面的知识。

（2）明确宣贯员的职责。除了宣讲、培训，宣贯员还应承担研究、评估、考核等企业文化建设管理工作，不过对于有些企业来说，可能存在宣贯员能力不平衡或者时间不够充裕（宣贯员通常由其他部门的人员兼任，并非专职）的问题。对此该类企业初期可建立不同“梯次”的宣贯员队伍，即部分宣贯员只负责宣讲与培训，部分则可以深度参与企业文化建设管理工作。

3. 制度保障方面

企业文化相关管理制度的设计应注重以下原则：

（1）切合实际。应根据企业的战略目标、企业文化建设目标、企业文化理念要求、企业性质特点、企业现状、行业特点、企业历史特点和员工具体情况来拟定制度内容。

（2）一致性。制度要与企业文化理念、企业行为、企业物质保持高度一致，构成有机统一的企业文化“四层次”；制度（包括企业的内部管理制度体系）要与企业战略目标保持高度一致，不能相互矛盾。

（3）刚性与柔性相结合。一方面，制度设计与执行应体现制度的权威与刚性，做到制度是纲、奖罚分明、一视同仁，促使企业文化理念“固化于制”；另一方面，可以从“柔性”的角度，适当从正向激励方面来设计制度。

（4）可操作性。制度与流程应该尽量精简、实用、好理解，考核指标应该尽量量化并落实到位，便于操作与执行，重在解决实际问题。

（5）创新性。面对不确定的环境与形势，制度应该顺应形势变化，不断调整、更新，持续改进。同时，制度还应该充分发挥正向激励功能，营造良好的创新与良性竞争氛围，推动企业的创新与变革。

4. 物质保障方面

物质保障方面，一方面要保证资金的正常投入，确保企业文化建设工作正常运行；另一方面也要注重合理规划，节约成本。因此，需要根据企业建设的实际需求，科学合理地规划软硬件建设。例如根据企业文化建设阶段的不同，所需要的硬件建设重点应该有所区别，不可能一步到位。因此，合理的规划与满足实际需要的重点建设至关重要。

另外，物质保障工作不能仅仅为了“摆设”，而是应充分体现企业文化的核心价值导向。例如，工作环境的营造需要与企业文化核心理念融为一体，从而营造良好的企业文化氛围，真正为企业文化建设提供最优的“物力”支撑。

二、案例解读

案例 4－6

管理团队共识与三级推进网络

锦江之星[①]是中国最具影响力的经济型连锁酒店品牌之一，曾获得上海市企业文化建设示范基地、全国企业文化优秀成果奖等荣誉。在企业文化建设过程中，组织保障方面是公司的亮点之一，包括管理团队共识与三级推进网络两方面。

1. 管理团队共识

锦江之星从企业文化建设的第一天开始，就极其重视管理团队“身体力行”的价值，公司认为：要实现战略目标，必须靠优秀的企业文化去引领，

① 公司全称为锦江之星旅馆有限公司。

而优秀的企业文化则需要优秀的管理团队带头践行。经公司党委牵头、班子深入酝酿，以及近百名党员干部充分讨论，提炼出了27条“锦江之星旅馆有限公司管理团队共识”，内容涵盖了优秀党员干部和中高层管理人员所应具有的诚信、正直、敬业、求实、视野、胸襟、协同和执行等素养标准，对他们提高自身境界和强化团队意识提出了具体的要求。而且，公司把每年的7月22日定为管理团队的“共识”反思日。长期以来，通过各级管理人员对“共识”的不断学习、努力实践，公司的团队氛围和管理者的综合素养都有了较为明显的改善与提升，进一步增强了管理团队在企业文化建设过程中发挥的引领示范作用。

2. 三级推进网络

领导机构的战略方向把握以及管理团队的引领示范十分重要，而企业文化的最终落地还需各个部门通力合作、各层级人员全面参与。为此，锦江之星在管理团队形成高度“共识”的基础上，进一步搭建了党政工团齐抓共管、形成合力的公司企业文化建设工作组织架构，即公司企业文化建设委员会，下设领导小组和工作小组，保证了企业文化建设工作始终有人抓、有人管；同时，确定了总公司、区域公司、基层门店三级工作机构和网络，确保了企业文化建设工作渠道畅通、执行到位。

案例启示：

锦江之星在企业文化建设组织保障方面，抓住了两个关键要素。一是领导的引领示范作用，即通过建立管理团队“共识”，促使管理团队在企业文化建设过程中身体力行，充分发挥其引领示范作用；二是层层推进式网络的高效执行力，即不仅设置了最高领导机构——企业文化建设委员会，还通过总公司、区域公司、基层门店三级工作机构和网络，确保企业文化战略有效实施、企业文化建设工作执行到位。

案例 4-7

“七员合一”的企业文化内训师队伍

B企业是西南一家规模较大的卷烟制造企业，曾获全国思想政治工作优秀企业、全国烟草行业企业文化建设先进单位等荣誉称号。B企业在企业文化建设队伍塑造方面，极其注重队伍的职业化与专业化培养，并形成了独具特色的“七员合一”的企业文化内训师队伍。

其“七员合一”，是指 B 企业组织各党支部书记、支部宣传委员、团总支委员及各部门相关工作人员若干名，组成一支“争创宣传员、文化宣贯员、通讯报道员、思想工作员、热点访谈员、网情回应员、考核测评员”等“七员合一”的企业文化内训师队伍，并对其进行专业辅导和集中培训。除了重点灌输本企业的企业文化理念、行为规范、形象识别等宣贯必备知识，还加强其对行业动态形势、指示精神、上级集团公司战略以及企业文化的认知与理解。与此同时，B 企业还注重对内训师队伍开展企业文化专业知识讲座以及语言艺术与演讲技巧方面的培训，从而塑造一支素质全面的职业化企业文化内训师队伍，使之成为工厂“文化创优宣贯的能手、宣传报道的强手、弘扬企业文化的帮手、经常性思想工作的助手”。

案例启示：

“七员合一”虽然只是一个概念，但内涵相当丰富，它代表着企业文化宣贯员队伍的高素质要求以及高价值发挥，这也是企业文化宣贯员队伍建设所追求的目标。因此，宣贯员队伍的建设一方面要坚持从各部门、各岗位中选拔与培养人才，确保企业文化“从员工中来、到员工中去”；另一方面，要注重队伍素质的全面培养与提升，充分发挥企业文化宣贯员的引导、传递、监督、考核等复合能力，确保企业文化研究、培训、宣贯、评估等工作有效、持续、深入开展。

案例 4－8

疯狂目标的背后

马云总是提出一些“疯狂”的业绩目标，让阿里巴巴全公司上下都觉得匪夷所思。但是，疯狂的目标最后都实现了。而能够做到这一点，阿里巴巴独特的价值观考核的作用至关重要。价值观考核就像“主心骨”，让阿里巴巴的队伍采取正确和高效的方式向前狂奔。而阿里巴巴又是如何将价值观融入绩效考核的？

1. 制定高目标

阿里巴巴崇尚高难度目标并且身体力行。从公司战略目标到员工的个人业绩指标，阿里巴巴信奉“今天的最好表现就是明天的最低要求”。例如，在个人绩效考核方面，阿里巴巴每个季度、每年都采用5分制的打分方式对个人进行绩效评估。但是，在阿里巴巴，基本上没有人能够拿到5分，而且只有10%的员工能够拿到4分。这样一种业绩指标设计和打分标准，体现了阿里巴巴的指导思想：如果目标定低了，你就会降低对自己的要求；你可以拿不到5分或4分，但是我要确定你已经尽了12分的努力去实现4分、5分的目标。

2. 价值观纳入绩效考核

阿里巴巴别出心裁地把价值观纳入绩效考核体系。价值观考核与业务考核各占50%的比重。而阿里巴巴价值观考核指标囊括了追求高绩效的价值观导向和具体的方式方法——如果价值观考核优异，业务绩效不好是不可能的。

阿里巴巴的价值观被称为“六脉神剑”，共有六大条，每大条细分为五个档次。这就把抽象的价值观分解为对具体的行为和精神层面的要求。阿里巴巴的价值观大部分是对行为的要求，例如“积极融入团队，乐于接受同事的帮助，配合团队完成工作”；也有精神层面的要求，例如“热爱阿里巴巴，顾全大局，不计较个人得失”。在价值观考核中，也突出了业绩导向的取向，例如“以积极乐观的心态面对日常工作，碰到困难和挫折的时候永不放弃，不断自我激励，努力提升业绩”，“创造变化，并带来绩效的突破性提高”——阿里巴巴把追求高绩效作为价值观的一部分植入企业文化中。

阿里巴巴的价值观如下：

价值观1：客户第一——客户是衣食父母

描述：

1分：尊重他人，随时随地维护阿里巴巴的形象

2分：微笑面对投诉和受到的委屈，积极主动地在工作中为客户解决问题

3分：与客户交流的过程中，即使不是自己的责任，也不推诿

4分：站在客户的立场思考问题，在坚持原则的基础上，最终使客户和公司都满意

5分：具有超前服务意识，防患于未然

价值观 2：团队合作——共享共担，平凡人做非凡事

描述：

1 分：积极融入团队，乐于接受同事的帮助，配合团队完成工作

2 分：决策前积极发表建设性意见，充分参与团队讨论；决策后，无论个人是否有异议，必须从言行上完全予以支持

3 分：积极主动分享业务知识和经验；主动给予同事必要的帮助；善于利用团队的力量解决问题和困难

4 分：善于和不同类型的同事合作，不将个人喜好带入工作，充分体现“对事不对人”的原则

5 分：有主人翁意识，积极正面地影响团队，改善团队士气和氛围

价值观 3：拥抱变化——迎接变化，勇于创新

描述：

1 分：适应公司的日常变化，不抱怨

2 分：面对变化，理性对待，充分沟通，诚意配合

3 分：对变化产生的困难和挫折，能自我调整，并正面影响和带动同事

4 分：在工作中有前瞻意识，建立新方法、新思路

5 分：创造变化，并带来绩效的突破性提高

价值观 4：诚信——诚实正直，言行坦荡

描述：

1 分：诚实正直，表里如一

2 分：通过正确的渠道和流程，准确表达自己的观点；表达批评意见的同时能提出相应建议，直言有讳

3 分：不传播未经证实的消息，不背后不负责任地议论事和人，并能正面引导，对于任何意见和反馈“有则改之，无则加勉”

4 分：勇于承认错误，敢于承担责任，并及时改正

5 分：对损害公司利益的不诚信行为正确有效地制止

价值观 5：激情——乐观向上，永不放弃

描述：

1 分：喜欢自己的工作，认同阿里巴巴企业文化

2 分：热爱阿里巴巴，顾全大局，不计较个人得失

3 分：以积极乐观的心态面对日常工作，碰到困难和挫折的时候永不放弃，不断自我激励，努力提升业绩

4 分：始终以乐观主义的精神和必胜的信念，影响并带动同事和团队

5 分：不断设定更高的目标，今天的最好表现就是明天的最低要求

价值观 6：敬业——专业执着，精益求精

描述：

1 分：今天的事不推到明天，上班时间只做与工作有关的事情

2 分：遵循必要的工作流程，没有因工作失职而造成的重复错误

3 分：持续学习，自我完善，做事情充分体现以结果为导向

4 分：能根据轻重缓急正确安排工作优先级，做正确的事

5 分：遵循但不拘泥于工作流程，化繁为简，用较小的投入获得较大的工作成果

3. 做“人”的工作

阿里巴巴的价值观考核最重要的功能其实不在于考核本身，而在于价值观的传递和强化。因此，价值观考核虽然是硬性的规定，但更多的还是体现为软性的力量。活跃在阿里巴巴的一支“红色娘子军”——阿里巴巴人力资源队伍的“政委”们，在高目标和硬考核之外，发挥着宣讲价值观、增进沟通、减少摩擦、协调关系、维护公平感和促进组织承诺度提高等软性力量。例如，阿里巴巴的价值观考核先由员工自评，然后由上级进行评估，之后是与人力资源队伍一起对分歧进行沟通、对没有做好的地方进行分析。通过建设开放透明的氛围和进行有效沟通，阿里巴巴的“政委”们成为价值观考核推行的润滑剂。

案例启示：

综观阿里巴巴的绩效管理可以看到，从体系的理念、设计到执行，任何一个层面上其对价值观的强调都贯穿始终。阿里巴巴把价值观视为企业的根本。马云说：“我们公司的一切策略、战略都基于价值观。”

可以说，价值观至上的理念和对价值观的贯彻，是阿里巴巴取得高绩效的根本，也是阿里巴巴企业文化落地的基础。正是在强大的价值观统领下，

阿里巴巴的骨干可以在自己耕耘的业务即将进入收获季节时去开拓新业务而毫无怨言，阿里巴巴的员工可以在关键绩效指标（KPI）的高压下保持工作的激情，阿里巴巴的团队可以在频繁的变化中保持协作能力。

阿里巴巴的经验告诉我们，在企业文化建设体系构建过程中，制度保障的关键就是将企业文化建设工作纳入企业的绩效考核体系，并且要对企业文化建设指标（包括价值观、行为规范、形象要求、具体的企业文化建设工作任务等）进行量化，在进行硬性约束的同时，还需要注重软性的力量，即做“人”的工作。

案例 4-9

用心工作，快乐生活

面朝大海，春暖花开；手牵情侣，漫步海边；品味佳肴，闲庭信步……这些往往在诗画里才会出现的风景，却在这里随处可见。如果没有注意到建筑物上的公司标志，你肯定以为自己身处某个海边度假村。没错，这不是度假村，也不是诗画里描述的浪漫情景，而是一家公司司空见惯的办公生活场景，这家公司正是坐落于海滨城市珠海的高新区唐家湾前环总部基地的金山办公。金山一直以来都在倡导“用心工作、快乐生活”的理念，从办公环境、休闲娱乐、生活美食等方面为员工提供全方位的基于“人”的服务支撑，从而充分激发员工的能动性，开拓员工的无限创造力，促使员工用心工作，真正做到专注、极致、口碑、快，高效推动公司业务持续增长。2017年，金山办公软件及服务和其他业务营业收入较上年同期增长 32%，WPS Office 移动端月活跃用户突破 1.45 亿，WPS Office 个人电脑（PC）端亦再创新高，创下国内软件月活跃用户数首次破亿的纪录。WPS 自推出以来深耕办公领域，持续优化及开发新功能，致力为使用者提供更好的定制化办公体验。正是 WPS 不断突破自我的追求使其于 2017 年第四季度荣获 2017 年小米主办的艾美奖“最具成长性 APP”奖项和 2017 年 Next World“年度最具风采职场管理 APP 奖”等多项荣誉。

1.“诗画般”的海景办公环境

珠海是一个世界宜居城市，在珠海工作的人是幸福的，而在珠海金山工作的员工更是让人羡慕的。公司园区位于浪漫的情侣路海岸线上，而且其用地轮廓为扇形，面朝大海、视野辽阔，是名副其实的海景办公楼。坐在办公室，手捧咖啡、掀开窗帘，就能一览无余地欣赏到美丽的海景，坐累了你可以来到三层屋顶宽敞的露台上，沐浴海风、眺望晚霞、欣赏日落；当然，也可以直接漫步到海边，近距离感受大海的气息，放松心情，解除一天的疲惫。在这里，金山小伙伴们的每一天都是幸福快乐的。从海景早餐开始，金山小伙伴们便开始享受诗画般的海景办公环境，在餐厅靠窗边坐下，面朝大海，品尝美味的早餐，一米阳光洒下，以最佳的工作状态开启美好的一天；到了午休时间，小伙伴们或在园区散步，或在近在咫尺的大海边捡贝壳、捉螃蟹，或在咖啡厅的露天座椅上吹吹海风并小憩一会儿；下午三四点，则是金山小伙伴们的“下午茶”时间，公司为员工们精心准备了下午茶，当然，也可以约上同事，到办公楼一层的咖啡厅点上一杯咖啡，敞开心扉，畅谈工作，增进感情；傍晚时分，园区风景如画，虽已下班，却总是令人流连忘返。尤其是在夏天，漫天的彩霞绚丽无比，园区内总是少不了那些爱好摄影的金山小伙伴们的身影。而好安静的小伙伴们会端上自己喜欢的咖啡，配上些许茶点，在露天咖啡椅上静待日落；一些热情的小团队则会三五成群聚集在咖啡桌旁，边喝边聊工作，讨论一天积累下来的问题、激发灵感，为美好的新的一天做好准备；而那些刚毕业的滑板少年们则时不时会从你身边呼啸而过、玩得不亦乐乎，为园区增添了不少活力。

2.“投其所好”的生活及娱乐配套环境

诗画般的海景是金山所拥有的得天独厚的自然环境优势。而“投其所好”的生活及娱乐配套设施，完全符合年轻的金山小伙伴们的喜好，更是金山员工“用心工作、快乐生活”的重要物质保障。海景办公楼不仅拥有时尚、简约、大气的建筑设计理念以及先进的办公设施、设备，还配备了金山小伙伴们喜欢的小卖部、咖啡厅、观景露台、健身房、瑜伽室、舞蹈房、滑板路、滑梯、电影院等生活娱乐场所以及海景员工宿舍，员工既可以将自己的业余生活安排得丰富多彩，又可以尽情地释放工作压力，为其“用心工作”提供坚强的后盾。公司每周都有专业健身教练值班，让健身爱好者或者压力较大的小伙伴在强壮身体的同时，有效地挥洒汗水、安全地释放压力。与此同时，瑜伽班、舞蹈班、滑板协会等也会不定期开展活动，满足小伙伴们的不同需求。此外，公司还设立了很多协会组织并给予其一定的经费赞助，例如篮球协会、羽毛球协会、网球协会、Kingstar 歌唱协会、足球协会等，这些组织会定期开展活动或者比赛。各类活动让金山小伙伴们在业余锻炼好身体的同时收获了友谊，也促进了同事之间的积极交流。而“投其所好”的生活及娱乐配套场所及环境，则成为这些活动开展的前提。

3.“如家般”的一日三餐

美景让人精神愉悦，美食让人幸福倍增，美景配美食让人心旷神怡，这也往往是旅行者所追求的完美境界。而在金山，足不出户，你同样可以每天享受着诗画般的海景与“如家般”的一日三餐，体验这无与伦比的美。正如公司秉承的产品理念一样，公司对员工食堂的要求也是“专注、极致”，用心做好每一道菜、每一顿饭。金山食堂汇聚了来自大江南北各派菜系的厨师，他们为大家精心烹制各式菜品，包括鲁菜、湘菜、粤菜、川菜、淮扬菜，还有面食、糕点、西餐、民间小吃等，这一道道美味让每一位来自不同地区的员工都能尝到家乡的味道。而且，金山的大厨们不仅是餐厅的工作人员，同时是金山的员工，他们同样践行着金山所倡导的文化理念，用心制作他们的“产品”，他们也同样接受严格的绩效考核与高标准的资格审查，并且每一位厨师都必须持有国家公共二级营养师资格证。金山的食堂是最受员工欢迎的场所之一，金山员工内部流传着这样一句话：天天吃食堂，三年能买房。当疲惫不堪时，你可以来个花式大餐，好好犒劳自己；当情绪低落时，你可以选择一份大大的甜点，舒缓自己的心情；当思念家乡时，你可以随时品尝到自己家乡特色的菜系；当然，你还可以与朋友来个“满汉全席”，与自己的心上人来个“浪漫晚餐”……对于金山的小伙伴们来说，这里已经不仅仅是一个食堂，更像是一个温暖的家。

案例启示：

“诗画般”的海景办公环境、“投其所好”的生活及娱乐配套环境、“如家般”的一日三餐，从办公环境到休闲娱乐，再到生活美食，金山为员工提供的是基于“人”的全方位服务支撑。其“追求极致”的工作环境建设，不仅仅是在打造舒适优美、幸福愉悦、温暖如家的办公生活环境，更重要的是充分体现了金山一直以来所倡导的“用心工作、快乐生活”这一价值理念，从而充分激发员工的能动性，开拓员工的无限创造力，促使员工用心工作，真正做到专注、极致、口碑、快，高效推动公司业务持续增长，成为金山企业文化建设工作的重要物质保障。因此，企业文化建设过程中的物质保障工作（尤指工作环境建设），应该充分体现企业文化的核心价值导向，这也进一步表明了物质层文化与精神层文化应该相融合、相统一。

企业文化识别体系构建

一、实践指导

企业文化识别体系主要包括理念识别体系、视觉识别体系和行为识别体系三大部分，是企业文化对外的“窗口”，也是企业文化建设的基础。企业文化识别体系构建，需要在战略思想的指导下，结合自身实际和未来发展需要，总结、提炼出符合自身特点的企业文化理念体系，并构建相应的行为识别体系、视觉识别体系。其中，理念识别体系处于核心层次，是形成制度文化、行为文化和物质文化的思想基础，是视觉识别体系和行为识别体系建设的前提。

（一）目的与意义

企业文化识别体系的构建是一切企业文化行动的基础，其中的核心理念体系更是全体员工日常工作与行为的最高行动纲领，是员工树立共享价值观的重要前提；同时，企业文化识别体系的构建又是企业文化对外展示的“窗口”，有利于企业良好社会形象的树立与传播。

（二）工作流程

企业文化识别体系构建流程如图 4－2 所示。

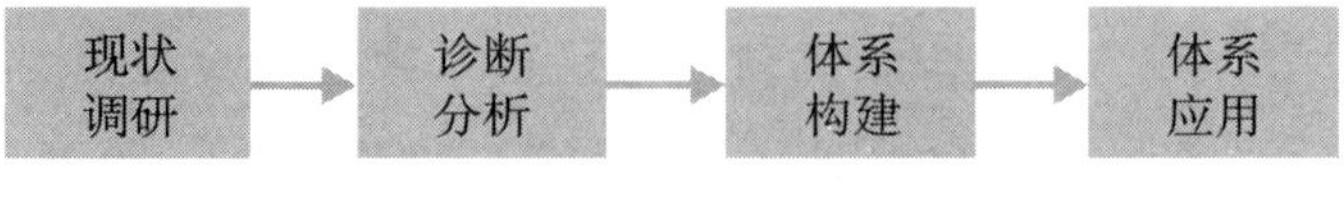

图 4－2　企业文化识别体系构建流程

1. 现状调研

主要通过员工访谈、座谈、问卷调查、文献资料研究、外部客户反馈调查、实地调研等方式，运用各类企业文化研究工具，全面调研地域及社会传统文化、企业发展历程以及高层领导影响、内部管理、员工精神面貌及工作风格、员工秉持的价值观等企业文化现状。

2. 诊断分析

在企业文化现状调研的基础上，结合企业发展定位，分析内外部环境变化、行业趋势、发展战略等因素，明确未来发展所需的文化要素，诊断企业文化现状与期望文化之间的差距，从而确定识别体系构建的工作重点与方向。

3. 体系构建

主要从理念识别体系、行为识别体系与视觉识别体系三方面进行构建，尤其是要总结提炼出适合企业自身发展需要的企业文化核心理念体系。

4. 体系应用

主要指结合企业文化培训体系、传播体系、激励体系、融入体系等，通过培训、传播、融入管理，逐步将企业文化识别体系系统导入、深化、提升，有计划地将企业的精神内涵与各种经营信息传递给员工以及社会公众，促使其产生认同感与共同价值观。

（三）主要工作模块

模块一：建设理念识别体系

输出成果：企业文化理念体系（含详细释义）、企业文化手册。

理念识别体系，即企业文化核心理念体系，属于精神层文化范畴。作为识别体系的核心，它是整个识别体系构建的前提，也是企业全体员工的最高行动纲领。

理念识别体系的建设，应坚持传承与创新相结合、鼓励员工参与、兼具行业共性与企业个性等原则。要求基于调研、诊断结果，归纳总结企业发展历程中积淀的优秀文化元素，并结合行业文化、企业实际和未来发展需要，在反复研讨、员工意见征集的基础上精心提炼企业文化核心理念、具体价值理念等，最终构建形成企业文化理念体系。

理念识别体系一般由企业愿景、使命、核心价值观、企业精神以及具体的经营理念和管理理念组成。其具体释义及内容提炼相关要求如表 4－1 所示。

表 4－1　　　　企业文化核心理念释义及内容提炼要求

项目	释义	内容提炼要求
愿景	愿景是企业为之奋斗的蓝图，是组织成员发自内心的对组织未来的一种远期追求。	1. 具有激励性，对企业员工明确发展方向产生积极引导作用。 2. 具有可操作性、可实现性，让员工有希望够得着。 3. 具有一致性，员工高度认同。
使命	企业使命是企业存在的目的和理由，是企业必须承担的责任与义务。	1. 体现企业战略定位与核心业务。 2. 突出企业社会责任，协调好各方利益相关者的关系。 3. 坚持顾客导向原则。
企业精神	企业精神是企业全体员工所共有的内心态度、思想境界和理想追求，展示企业的精神风貌和气质。	1. 体现全体员工对企业特征的理解和认识。 2. 对员工士气具有激励性，引导建立良好的文化氛围。 3. 传承性与创新性相结合，符合时代要求，体现企业个性。
核心价值观	核心价值观是企业的核心思想、根本信条和行为准则，是对如何完成使命、达成愿景的行为准则的界定。	1. 既包括道德价值观，又包括工作价值观，是如何做人与如何做事的价值标准的结合。 2. 要求体现行业要求、企业优良传统、时代精神和企业个性。
具体的经营理念和管理理念	具体的经营理念和管理理念是企业核心价值观在经营管理领域的具体体现，也是员工践行核心价值观的载体。	1. 有效地支撑企业的愿景、使命、企业精神与核心价值观。 2. 与经营管理紧密结合，充分体现日常管理工作的指导理念与具体方法。 3. 常见的分类有经营理念、管理理念、质量理念、安全理念、人才理念、团队理念、学习理念、服务理念、危机理念、市场理念、品牌理念、廉洁理念、设备理念等。

理念识别体系除了企业愿景、使命、核心价值观、企业精神、具体的经营理念和管理理念的设计提炼，还包括企业哲学、企业作风、企业工作方针等内容的设计提炼。由于各企业具体情形不同，不强求一致，其中对具体的经营理念和管理理念的设计，也不要求分类完全一致，各企业可以着重突出

自己的个性。

模块二：建设行为识别体系

输出成果：员工行为规范、员工服务手册等。

企业行为识别体系是企业文化理念的具体行动表现，即“实化于行”的过程，属于行为层文化范畴。它通过各种行为或活动贯彻、执行与实施企业文化理念，是一种动态的识别形式。企业行为识别体系往往要求全体员工在企业运营活动过程中以统一、规范的语言及行为向公众展示企业的形象。

企业的行为识别体系分为对内、对外两大部分，对内包括员工行为规范制定、教育培训、生产经营管理活动、规章制度制定、企业内部环境营造等；对外包括市场调查、产品销售、客户服务、广告促销、公关关系、公益活动、对外传播等内容。

这里主要指的是企业对内的员工行为规范化，例如制定员工行为规范、员工礼仪规范、执行手册、员工服务手册等。

至于进一步的学习、实践活动，强化员工行为规范，则需要结合培训体系、传播体系、评估体系予以实施，例如教育培训、宣讲、树立企业文化典型人物与事例予以引导、员工行为表现的检查评估等；而对外的服务品牌建设、公益活动、对外传播等，则主要是通过传播体系、融入体系等予以实现。

模块三：建设视觉识别体系

输出成果：视觉识别设计规划与导入实施。

视觉识别体系是企业文化理念的具体物质与形象表现，即“外化于形”的过程，属于形象层文化范畴。视觉识别体系的建设要求在建设理念识别体系与行为识别体系的基础上，通过视觉识别设计、载体建设、环境建设（主要指塑造企业外观形象）等，从上至下、从内到外地建立和完善视觉识别体系，并重点将企业文化核心理念、行为规范、统一形象与风格等企业文化内涵向企业员工、社会公众进行广泛、有效的传达，从而树立企业良好的社会形象并对外传播。

视觉识别体系建设过程中涉及的主要对象包括品牌标志、企业文化手册、企业标语、OA 内网、宣传展板、电子屏、文化墙、办公环境、办公设施、办公用品、各种标识管理、员工着装、相关宣传材料等。

（四）工作要点提示

1. 调研是基础，理念是核心

由于理念识别体系处于核心层次，是形成制度文化、行为文化和物质文化的思想基础，是行为识别体系和视觉识别体系建设的前提，因此，理念识别体系建设成果的质量好坏，直接关乎整个识别体系建设乃至企业文化建设的成败。而理念识别体系建设的关键在于前期的调研分析，只有对企业文化现状、企业内外部环境进行充分的调研、诊断分析，才能科学提炼符合企业发展需要、符合行业及时代要求的理念体系，才能为企业文化建设工作奠定良好的基础。

2. 突出重点，注意协调

企业识别体系作为建立企业形象的有效途径，是一个相对独立而又完整的品牌战略体系，其目的在于传播核心理念、树立品牌形象，实际上也是提炼企业文化理念、统一思想与行为、对外传播的过程。从某种意义上说，企业识别体系是企业文化的外显形式，也是企业文化建设的重要组成部分。因此，在构建企业识别体系的过程中，我们需要突出重点，注意与其他体系构建工作的协调，即避免脱离整体企业文化建设的轨道，服从系统化、规范化、制度化与科学化的企业文化建设体系。

例如，理念识别体系不仅是整个识别体系的核心，还是企业文化建设的核心，因此，在理念识别子体系构建中需要突出并展开描述；行为识别体系与培训、传播、激励、融合等体系构建都紧密相关，但只是突出规范员工行为、宣传企业文化典型人物及事例等基础性工作；而视觉识别体系从某种意义上说又属于传播体系的一部分，这里也不展开描述，只是突出一些工作标准与要求。

二、案例解读

案例 4－10

让建筑赞美生命——万科企业文化理念①

1. 让建筑赞美生命

“让建筑赞美生命”是万科的核心理念，也是万科坚持的产品核心价值

① 参见万科集团官方网站。

观。万科始终不懈地致力于为不同消费者提供展现自我、和谐共生的理想生活空间，以及保护环境、改善环境，促进人与自然的可持续发展。

● 万科之道

■ 客户是最稀缺的资源，是万科存在的全部理由。

● 万科理念

■ 万科相信，住宅建筑是一种与各种形态的生命息息相关的事业。作为住宅的建设者，万科满怀尊重之心，为人们建设安全、安心的绿色住宅，并创造和谐、健康丰盛的阳光生活。

● 万科愿景

■ 成为中国房地产行业持续领跑者，卓越的绿色企业。

● 万科使命

■ 努力推动行业规则的建设，不断完善生产方式、技术和管理，提高行业规范化程度，实现“有质量增长”，并推动行业技术进步。

■ 系统地理解不同消费者对居住生活的需要，创造性地运用设计、技术和服务提供展现自我、和谐共生的理想生活空间。

■ 不断深化研究，因地制宜地保护环境、改善环境，形成人与自然的可持续发展。

2. 万科的方法论

（1）做简单而不是复杂：简单降低了企业运行的成本，能够说清楚的企业才是好企业。

（2）做透明而不是封闭：成功源于持续的学习和合作，透明度为组织赢得信赖。

（3）做规范而不是权谋：只有遵守规则才能培养组织内在的市场化竞争优势。

（4）做责任而不是暴利：追求公平回报的同时，不忘记自己的责任。

3. 万科的经营原则

（1）追求卓越：持续领跑，敢为天下先。

（2）客户导向：懂得客户生活。

（3）报效股东：创造优异回报。

（4）与员工和伙伴共同成长：尊重员工与伙伴。

（5）效率优先：珍惜资源，快速周转，向能力要效益。

（6）可持续发展：稳健经营，与社会、自然和谐相处。

案例启示：

通过仔细分析万科的企业文化理念内容，我们不难看出万科的企业文化精髓与那些优秀的中华老字号企业具有惊人的相似之处，即充分体现了中华老字号企业文化理念核心六要素——诚信为本、顾客至上、以人为本、追求卓越、担当责任、善于创新，也正是这些优秀的基因，给予了万科无限的生命力，使其与那些领先行业的中华老字号一样，一直占据着地产行业的领军者地位。这也告诉我们，在总结提炼企业文化理念的过程中，应该注重这些重要元素及其内涵的体现。

案例 4－11

基于企业文化核心理念的行为规范——招商银行①

1. 招商银行员工行为准则

行为的形成需要制度规范和企业文化潜移默化的影响。基于招商银行企业文化精神层的内容，招商银行普通员工行为准则根据员工必须具备的个人修养、招商银行价值观（包括核心价值观和四种理念）、招商银行精神和招商银行作风等 8 个基本元素，对员工提出了 17 项行为准则要求（见表 4－2）。

表 4－2　　招商银行员工行为准则

基本元素	核心内容	招商银行员工行为准则
个人修养		1. 诚实正直，严于律己。
		2. 达到和力争超越组织要求的工作标准和业绩指标。
核心价值观	服务	3. 树立客户至上的观念，努力提供最优质服务。
	创新	4. 锐意创新，善于借鉴，努力开拓市场，向市场要效益。
	稳健	5. 规范操作，规避风险。

① 参见《招商银行企业文化手册》(2004 年版）。

续前表

基本元素	核心内容	招商银行员工行为准则
经营理念	因势而变	6. 随时了解行业和市场的动态，对市场变化做出快速反应。
	因您而变	7. 尽一切努力满足客户需求。
发展理念	效益、质量、规模协调发展	8. 在工作中注意平衡效益、质量和规模的关系，重视过程，厉行节约。
人本理念	尊重、关爱、分享	9. 在团队中尊重他人、关爱他人。
		10. 既敢于和善于单兵作战，积极进取，勇往直前，又善于和团队伙伴并肩作战，彼此信任，彼此支持，分享经验，开诚布公。
全局理念	全局至上、和谐为美	11. 顾全大局，服从领导，努力扩大视野，深入领会公司目标对自己的要求。
企业精神	挑战	12. 主动不断地学习业务技术和管理知识，超越自我，追求卓越，永不满足。
	自省	13. 保持强烈的进取心和忧患意识，经常自省。
	奉献	14. 把个人事业融入招商银行发展之中，保持积极的工作态度和高度的责任感，勤勉努力，通过做好本职工作为实现招商银行的发展做出贡献。
企业作风	严格	15. 严格遵守和执行各项规章制度，规范操作。
	扎实	16. 培养从实际出发的扎实精细的工作作风。
	高效	17. 迅速反应，快速行动。

2. 招商银行经理人员行为准则

企业文化生存和发展的重要途径是领导者的言传身教。经理人员是招商银行企业文化的重要传播者和影响者，其每个具体的管理行为都在向员工传达企业文化的要求和信息，影响着员工价值观和行为习惯的形成。

对照招商银行企业文化精神层的要求，对现有经理人员优秀行为进行归纳、提炼和补充，得出以下招商银行经理人员行为准则。该准则以核心价值观为核心，根据经理人员必须具备的领导者修养、招商银行理念和招商银行精神、招商银行作风等基本元素，对经理人员提出了 22 项行为要求（见表 4－3）。

表 4-3　　招商银行经理人员行为准则

基本元素	核心内容	招商银行经理人员行为准则
领导者修养		1. 以身作则，用良好的领导者形象感染人。
		2. 自觉履行企业文化塑造者和传播者的职责，学习和养成通过具体的管理工作一点一滴地传递招商银行核心价值观的工作方式。
		3. 对公司未来和重大经营决策承担个人风险，达到并力争超越组织要求的经营业绩。
核心价值观	服务	4. 尊重社会公众，尊重客户，讲求信誉，起到客户服务模范表率作用。
	创新	5. 锐意创新，善于借鉴，努力开拓市场，向市场要效益。
	稳健	6. 重视风险管理，控制经营风险，审慎投资，规范经营。
经营理念	因势而变	7. 随时了解行业和市场的动态，对市场变化做出快速反应。
	因您而变	8. 尽一切努力满足客户需求。
发展理念	效益、质量、规模协调发展	9. 控制成本，倡导节约，重视过程，优化流程，规范管理。
		10. 在工作中注意平衡质量、规模和效益的关系，稳健经营。
人本理念	尊重、关爱、分享	11. 尊重员工，重视员工发展，关心员工个人生活，在组织中营造尊重、分享、开诚布公和共同进步的氛围。
		12. 培养和发展有效沟通能力，进行双向开放式沟通，积极听取员工意见，及时给予员工反馈。
		13. 对员工进行积极有效的绩效评估，协助员工设定职业发展目标，提供建议和咨询。
		14. 主动将经验和知识传授给员工，为员工提供成长的空间，培养发现优秀员工，培养接班人。
		15. 引导员工追求更高层次的精神境界，在招商银行实现个人价值的不断提升。
全局理念	全局至上、和谐为美	16. 顾全大局，服从领导，坚持公司利益高于部门和个人利益。

续前表

基本元素	核心内容	招商银行经理人员行为准则
企业精神	挑战	17. 主动不断地学习业务技术和管理知识，超越自我，追求卓越，永不满足。
	自省	18. 保持强烈的进取心和忧患意识，经常自省，促进变革和持续改进，积极主动适应环境变化。
	奉献	19. 视工作为事业，全身心投入。
企业作风	严格	20. 遵守和执行各项规章制度，规范经营，严格管理。
	扎实	21. 培养从实际出发的扎实精细的工作作风。
	高效	22. 迅速反应，快速行动。

案例启示：

招商银行的行为规范，以企业核心价值观为核心，使企业文化核心理念中的基本元素及核心内容与具体的行为准则一一对应并融为一体，从而促使员工在各种行为与活动中贯彻和执行企业文化理念，并逐步养成习惯，最终形成价值观共享的企业文化。这与阿里巴巴的价值观考核具有相同的本质，即将企业核心价值观深度嵌入员工的日常行为规范或者绩效考核中。

可见，在行为识别体系的建设（尤其指员工行为规范的制定）过程中，需要把握一个关键要素，即以企业核心价值观为核心，并将企业文化核心理念中的各项重要元素分解到具体的行为准则中，使企业的行为层文化与精神层文化保持高度一致，并真正做到企业文化“实化于行”，而不是互不相干的“两张皮”。

案例 4－12

公司核心理念的延伸——华为品牌标识①

1. 华为品牌标识内涵

华为新的企业标识在保持原有标识蓬勃向上、积极进取的基础上，更加突出聚焦、创新、稳健、和谐的理念，充分体现了华为将继续保持积极进取的

① 参见《华为技术有限公司企业文化纲要》。

精神，以及通过持续的创新，支持客户实现网络转型并不断推出有竞争力的业务的决心；华为将更加国际化、职业化，更加聚焦客户，和客户及合作伙伴一道，创造一种和谐的商业环境，实现自身的稳健成长。

华为新的企业标识是公司核心理念的延伸：

（1）聚焦。新标识更加聚焦底部的核心，体现出华为坚持以客户需求为导向、持续为客户创造长期价值的核心理念。

（2）创新。新标识灵动活泼，更加具有时代感，表明华为将继续以积极进取的心态，持续围绕客户需求进行创新，为客户提供有竞争力的产品与解决方案，共同面对未来的机遇与挑战。

（3）稳健。新标识饱满大方，表明华为将更稳健地发展，更加国际化、职业化。

（4）和谐。新标识在保持整体对称的同时，加入了光影元素，显得更为和谐，表明华为将坚持开放合作，构建和谐商业环境，实现自身健康成长。

2. 华为品牌标识应用管理

华为品牌标识由图标和 HUAWEI 文字构成。品牌标识中 HUAWEI 文字是为华为特别设计的。该标识不得做任何修改，包括任何缩放变形和重新绘制。该标识必须置于正确和清晰有序的背景上。当使用有色背景时，请确保标识清晰可辨。

华为品牌标识有竖式和横式两种版式（见图 4－3）。除非特殊情况，请使用竖式品牌标识。

图 4－3　华为品牌标识标准版式

（1）正确的比例。华为品牌标识是一个平衡的整体，使用中不得改变其形状、结构和比例。一致连贯地使用品牌标识有助于保持品牌的统一性，使品牌更容易识别。图 4－4 所示的网格线展示了华为品牌标识竖式版式和横式版式的正确比例。

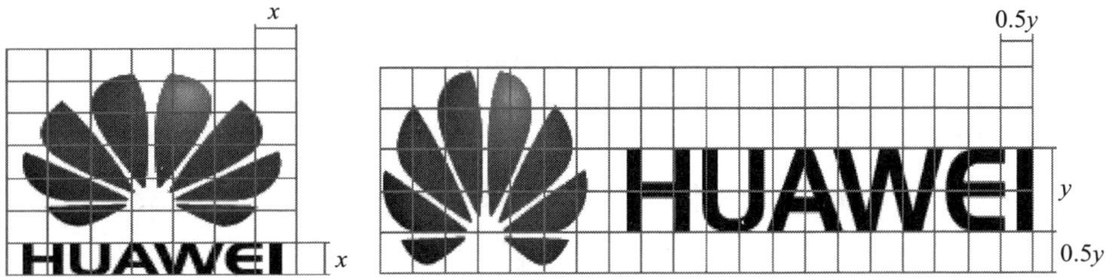

图 4－4　华为品牌标识版式标准比例示意

（2）限制区域（见图 4－5）。为更加清晰有效地传播品牌标识，品牌标识周边必须保持一个最小尺寸的空白空间，该空间称为限制区域，该区域内不得出现任何文字、符号和其他图形元素。图例中“x”，“y”的高度分别对应竖式和横式品牌标识中 HUAWEI 字体的高度。

图 4－5　华为品牌标识限制区域示意图

在竖式品牌标识中，限制区域的宽度和高度为“x”；在横式品牌标识中，限制区域的宽度和高度为“$0.5y$”。当标识尺寸改变时，限制区域的大小随之改变。如果品牌标识位于多色的图片或背景中，则不得有任何元素出现在品牌标识及限制区域范围内。

（3）最小尺寸。各种印刷品中的品牌标识的最小尺寸如图 4－6 所示。如果品牌标识小于该尺寸，标志将难以辨认。竖式品牌标识的最小尺寸为 8 毫米，横式品牌标识的最小尺寸为 25 毫米。

图 4－6　华为品牌标识最小尺寸示意图

案例启示：

作为视觉识别体系建设中的主要工作项目之一，品牌标识的设计与管理对企业文化内涵与企业形象的传播至关重要。品牌标识是一个企业核心价值理念的浓缩体现以及企业形象对外展示的重要途径，而且企业的整个视觉识别体系建设，通常都是基于品牌标识的设计理念与规范要求开展的。例如办公环境的格调、工作服装的设计风格、企业宣传图片的色调等都源于品牌标识的设计理念与风格，并与其融为一体。

华为品牌标识的内涵与应用管理为我们提供了典型经验：一方面要将内容与形式完美结合，并重点突出体现企业的核心价值追求，即通过精心的形式设计，使企业文化核心理念的重要元素能够得到充分诠释，做到通俗易懂、便于理解；另一方面要对品牌标识应用中的图片内容范围、清晰度、比例、限制区域、规格尺寸、修改权限等提出明确的规范与要求，确保其形成统一的形象与风格，而这也是视觉识别体系规范化的基本要求。

企业文化培训体系构建

一、实践指导

企业文化培训体系，主要是指从培训内容、培训对象、培训方式、培训队伍、培训实施与管理（含培训效果评估）等方面进行系统性的规划与建设，从而使该项工作例行化、制度化、科学化。企业文化培训是提高员工对企业文化理念的认知、认同，促使员工由知到行的重要方式，同时也是构建学习型团队的重要途径。

其培训内容侧重于针对企业文化的相关理论与实践内容，例如企业文化相关理论知识，企业文化理念体系，企业文化建设背景、意义、目标、路径与方法，行业文化相关内容，与企业文化相关的管理能力及素质提升课程等。

（一）目的与意义

通过系统、全面、持续地开展企业文化培训教育活动，使本组织员工认同企业文化核心理念，逐步完成对企业文化理念从模糊到认知，从认知到认同，从单一表面理解到系统理解。基于此统一员工思想，转变员工行为，推动员工主动参与企业文化建设，有效促进企业文化的宣贯与落地，推动企业文化战略目标的实现。

而且，例行化、制度化、科学化的培训体系可以有效提高全体员工的创新力和学习能力，促进员工个人成长，提升组织运营管理能力，营造良好的学习氛围，推动企业的学习型组织建设。与此同时，能力的提升、个人以及组织的成长，将大大促进企业文化建设工作的深入、高效开展，形成良性互动，真正发挥企业文化管理的实效，推动企业总体经营战略目标的实现。

（二）工作流程

1. 调研分析

根据企业文化战略目标与企业文化建设的总体要求，针对企业文化培训现状与需求进行深入的调研与分析，形成企业文化培训诊断分析报告。

2. 设计与执行

依据企业文化培训诊断分析报告确定培训的目标、制定相应的实施规划，并通过对师资体系、课程体系、实施体系、支持体系四大体系的建设与完善推动全面实施。

3. 反馈评估

主要通过评估体系对培训过程以及培训效果进行系统评估、反馈，有效改进，并实现学习与实践互动，为后续的培训计划及安排做好充分准备，使培训进入一个良性的循环系统，达到不断提升员工和组织能力的目的。

企业文化培训体系构建流程如图 4－7 所示。

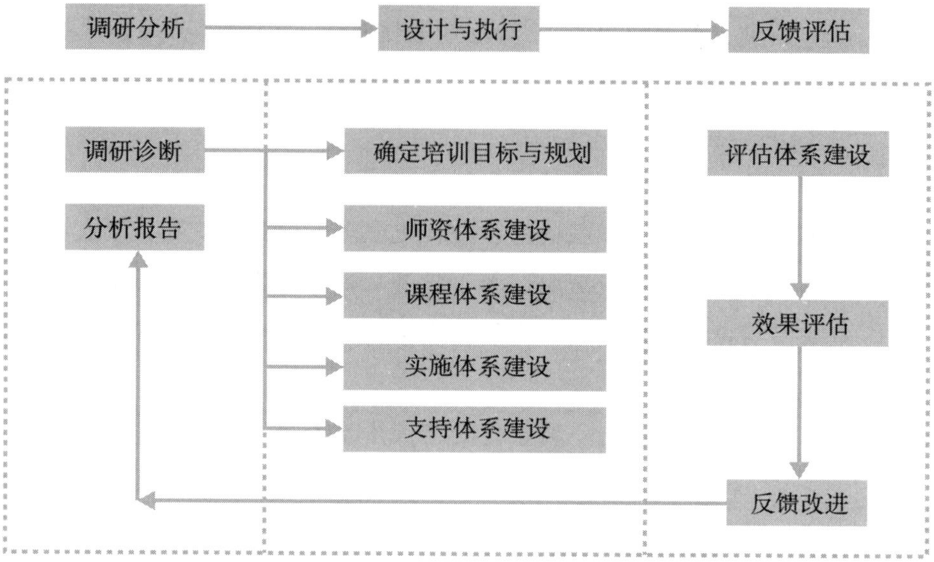

图 4－7　企业文化培训体系构建流程

（三）主要工作模块

模块一：调研分析

输出成果：企业文化培训诊断分析报告。

主要通过访谈、问卷调查、文献研究等方法，针对企业文化培训的师资团队、课程内容、培训活动形式、员工培训需求、培训满意度、当前培训效果等进行深入的调研与分析，并就现状分析与需求预测形成企业文化培训诊断分析报告。

模块二：确定培训目标与规划

输出成果：培训计划。

基于诊断分析，明确培训需求，制定培训计划。要求明确培训目的、培训对象、培训内容重点、培训方式、具体的时间安排以及具体的实施部门。

模块三：培训实施、评估与改进（核心体系建设）

企业文化培训体系的结构如图 4－8 所示。

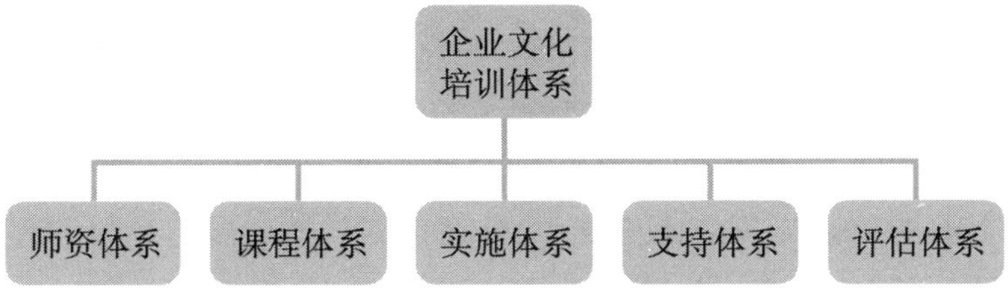

图 4－8　企业文化培训体系的结构

1. 师资体系建设

输出成果：企业文化培训师资体系建设方案与管理办法。

师资体系主要包括内部企业文化培训师和外部企业文化讲师两类群体。

（1）内部企业文化培训师队伍建设[①]：主要通过内部招募选拔，组建一支内训师、宣贯员队伍，在不影响本职工作的前提下，定期组织培训，并承担自己所在部门的宣贯工作，为培训与传播提供队伍保障。授课师资可以是企业高层领导、中层领导、企业文化专员甚至普通员工。内训师、宣贯员队伍是其他员工的企业文化“老师”，在企业文化宣贯落地中起着关键作用，因此首先要特别注重统一他们的认识、重塑他们的价值观。除企业文化理念及相关案例、演讲口才等常规培训，对他们还要注重有关行业新的发展形势和方针政策、战略目标调整等方面的培训，确保他们向其他员工准确传递本公司企业文化建设的重大意义、核心理念以及宣传要点。与此同时，可以积极开展优秀企业文化培训师评选活动，建立内部企业文化培训师队伍评估机制，激励内部培训师，打造一支高素质、高水平的企业文化培训师队伍。

在此过程中要充分吸收中高层管理人员加入内部企业文化培训师队伍。这是因为高层管理人员起着很好的引领、示范作用，有利于动员全员参与企业文化建设；中层管理人员则在组织中起着承上启下的重要作用，不但推动执行高层管理人员的思想、企业战略，而且在很大程度上影响着组织和谐发展的氛围，是企业文化建设工作有效落地的关键执行者。此外，除了掌握企业文化相关理论、深刻理解本单位企业文化理念及建设工作内容，中高层管

① 与保障体系之队伍保障中的组建企业文化宣贯员队伍是一致的。

理人员还应具备丰富的一线、基层工作经验。

（2）外部企业文化讲师队伍建设：与高校、研究机构、管理顾问公司和培训咨询机构等外部机构建立长期合作关系，引进或者聘请国内企业文化、管理方面的知名专家定期或者不定期地来企业对员工、内训师队伍进行培训，同时建立一套针对外部企业文化讲师的评估机制（主要通过师资专业水平、授课课程内容设计、授课技能、授课实际效果、学员反馈等方面进行综合评估），科学把握师资质量，并不断丰富师资资源，建立外部专家信息库。

2. 课程体系建设

输出成果：企业文化培训课程体系。

课程体系建设是指根据企业不同层级培训对象、不同业务性质、不同学科性质，进行分类研发，建设成科学、系统、实效的企业文化培训课程体系。[①]一般课程包括企业文化基础知识、核心理念体系、员工行为规范、管理制度、企业文化典型案例（故事）、企业历史与荣誉、管理经验总结、企业成果，以及企业文化与人力资源管理、企业文化与战略、企业文化与班组建设、团队建设、创新等。常见课程体系分类如下（示例）。

（1）按照不同层级对象分类，如表4－4所示。

表4－4　企业文化培训课程体系分类（按照不同层级对象）

不同层级对象	培训课程	培训重点与意义
中高层管理人员（包括部门负责人）	企业文化建设体系 企业文化核心理念 企业文化诊断分析 企业文化建设规划 企业文化与战略 企业内外部环境分析 企业管理经验总结 执行力 团队建设 创新管理	侧重于战略、管理层面，尤其是企业文化战略的执行落地。充分发挥领导的引领作用以及中层骨干的“上传下达”作用

① 这里的课程体系内容主要指与企业文化相关的课程，涉及员工队伍建设、新员工培养、后备干部培养、学历进修的岗位技能课程、管理技能课程、素质提升课程等，主要由人力资源管理部门统筹，包括以上管理类课程内容，大部分也需要与人力资源管理部门进行协调统筹，以免浪费资源。

续前表

不同层级对象	培训课程	培训重点与意义
企业文化培训队伍（主要由企业内部选拔的企业文化培训师或者宣贯员构成）	企业文化基础知识 企业文化建设意义 企业文化评估与改进 企业文化建设体系 班组文化建设 企业内外部环境分析 企业文化核心理念 企业文化建设规划 企业历史与成果 企业文化典型案例 员工行为规范 品牌形象体系 演讲与授课技巧	侧重于企业文化基础知识、企业文化建设体系、企业历史与成果、演讲与授课技巧等。确保培训师在深刻理解企业的企业文化背景、理念、具体建设方案的基础上，向其他员工准确传递企业文化理念、工作部署及要求
各基层管理干部及全体员工	企业文化核心理念 企业历史与成果 企业文化典型案例 品牌形象体系 员工行为规范 服务手册 / 规范 有关规章制度	侧重于企业文化核心理念、员工行为规范、历史与成果的学习与传播。促使全体员工统一认识，规范行为，进一步了解企业的历史文化底蕴

（2）按照不同学科性质或课程内容性质分类，如表 4－5 所示。

表 4－5　　企业文化培训课程体系分类（按照不同学科性质）

不同学科性质	培训课程	培训重点与意义
企业历史	企业历史与成果 企业荣誉	加深对企业历史的了解
企业文化理论	企业文化基础知识 企业文化建设意义 企业文化评估与改进 班组文化建设	加强对企业文化建设相关理论知识的学习
企业文化建设	企业文化建设体系 企业文化诊断分析 企业文化建设规划 企业文化核心理念 企业文化典型案例 员工行为规范 品牌形象体系 有关规章制度	明确公司企业文化建设的意义、路径与方法，统一并规范企业的识别体系（包括理念、行为、视觉），达到统一认识、转变观念、规范形象与行为的目的

续前表

不同学科性质	培训课程	培训重点与意义
管理类	企业内外部环境分析 企业文化与战略 企业管理经验总结 执行力 团队建设 创新管理 演讲与授课技巧	提升管理能力与综合素质，促进企业文化建设工作的有效执行与落地实施

（3）按照不同业务性质分类。一般可以按照企业组织结构形式或者供应链环节进行划分，例如生产管理、市场营销、财务金融、人力资源、科技研发、安全管理、设备管理等，具体课程可以与各部门配合，按照不同对象层级、不同学科或课程内容性质进行系统梳理，形成共性与个性相结合的课程体系，之后由公司统一将其列入企业文化培训课程知识库。共性主要指以上列举的一些通用课程，例如企业文化基础知识、企业文化核心理念、企业历史与成果、企业文化典型案例、品牌形象体系等；个性主要指与业务性质或者子文化个性紧密相关的一些课程或者一些创新性的课程内容，例如不同部门不同的行为规范、不同的服务标准、独特的子文化理念等。

3. 实施体系建设

输出成果：企业文化培训实施方案。

实施体系建设主要指根据不同层级培训对象、不同部门（企业、部门、车间、班组等)、不同岗位、不同业务性质，对各类培训形式进行系统梳理并有效开展多样化的培训活动。常见的培训形式包括党委会议、集中授课、主题演讲会、文化研讨会、文化讲座、传帮带、观看专题 VCD、案例故事学习、角色扮演、拓展训练、参观学习等。我们可以根据培训时间频率的安排和与管理活动的融入程度，将培训形式分为定期专题培训、不定期专题培训和嵌入式培训三大类别。具体释义及相应的培训形式和特点如表 4-6 所示。

表 4-6　企业文化培训形式详细分类、释义及特点说明

<table>
<tr><th>分类</th><th>释义</th><th>主要培训形式</th><th>特点</th></tr>
<tr><td>定期专题培训</td><td>主要指根据企业文化建设规划的工作重点及其要求，针对特定的培训对象，集中、持续开展有明确主题的企业文化培训学习活动</td><td rowspan="2">1. 大型会议
2. 集中授课与讲座
3. 视频学习
4. 在线学习
5. 研讨会
6. 案例学习
7. 角色扮演
8. 拓展训练
9. 参观学习（如学习标杆）
10. 传帮带</td><td>主题明确、持续时间长、多种培训形式结合但主题统一</td></tr>
<tr><td>不定期专题培训</td><td>主要指根据企业文化建设的阶段性工作重点调整及其要求，集中、临时或者短期开展一些有明确主题的企业文化培训学习活动</td><td>主题明确、持续时间短、某一个主题的培训形式相对较少，一般以会议、授课为主</td></tr>
<tr><td>嵌入式培训</td><td>主要指将企业文化培训嵌入各类工作会议、活动当中，使企业文化培训常态化，是企业文化专题培训形式的有益补充</td><td>嵌入对象：
1. 工作例会
2. 各类传播渠道与载体：内刊、网站、宣传资料、企业标语、文化墙、媒体等
3. 各类活动：评比竞赛活动、团队拓展活动、公益活动等</td><td>主题、形式以及时间安排灵活多变，每次会议或者活动嵌入的培训主题及内容都会根据需要随时调整</td></tr>
</table>

以上列举的各类培训形式应根据不同层级培训对象、不同岗位、不同业务性质以及不同的内容侧重点，进行统筹安排，做到因材施教，重点突出，灵活多样，追求培训效果的最佳化。例如，针对中高层管理人员，可以适当增加参观学习、角色扮演、案例学习等培训形式；而针对一般员工，除了专题培训，还要求嵌入式培训形式能够逐步常规化、体系化；在班组中，则适合推广一对一传帮带的培训方式。

4. 支持体系建设

输出成果：企业文化培训工作管理制度、考核激励制度、诊断式培训体系、培训实施管理办法。

支持体系建设是指从组织、制度、流程、资金、硬件、知识管理等方面为企业文化的培训工作提供保障、支持与管理，具体可参照保障体系构建的相关内容。这里着重从制度、流程方面进行阐述。

（1）企业文化培训工作管理制度：主要包括企业文化培训实施管理制度(如目的、指导思想、基本原则、职责分工、管理流程、考核奖惩、培训效果评估等)、企业文化培训师管理制度、优秀企业文化培训师评选制度、外聘企业文化讲师管理制度、培训服务规范、培训通知表、培训协议书、员工培训出勤统计表、培训考核管理制度等（具体可与人力资源管理部门配合完成，或者根据需要借鉴部分内容）。通过制度的激励、引导、约束和惩罚，有效考核、监督和推动企业文化培训工作的开展，促使企业文化培训工作例行化、制度化、规范化。

（2）严格流程管理：流程管理方面主要依据基于诊断分析的“计划—实施—评估—改进—修订计划”的闭环实施流程（见图4－9），开展企业文化培训工作。要求重点突出计划的系统性、实施的有效性以及持续改进的科学性，并把握好各个关键环节的相关要求，不断优化流程，实现高效管理。具体实施方案可以与人力资源管理部门协商并紧密配合，避免工作内容重复、人力浪费。

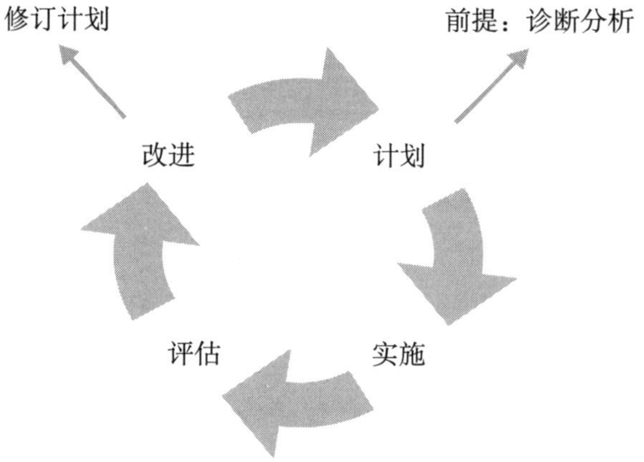

图4－9　企业文化培训闭环实施流程

在此过程中，企业文化培训实施机构的具体工作只需强调紧紧围绕企业文化建设为中心即可。例如，需求诊断分析是基于目前已经实施的企业文化诊断分析，根据企业文化建设的总体目标、规划以及企业文化存在的问题，同时结合人力资源管理部门的培训需求调研结果，明确提出有关的企业文化培训需求。接着，在此基础上制定相应的企业文化培训计划及实施方案，最后，通过培训评估与反馈予以改进，完成“计划—实施—评估—改进—修订计划”的闭环实施流程。

5. 评估体系建设

输出成果：企业文化培训工作及效果评估办法。

评估体系主要从企业文化培训过程和企业文化培训效果两个层面开展评估，目的在于检验培训方案实施的有效性，分析开展培训活动是否取得了相应的成绩，找出培训过程中的差距并发现新的培训需求。评估方式包括问卷调查、访谈、实际观察、360° 反馈等。具体的评估机制通常包括两方面内容：一是针对企业文化培训工作实施过程及效果的监督与评估；二是针对企业文化培训师队伍的监督与评估。

基于评估结果，从课程内容设计、授课质量（师资水平）、教学服务、后勤服务、教学环境等方面予以改善，同时适当调整培训计划或制定新的培训计划。

（四）工作要点提示

1. 注重因材施教

因材施教是企业文化培训体系构建的基本原则之一。在培训实施过程中，应根据不同部门、岗位的职责和特点，结合工作实际有针对性地设计、实施培训，避免泛泛地培训。例如在培训形式的选择方面，应根据不同层级培训对象、不同岗位、不同业务性质以及不同的内容侧重点，进行统筹安排，做到因材施教，重点突出，灵活多样，追求培训效果最佳化。

2. 注重与人力资源管理部门的协调

由于培训属于人力资源管理工作的范畴，企业文化培训体系构建应与人力资源培训工作紧密相关。处理其矛盾的最好办法，就是抓住重点，协调实施。例如，就培训内容而言，始终围绕“企业文化相关内容”这一核心进行设计与实施，部分涉及管理方面的培训课程可以与人力资源管理部门协同计划与实施；就培训管理制度以及流程管理而言，应该充分借鉴人力资源管理部门的经验与现有资源，避免工作重复、资源浪费。

3. 强调系统性

对内，基于调研分析确定目标与计划，通过师资体系、课程体系、实施体系、支持体系、评估体系等子体系建设，构成一个有机整合的企业文化培训体系，并形成“计划—实施—评估—改进—修订计划”的闭环实施流程，各体系缺一不可，因此各体系之间应该相互依存、相互促进；对外，企业文化培训体系构建需要注重与其他体系的协同开展，例如与企业文化传播体系、激励体系共同形成宣贯的主要措施与力量。

二、案例解读

案例 4－13

如何塑造一支高效的企业内训师队伍

内部培训师简称内训师，是为配合企业培训工作，通过自荐、选拔或指派等方式选定，且通过了一定的资格考试，经由相关部门确定的负责内外部培训传播的专职或兼职员工。员工担任内训师，在工作中有意识地向其他员工积极传授正确的培训理念、知识和技能，可以形成和谐上进的企业氛围，促进企业内部知识积累、共享和传播，提高员工队伍的整体水平，树立良好的社会形象。而如何塑造一支高效的企业内训师队伍呢？

济南卷烟厂是国内一家大型卷烟生产制造企业，曾被授予山东省首批企业文化建设示范单位、全国企业文化建设先进单位等荣誉称号，并被列为行业文化建设案例三家示范单位之一。其高度职业化、专业化的企业内训师队伍为其企业文化建设提供了强有力的队伍保障，并成为行业内外学习的榜样。济南卷烟厂又是如何高效进行企业内训师队伍的塑造的？

1. 严格、公正的选拔

基于“公平、公正、公开、客观；自愿、推荐与指派相结合；质量重于数量”的选拔原则，济南卷烟厂一方面提出了高标准的选拔条件，即对内训师的年龄、学历、专业、知识与技能、综合素质、个性特征等方面都提出了明确的要求。例如专业和知识方面，要求候选人掌握一定的培训基本知识和理论，了解企业内部培训的实践，熟悉企业内部的企业文化；在个性特征方面，要求耐心热情、主动积极、责任心强且有一定的群众基础和威信。

为了进一步体现选拔的严格与公正并确保内训师队伍的质量，济南卷烟厂还制定了相应的选拔流程，具体如下：

（1）各部门 / 车间推荐或个人自荐，填写内训师推荐（自荐）表，由各部门 / 车间初审后报厂劳资培训处。

（2）厂劳资培训处组织相关专家对推荐的内训师进行有关培训，并进行考评。

（3）对考评合格人员，厂企业文化建设委员会颁发聘书，正式聘任其为企业的内训师，负责企业相关的培训工作。已聘内训师纳入企业专家人才库管理。

2. 明确的职责与权利

明确企业内训师的职责与权利，有利于他们清楚自己的定位，并充分运用自己所拥有的权利去承担相应的职责、履行自己的义务。

其职责主要包括：培训教材开发，培训授课执行，培训效果评估、追踪与反馈，辅助培训管理并提出合理化建议。

其权利范围包括：优先参加培训（包括专业知识方面和教学技能方面的课程）以提高教学水平，获得相关课程参考资料，申请购置相关书籍、资料、教具等。

3. 规范的日常工作管理

规范的日常工作管理是企业内训师队伍实现职业化与专业化的关键。为此，济南卷烟厂制定了相关管理规定，主要从组织设置、职业基本要求、授课实施、内训师队伍建设、日常工作等方面进行了规范化管理。

例如，就授课实施方面，济南卷烟厂明确要求，内训师在授课后必须发放内训师满意度调查表，邀请学员进行培训效果评估。同时内训师应认真填写内训师授课记录表，并将以上材料交劳资培训处汇总、统计、备案。而且，明确规定劳资培训处应适时对内训师授课情况进行检查、评估与跟踪，并及时给予建议和指导；劳资培训处可根据情况，组织内训师接受专业培训或进行授课心得交流等活动，以提高内训师的授课水平。

4. 互动有效的考核

互动有效的考核强调内训师与学员之间的互动，即以学员满意度评分为主要评价标准，通过学员的反馈来激励内训师以互动的方式不断改进授课质量、提升整支培训队伍的培训水平。例如，济南卷烟厂内训师年度评分，由学员满意度得分与其他得分（主要指超额授课任务得分及取得相关资格证得分）两部分组成，学员满意度评分是评分值中最重要的组成部分。

而且，内训师最终的考核成绩将与考核评优直接挂钩，并以正向激励方式为主，从而更有效地提高内训师队伍的积极性与主动性。

与此同时，济南卷烟厂在内训师考核制度中还明确了考核的周期、考核的形式、培训时数标准、培训课程标准（依据培训计划定期实施）、内训师授课标准（要求内训师按照内训师授课责任书完成年度授课任务），为评价考核提供充分依据。

案例启示：

济南卷烟厂之所以能够快速有效地塑造一支高度职业化、专业化的企业内训师队伍，原因就在于其牢牢把握住了以下四个方面：严格、公正的选拔，明确的职责与权利，规范的日常工作管理，互动有效的考核。基于此，济南卷烟厂还建立了成熟的企业内训师管理制度，除了本案例中涉及的四个方面，还包括与其考核成绩直接挂钩的考核评优制度以及培训效果评估体系等制度内容。

案例 4-14

基于战略业务单元的企业文化学习知识库

D 公司是国内一家大型综合性产业企业集团，旗下包括地产事业部、金融事业部、酒店事业部、餐饮事业部、旅游事业部、客运物流事业部、实业事业部等战略业务单元（SBU）[①]。为了更好地支撑集团的战略业务单元经营战略，D 公司在集团整体企业文化建设的规划与要求下，提出建设基于 SBU 的企业文化学习知识库，通过渗透到各 SBU、各部门、各岗位的企业文化培训，促使集团各 SBU 及全体员工达成共识、共享价值观，并实现“母子文化”的高度融合，在促进各 SBU 完成战略任务的同时，推动集团总体战略目标的顺利实现。

其知识库主要由通用类课程与个性化课程两部分组成。

① 战略业务单元也称战略性事业单位、策略性事业单位，是公司中的一个单位或者职能单元，它是以企业所服务的独立的产品、行业或市场为基础，由企业若干事业部或事业部的某些部分组成的战略组织。战略业务单元必须在公司总体目标和战略的约束下，执行自己的战略管理。

1. 通用类课程——达成文化共识

通用类课程主要指集团需要普及的适合全体员工学习、各 SBU 应用的企业文化课程，由集团总部统一规划与安排。例如，企业文化基础知识、集团企业文化核心理念、集团员工行为规范、集团历史与荣誉、集团企业文化典型案例、集团品牌形象体系、通用素质提升课程、集团管理经验与成果、宣贯员培训课程等。

2. 个性化课程——支撑业务战略

个性化课程主要是指适合各 SBU 特点及其自身需要的企业文化课程，一般由各 SBU 依据集团企业文化建设规划和要求进行自主设计与开发，由集团统一指导、决策与安排。具体课程内容涉及“子文化”相关介绍（包括理念、历史与荣誉、品牌形象体系等）、各 SBU 所处行业文化特点与概况、各 SBU 行为规范或服务标准、制度与流程等。

此外，其个性化还体现在因材施教上，即要求各 SBU 根据不同对象设计开发并合理安排各类课程。例如针对中高层管理人员，强调其对企业文化战略的理解以及执行落地；而针对宣贯员队伍，则侧重于企业文化基础知识、企业文化建设方法、企业文化内容体系、演讲技巧等方面。

案例启示：

D 公司基于 SBU 的企业文化学习知识库，之所以能够有效地支撑集团的战略目标实现，一方面是通过通用类课程，促使集团上下全体员工达成文化共识，共享价值观；另一方面是通过个性化课程，将集团“母文化”融入各项业务工作、各个岗位，并积极发展“子文化”的个性特色，从而支撑各 SBU 战略目标的达成，形成高度融合的“母子文化”。

案例 4－15

如何提高企业文化培训活动的实效性

E 公司是国内一家知名的零售企业，其服务人员的精神面貌与服务行为充分展示了该企业优秀的文化内涵与良好的品牌形象。其颇具实效性的企业文化培训活动实施，在企业文化宣贯过程中起着关键作用。

1. 做到活动的多样性

E 公司一直以来积极开展多样性的企业文化培训活动，具体包括会议培训、授课学习、案例学习、知识竞赛、读书学习、漫画学习、师带徒培训、职工夜校、团队拓展培训、新员工入职专员引导、外派脱产学习、标杆学习等。多样化的培训活动避免了企业文化学习过程中出现的形式单一、枯燥乏味的问题。

2. 注重活动的针对性

E公司在企业文化培训活动实施过程中，极其注重培训内容的针对性以及培训对象的针对性。

培训内容的针对性，主要指活动的设计通常围绕某一企业文化主题展开，目标明确、重点突出。例如E公司在“创新主题年”这一阶段，将创新文化理念及其核心内容作为该年度的宣贯重点，渗透于会议培训、讲座、读书学习、案例学习、知识竞赛、新员工入职学习等各类培训活动。

培训对象的针对性，主要指依据不同培训对象，设计适合该人群特点及知识技能需求的培训课程、活动与师资队伍，当然其前提是做好在培训实施之前的企业文化培训需求调研分析。例如针对中高层管理人员，E公司注重战略执行、企业文化与领导技能相结合的培训，并定期安排外派脱产学习、走访标杆企业等培训活动；针对基层人员，E公司注重企业文化基本内容、企业文化与本职工作相结合的培训。除了通过会议、授课灌输知识与信息，还积极开展各类趣味性的案例学习、知识竞赛、团队拓展等培训活动。

3. 强调活动的合理性

E公司在企业文化培训活动的合理性方面，力争在确保活动多样性、有针对性的前提下，从时间规划、地点安排、预算控制三方面做到科学合理、保证有效。时间规划是指合理规划培训活动的频率以及课程的时间长短；地点安排是指根据不同活动形式合理安排最佳培训场所；预算控制是指依据培训预算规划以及活动计划，合理控制成本，争取培训投入效益最大化。

4. 提倡活动的创新性

活动的创新有利于增强活动的趣味性与实效性。例如E公司积极探索案例学习方式，根据企业的实际问题自主研发案例学习课程，不仅吸引了全体员工积极参与其中，还通过互动有效的角色扮演、案例学习等形式达到最佳的培训效果。此外，新员工入职专员引导也是E公司的创新举措之一，同时还是 E 公司的特色文化之一。例如，每位新进员工都由指定的专职人员（通常是直接上级，例如班组长、部门主管等）对其进行企业文化学习、日常工作熟悉、环境适应等方面的特别辅导，帮助其快速融入团队、适应工作环境。

5. 评估活动的实效性

企业文化培训活动的实效性主要从实施过程与实施效果两方面进行综合评估，以便为企业文化培训活动质量的进一步提高提供保障。E 公司在过程评估方面，主要从课程内容设计、授课质量（师资水平）、教学服务、后勤服务、教学环境等方面进行评估，由学员直接反馈获得的评估结果；在效果评估方面，E 公司主要通过行动学习的方式进行反馈和评估，即在培训之后的工作实践中，由学员自我反馈、领导客观评估综合得出评估结果，并据此实施下一步的培训提升与个人改进计划。

案例启示：

E 公司企业文化培训活动的有效实施，很好地贯彻了“5W2H”的思维方法，我们可以将其实施举措分解如下：why——培训内容与对象的针对性（强调明确培训的目的、基于培训需求调研分析），解决为什么实施企业文化培训的问题；what——培训内容的针对性，包括培训的重点、课程的具体安排，解决培训什么内容的问题；who——培训对象的针对性以及师资队伍的安排，解决谁被培训、谁来培训的问题；when——培训时间的合理规划，解决什么时候完成培训活动的问题；where——培训地点的合理安排，解决在什么地方完成培训活动的问题；how——对培训活动的多样性、针对性、创新性以及实效性进行评估，解决用什么培训方式与评估方法来提高企业文化培训实效性的问题；how much——对培训的预算控制、实效性进行评估，解决培训预算需要多少、如何控制以及培训质量、培训效果要达到什么程度的问题。

当然，“5W2H”在这里的应用，主要强调的是企业文化培训活动本身，而并非整个企业文化培训体系的构建，所以原则上并不包括培训需求调研、课程体系设计、师资队伍建设、培训组织规划等内容。因此，在“why”的释义中，并没有重点强调培训需求调研的相关内容；在“what”的释义中，并没有提出课程体系设计的相关内容；在“who”的释义中，也没有突出师资队伍建设的相关内容，更没有体现谁来组织实施企业文化培训活动等的相关内容。

案例 4-16

“PDCA”循环在企业文化培训管理中的运用

“PDCA”循环是一个完善的质量持续改进模型，是质量管理不可或缺的工具之一。它包括持续改进与不断学习的四个循环反复的步骤，即计划、执行、检查、处理。

F 公司是国内一家成功实施全面质量管理的机械生产制造企业，该公司创新性地将“PDCA”循环思想成功运用于企业的培训流程管理，其中包括企业文化培训流程管理，大大提升了企业文化培训工作的质量。具体的工作流程及相关工作内容与要求如表 4-7 所示。

表 4-7 基于“PDCA”循环的企业文化培训工作流程及相关工作内容说明

关键环节	工作内容及具体要求
1. 诊断分析	对企业文化培训的师资团队、课程内容、活动形式、员工培训需求、培训满意度、当前培训效果、员工不同岗位特点、员工能力现状等进行深入的调研与分析，具体可通过问卷调查、访谈、数据分析、员工表现分析、能力素质模型分析等形式进行培训前的需求诊断分析。
2. 计划	基于诊断分析，明确培训需求，制定培训计划方案。要求明确培训目的、培训对象、培训内容重点、培训方式、具体的时间安排以及具体的实施部门，方案制定过程中要保持与相应受训者的深入沟通，确保因材施教。详细计划应以年度为实施周期，并提交企业文化建设领导组织审批后实施（各部门企业文化培训计划均需上报企业文化建设部门审批后方可实施）。
3. 执行	企业文化建设部门牵头，由各部门配合，按照培训计划实施，实施过程中应注重课程研发、师资团队建设，创新培训方式，完善激励机制，严格流程管理，尤其是在教学管理方面要掌握学员的学习情况、把关教学质量。其中包括制定相应的管理办法与制度，如企业文化培训管理制度、企业文化培训师管理制度、外聘培训师管理制度、培训服务规范、培训通知表、培训协议书、员工培训出勤统计表等（具体可与人力资源管理部门配合完成，或者根据需要借鉴部分内容）。

续前表

关键环节	工作内容及具体要求
4. 检查 / 评估	主要从企业文化培训工作和企业文化培训效果两个层面开展评估，评估方式包括问卷调查、访谈、实际观察、360° 反馈等。具体的评估机制主要包括两方面内容：一是针对企业文化培训工作实施过程及效果的监督与评估；二是针对企业文化培训师队伍的监督与评估。要求评估培训总体效果、总结培训工作经验与优势、检查培训工作中存在的问题。
5. 处理 / 改进	基于评估与检查，总结成功经验，并制定相应的标准（例如进一步完善规章制度、培训管理流程等）；针对存在的问题，提出改进方案，着重从课程内容设计、授课质量（师资水平）、教学服务、后勤服务、教学环境等方面予以改善，并拟定下一步培训计划（进入新的“PDCA”循环）。

案例启示：

F 公司创新性地将“PDCA”循环思想运用于企业的培训流程管理，之所以能够取得较好的成果，关键在于把握住了以下三个要素：一是在计划拟定之前，有深入的诊断分析作为支撑，确保计划方向的准确性以及具体实施方案的科学性与合理性；二是明确各个关键环节的工作重点与相关要求，确保扎实有效地推进各项工作，工作不脱节；三是抓住“PDCA”循环的精髓，通过检查与处理，即评估与改进，形成闭环管理模式，不断改进培训质量，优化流程，实现企业文化培训的高效管理。

案例 4－17

如何进行企业文化培训评估

企业文化培训评估工作通常会被很多企业忽略，或者被认为由人力资源管理部门负责即可。但是，没有评估，就无法准确判断企业文化培训的工作质量以及行动效果，更无法提出改进方向，为下一步的工作计划奠定基础，而且评估结果通常还是企业文化内训师绩效考核的重要依据之一。因此，如何科学有效地进行企业文化培训评估，在企业文化培训工作中至关重要。

G 公司是国内一家规模较大的日用品生产与销售企业，通过多年的积累，形成了较完善的企业文化培训评估机制，为其企业文化培训工作质量改进、企业文化培训实效提升提供了强有力的支撑。G公司是如何科学有效地进行企业文化培训评估的？

1. 明确评估的目的与内容范围

G公司进行企业文化培训评估的目的在于及时检验培训方案实施的有效性，总结经验与教训，发现问题并提出改进方案。

根据评估目的，G公司确定了适合企业现状的评估内容，即培训实施工作质量情况、培训效果达成情况与企业文化宣贯员队伍工作绩效三个方面。

2. 选择合适的评估形式、评估周期与评估方法

根据评估内容范围，G公司又进一步确定了评估形式、评估周期与评估方法。

评估形式包括结果评估、过程评估、行动学习评估、自我评估、他人评估、互评、综合评估等多种形式。例如，针对培训效果，G公司主要采用结果评估、自我评估、他人评估、行动学习评估相结合的方式，要求学员在行动学习中进行自我反馈，直接上级对其做出客观评价。

评估周期的确定与具体的评估内容以及整体的工作计划密切相关。例如，G公司在对培训实施工作质量进行评估时，要求将现场及时评估、每月定期评估、年度综合评估相结合；在对企业文化宣贯员队伍工作绩效进行评估时，则是将季度评估与年度评估相结合。

评估方法主要指评估过程中获取数据与信息以及进行测评的方法，通用的方法包括定量评估法、定性评估法、问卷调查法、访谈法、行为观察法、笔试法等。G公司基本上也是应用了上述方法。

3. 设定科学而又易操作的评估标准

评估标准即评估指标体系。指标体系设计是否科学、全面、实用，将直接影响评估工作的有效性，因此评估指标体系的设计是企业文化培训评估工作中的关键环节。G公司坚持“有依据、抓关键、可量化、易测评”的原则，对培训实施工作质量评估、培训效果达成评估与企业文化宣贯员队伍工作绩效评估三项内容都系统地设计了相应的评估指标体系。

例如，关于培训课程质量的评估，分为两层指标体系。第一层包括课程设计、培训效果体会、授课老师、教学服务、现场管理、培训环境等六项一级指标，适用于现场评估，其中课程设计又量化为培训目标符合性、结构合理性、时间安排、对工作的实用性、对个人知识和技能的提升等五项二级指标；第二层是指对培训之后一个月以上的行动学习进行反馈评估，具体包括认知度与认同度提高、行为改善、能力素质提高、工作效率提高等考核指标。

4. 善于应用培训评估结果

有了评估结果，并不意味着企业文化培训评估工作的圆满结束，更重要的是我们如何应用这些评估结果。G 公司根据不同评估内容、不同评估周期，对各项评估结果进行分类整理，并要求相关负责人定期撰写企业文化培训效果评估报告、企业文化内训师绩效考核评估报告等，在总结经验的基础上提出下一步的计划与改进方案；同时，要求相关负责人针对现场评估结果反馈的一些重大问题，开展不定期的有针对性的企业文化培训工作改进会议并提出解决方案。

案例启示：

G 公司之所以能够科学有效地进行企业文化培训评估，是因为：首先，扎实做好了三项关键的基础性工作，即明确评估的目的与内容范围，选择合适的评估方式、评估周期与评估方法，设定科学而又易于操作的评估标准；其次，抓住了企业文化培训评估工作价值实现的关键环节，即善于应用培训评估结果，真正发挥企业文化培训评估工作的实效性。

企业文化传播体系构建

一、实践指导

企业文化传播体系构建是指通过传播工作组织化、传播主体专业化、传播载体多样化、传播内容可视化等，构建起企业对内外部宣传、推广、渗透企业文化的立体式传播体系，旨在通过各种传播途径将企业的价值观、理念、精神、品牌等信息传达给员工、供应商、客户和社会公众，不断增强企业文化影响力和渗透力，推动内部员工和外部利益相关者认知、认同企业文化，并树立良好的品牌形象。

（一）目的与意义

对内，企业文化传播体系构建可以促使企业全体员工认知、认同企业的愿景、使命、核心价值观、企业精神、行为准则等核心理念，并内化于心、外化于形，增强企业的凝聚力、执行力、创新力与核心竞争力，并不断提升员工队伍能力与综合管理水平。

对外，企业文化传播体系构建可以促使企业与股东、供应商、政府、社会、消费者等利益相关者进行友好沟通与互动，树立良好的社会形象，并不断提升品牌的知名度、美誉度与忠诚度。

（二）工作流程

企业文化传播体系构建流程如图 4－10 所示。

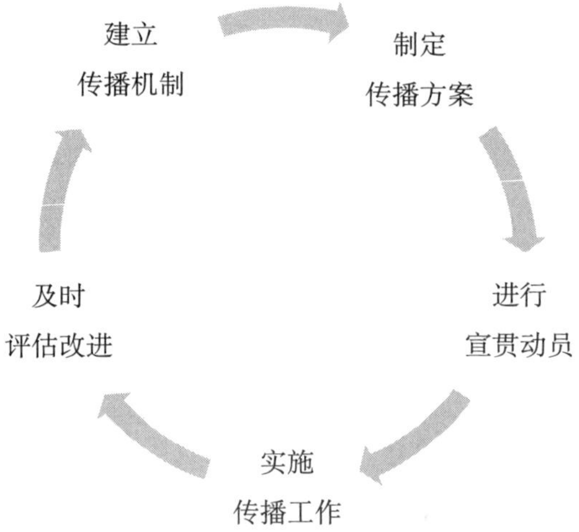

图 4－10　企业文化传播体系构建流程

1. 建立传播机制

主要是依托组织保障中“横向到边、纵向到底”的企业文化建设推进网络，进一步明确各级机构的传播职责、目标与任务，做到传播工作组织化；通过队伍保障中的企业文化宣贯员队伍建设，做到主体专业化，形成各部门齐抓共管、人人参与的企业文化传播长效机制。

2. 制定传播方案

由企业文化建设职能部门牵头制定统一的企业文化传播方案，明确企业文化传播总体目标、传播原则、传播方式（手段）、实施步骤、责任部门、责任人以及注意事项等。在进行总体规划的基础上，应制定分阶段的实施重点与进度计划，并要求各级传播机构依据总体传播方案拟定相应的实施计划。

3. 进行宣贯动员

企业文化传播是企业文化“内化于心”的必要途径，因此，企业在企业文化传播工作实施前，应高度重视并组织召开宣贯动员大会。该大会一般由企业领导、企业文化建设职能部门负责人、企业文化宣贯负责人、企业文化宣贯员队伍（内训师）及各部门业务骨干等参加，要求明确宣贯的主要目标、任务及具体实施方案，并由核心领导进行全员动员，明确企业文化建设以及企业文化宣贯工作的战略意义，营造良好的企业文化建设氛围。

4. 实施传播工作

依据企业文化传播方案，在企业文化建设职能部门的统筹协调下，各部门及机构各司其职，按照实施方案的具体要求组织开展企业文化传播工作，在此过程中要突出宣贯内容重点，并持续做到传播载体多样化、传播内容可视化。

5. 及时评估改进

企业文化建设职能部门应定期对每一项传播活动、每一类传播载体进行及时评估，对其传播效果进行全面的评估、总结与分析，总结经验成果的同时，善于发现不足并不断改进，并为下一步的传播机制健全、新的传播方案制定等提供依据，促使企业文化传播体系构建工作实现“PDCA”良性循环。

（三）主要工作模块

模块一：传播工作组织化

输出成果：企业文化传播组织设置方案、企业文化传播管理办法。

主要是依托组织保障中“横向到边、纵向到底”的企业文化建设推进网络，即企业文化建设委员会（领导机构）、企业文化建设职能部门、基层企业文化建设小组、外聘企业文化专家智囊团，进一步明确各级机构传播的职责、目标与任务，并根据需要增设具体的实施小组，例如流程制度修订小组、活动策划小组、案例征集小组、编辑小组、新媒体应用小组等，同时，制定相关的企业文化传播管理制度，实现传播工作组织化，建立企业文化传播长效机制。

模块二：传播主体专业化

输出成果：企业文化宣贯员队伍建设方案。

与企业文化保障体系之队伍保障中的企业文化宣贯员队伍建设相一致，详见企业文化保障体系的相关内容。

模块三：传播内容可视化

输出成果：视觉识别设计与实施、可视化传播载体应用方案。

传播内容可视化主要结合识别体系中视觉识别体系建设相关工作予以实施；同时，在宣贯过程中利用传播载体的时候，应注重可视化的要求，便于员工时时看到、时时听到，甚至是通过一些图示、生动的画面以加强员工的理解和记忆。

在此过程中应做到重点突出，即根据企业文化发展的不同阶段突出切合实际的宣贯重点，例如新理念、新提出的战略重点、日常工作重点等。

模块四：传播载体多样化

输出成果：传播载体应用方案。

传播载体应用体系框架如图 4－11 所示。

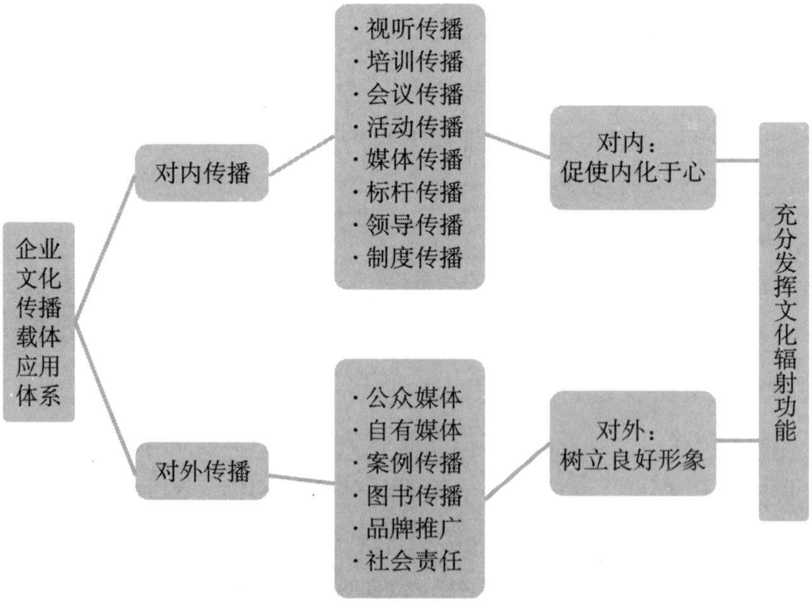

图 4－11　传播载体应用体系框架

1. 企业文化对内传播

对内传播，可以促使企业全体员工认知、认同企业的愿景、使命、核心价值观、企业精神、行为准则等核心理念，并内化于心、外化于形，从而增强企业的凝聚力、执行力、创新力与核心竞争力，不断提升员工队伍能力与综合管理水平。

（1）视听传播。主要指通过制作与设计视觉标识、文字宣传资料、视频资料、荣誉室等，借助视觉、听觉系统传播企业标识、文化理念、案例故事与企业形象等。展示形式有企业标语、企业内刊、企业宣传资料、企业文化手册、公司司歌、案例故事集、电子屏幕、宣传栏、文化墙、专题片、故事片、漫画、广播、视听走廊、荣誉室等。

（2）培训传播。主要指结合培训体系构建工作，由企业领导、企业文化宣贯员队伍（包括宣贯员、中层骨干、内训师等）、外聘企业文化专家通过各种培训形式，向员工传播企业文化建设相关理论知识，本公司企业文化理念，企业文化建设规划与思路、实施路径与方法等。

（3）会议传播。主要指利用企业内部定期与不定期开展的各类会议，进行企业文化理念及相关工作要求的传播，例如党组会议、全体员工会议、公司晨会、部门工作例会、安全质量专题会议、研讨会、大型讲座、公司年会、表彰会等。

（4）活动传播。主要指通过开展形式多样的企业文化活动，一方面突出企业文化建设的重点、营造浓厚的企业文化建设氛围；另一方面让员工直接在轻松的互动活动中体验式接受和认同企业文化。活动又可以根据不同性质分为以下几类：

- 庆典仪式类：企业文化手册发放仪式、升旗仪式、公司庆典。
- 文体活动类：书画展览、文艺演出、运动会、篮球友谊赛、足球友谊赛、各类兴趣小组活动。
- 培训教育类：专题培训学习、巡回宣讲、研讨会、企业文化主题教育（如感恩教育、服务意识培养等）、在线学习、案例学习、视频学习。
- 实践活动类：拓展训练、角色模拟、标杆学习、传帮带活动。
- 评选竞赛类：企业文化先进组织与个人评选、知识竞赛、演讲或辩论比赛、技能比赛、征文评选、优秀案例征集。

● 社会活动类：社会公益活动，以及社会组织的一些文体活动、创新竞赛活动等（也有利于对外树立良好形象）。

● 主题活动类：年度企业文化建设主题活动、围绕某一主题的企业文化推行系列活动（包括文化展、培训学习、各类互动活动等）、特别主题活动（例如员工帮扶联谊活动、征集合理化建议活动等）。

关于活动频率，应根据不同阶段的宣贯重点、内容特征以及实际需求，安排恰当的、最有效的传播载体。一般而言：

● 每年应持续开展 2 次大型活动，例如评选、文化建设重点工程。

● 每季度至少开展 1 次大型主题活动，例如文化主题活动、案例征集、团队竞赛活动、其他竞赛或评选活动。

● 每月至少开展 2 次小型活动（可与培训活动相结合），例如会议、讲座、知识竞赛、文化专题展、庆典仪式等。

（5）媒体传播。主要指通过企业内刊、内部电视、内部广播、网站、微博、微信等媒体平台（包括自有媒体），解读企业文化核心理念与企业文化建设工作要求、展示企业文化建设动态信息、宣扬典型人物与事迹等，促进员工认知与认同企业文化，并营造良好的文化氛围。（部分内容与视听传播工作内容相关，需协调进行。）

（6）标杆传播。主要指以企业内部员工身边的故事或事件为载体，更清晰地揭示企业文化的内涵，明确价值导向，为员工树立标杆学习的榜样，从而引导员工更好地理解企业文化理念并以“榜样的力量”激励员工积极主动地参与企业文化建设。标杆传播要求每个标杆案例故事准确反映相应的理念，具有典型性；覆盖各部门、各类岗位、各层次员工，以便每一位员工都能找到身边鲜活的典型对照学习；通俗易懂、语言生动活泼，以使传播效果最佳。

（7）领导传播。领导的引领示范、以身作则，对于企业文化的推行起着至关重要的作用。企业中高层领导应该充分利用各种场合与机会，以言传身教的方式“讲文化”“行文化”，用模范表率的力量引导和改变下属员工的思想与行为，这是企业文化传播中最有效的方法之一。

（8）制度传播。主要指依据企业文化理念以及企业文化建设要求，修订、梳理和完善企业的各项规章制度与流程，使制度体系与新的文化理念体系保持一致，从而实现企业文化“固化于制”，通过制度进行有效传播，并以文化制度化支撑企业文化建设深度融入企业经营管理。（具体实施可结合企业文化融入体系中文化制度化的相关内容。）

2. 企业文化对外传播

对外传播可以促使企业与股东、供应商、政府、社会、消费者等利益相关者进行友好沟通与互动，树立良好的社会形象，进而不断提升品牌的知名度、美誉度与忠诚度。

（1）公众媒体。主要指根据企业文化传播的需要，适当借助服务社会公众的电视、报纸、杂志、网络（包括社交媒体）、楼宇媒体、户外广告牌等各类媒介载体传达企业文化理念、案例故事与品牌信息，以赢得消费者、供应商及社会公众的认同，并扩大品牌的影响力。

（2）自有媒体。主要指通过建立网站、企业内刊（杂志、报纸、电子期刊）、微博平台、微信平台等对外进行企业文化传播。使用过程中，应注意根据不同媒体的特点，进行精准的传播。

（3）案例传播。主要指向高校及研究机构、媒体推荐企业文化及管理成果案例，或者将优秀的案例集公开出版发行或者在利益相关者内部传阅，通过深度的内容传播，达到企业文化深入人心的效果。

（4）图书传播。主要指出版图书并对外公开发行，内容可涵盖企业历史、管理经验总结、优秀实践案例等。图书出版一方面可以对企业文化、品牌形象进行深入、广泛的传播；另一方面还可以树立自己在行业的标杆地位。（必要情况下，可以借助外部专业研究与策划人士的力量完成。）

（5）品牌推广。这里主要指品牌文化的推广。可以借助品牌管理部门的有关推广活动实现企业文化的有效传播，例如将企业文化理念根植于品牌宣传片中，参与到服务品牌建设活动和各类品牌宣传活动中。（具体工作应与品牌管理部门协同开展。）

（6）社会责任。积极组织、参与各类社会责任活动，充分展示企业敢于承担社会责任的气魄，并对外传达企业核心价值观。例如，组织、参与或赞助社会公益活动、扶贫活动、环境保护活动、捐资救灾活动，进行社会责任实施战略规划，发布社会责任报告或者有关信息等。

（四）工作要点提示

1. 注重针对性

在传播体系构建过程中，一定要根据传播内容的重点、受众群体的特性选择不同的传播形式。第一，内容方面。由于每个企业在不同发展阶段的传播重点差异较大，因此在传播体系构建中，一定要紧紧围绕各阶段的宣传主题推进工作，切忌脱离主题，而且不同的内容重点也决定了其需要不同的传播形式。第二，受众群体方面。由于不同层次人员学历、职位、职务特点差异较大，对传播形式的接受程度也会有一些差异，因此需要有针对性地采取一些差异化的传播方式。

2. 注重有效性

无论是对内传播还是对外传播，其最终目的都是推动内部员工和外部利益相关者认知、认同企业文化。因此，如何有针对性地选择效果最佳的传播形式，是传播体系构建过程中的一个难题。为此，要经常开展传播效果监控、评估改进工作，总结出对本公司最有效的传播渠道或者形式，针对不同内容、不同受众群体细分最佳的传播渠道或者形式等，做到传播的有效性。

3. 注重创新性

创新传播形式可以大大增强传播载体与各类活动的吸引力。各类传播活动形式应紧跟时代步伐，适当利用媒体工具、电子技术等手段增强活动的冲击力与感染力，提升活动的视听效果，努力让员工及外部利益相关者在便捷的环境中获取企业的信息、在轻松的氛围中留下深刻的记忆。例如积极应用各类社交媒体，包括官方网站、微博、微信等新媒体工具，更加快捷、有效地传播企业文化理念，甚至可以进行社交媒体营销，展现出企业与时俱进的新面貌与新气象。

4. 注重持续性与灵活性相结合

各类传播载体在运用过程中要做到持续性与灵活性相结合。持续性是指活动持续开展，相关会议定期召开，内刊定期宣传企业文化理念及相关专题内容，文化墙定期宣传，其他渠道和载体不间断地进行理念宣贯。灵活性是指根据不同阶段的宣贯重点以及内容特征，安排恰当的、最有效的传播载体。例如对活动安排的频率，可每年持续开展 2 次大型活动，每季度开展 1 次大型主题活动，每月开展 2 次小型活动（可与培训活动相结合）。

二、案例解读

案例 4－18

联想的单向传播、双向传播与体验传播

联想集团通过 30 多年的发展积淀的企业文化已经成为其重要的非物质遗产。关于如何将文化落地，如何将文化渗透到员工的思维和行动中，联想做了大量的实践和整合。总结起来主要有三种方式：单向传播、双向传播、体验传播。

在单向传播方面，联想主要通过公司内部网站"刺儿梅"专栏（主要针对企业内部的一些"大企业病"进行自我揭露和自我批评）、《联想》杂志、《联想人》报纸等平台向员工传达公司的大事小情和管理理念，多种多样的沟通方式保证了联想文化沟通的及时性和准确性。例如在签约成为国际奥委会全球合作伙伴之后，联想通过以上平台进行了大量的宣传和报道，同时杨元庆也在签约的第一时间通知联想的全体员工，共同分享成功签约的喜悦，大大提高了士气。

双向传播主要采取"入模子"培训、生日礼物、进步信箱、总裁在线、沙龙、主题会议、大头猴有话说等方式，与员工进行不同程度的互动，提高双方信息的对称性。例如，2004 年 3 月裁员后在员工中盛传 6 月还要继续裁员的消息，弄得人心惶惶。人力资源部虽然及时辟谣，但是员工仍然惶恐不安。随后公司内部的各大宣传媒体上出现了一只大头猴，声称自己是人力资源部的代言人，证实了 6 月裁员的信息严重失真，从而消除了员工的不安情绪。此后联想即设立大头猴信箱，员工有任何问题都可以向大头猴倾诉请教，方便其及时、正确地了解集团的信息。又如，2003 年联想公布新战略后，杨元庆在网上回答员工的提问，保证了员工的知情权和战略实施的有效性。

体验传播主要是采取无总称谓、沟通时刻（C-time）、元庆午餐会、迎接

新财年、誓师大会、庆功宴、足球联赛、春节联欢会、运动会等多种方式让员工参与到活动中，在活动中体验企业文化的内涵和外延。比如沟通时刻就是联想一个有特色的高管和员工沟通的方式，员工每周二中午可以利用午休的一个小时时间，在大平台上与公司高管进行自由、轻松、无主题的沟通交流，甚至每个月部分员工还可以与杨元庆共进午餐。用餐时，大家可以就一个主题进行深入的探讨和交流。通过这种方式企业高管可以近距离地和基层员工交流，切实感受他们的要求和意见，而高管也可以向员工准确传达企业发展的战略和路径。

案例启示：

联想通过单向传播、双向传播与体验传播，对企业文化进行了全方位的宣传和推行，成功将文化渗透到员工的思维和行动中，有效实现了文化落地，其成功的关键在于应用传播载体的过程中，做到了“多、新、活”三个字。“多”是指采用了丰富多彩的传播载体，包括自有媒体、会议、沙龙、培训、沟通时刻、生日礼物、进步信箱、大头猴信箱以及各类活动等；“新”是指善于创新传播载体形式，在充分利用一些传统传播载体的同时，积极推出一些创新的传播载体，使得传播过程更具趣味性、互动性与有效性，例如“刺儿梅”专栏、大头猴信箱、沟通时刻等；“活”是指在传播载体应用过程中，极其注重双方的互动、员工的体验，尤其是双向传播与体验传播大大提高了信息的对称性、员工的参与性以及传播的实效性。

案例 4-19

海尔企业文化的全方位传播

海尔企业文化所取得的成就众所周知，其成功的企业文化案例曾经作为中国企业的标杆“走进”哈佛讲坛。其企业文化建设的成功，定然离不开高效的、具有极强渗透力的企业文化传播。而海尔又是如何实施企业文化传播的？

1. 组织结构

海尔集团设有企业文化中心，中心主任向集团总裁汇报，在集团层面设立两个部门，一个是对内宣传部，一个是对外宣传部。对内宣传部包括《海尔人》编辑部和电视新闻编辑部。对外宣传部负责对外界媒体（报纸、电视）和政府公关的宣传工作。另外，企业文化中心在每个事业本部派有人员，企业文化中心对其业绩进行考核，该岗位负责支持该事业本部的企业文化建设工作，统称为价值观统一处。

海尔对其企业文化中心职能的描述是：对外是一扇窗口，对内是一面旗帜。

2. 传播手段

（1）《海尔人》。《海尔人》是主要的宣传工具，每月一期，专门对海尔每天发生的方方面面的事迹进行报道。既有企业经营的战略方针，又有企业管理的知识理论；既宣传先进事迹，又毫不留情地对落后现象进行批评。《海尔人》还是员工交流思想感情的场所。

（2）电视新闻。电视新闻是将企业文化的内容制作成视频材料，进行学习和传播。

（3）案例篇制作。企业文化中心将企业文化方面的理念或典型故事制作成案例，进行学习和传播。

（4）电子公告板（BBS）。员工通过BBS反映问题，或者提出建议，有关企业文化方面的问题或建议由企业文化中心负责解答。

（5）各种宣传手册。企业文化中心负责制作各种企业文化宣传手册，进行文化理念的诠释和培训。

（6）漫画。漫画是海尔解释其文化理念的一个独特方式，这些漫画都是员工根据自己对经营管理等理念的理解画出来的，海尔企业文化中心每年都会对员工的漫画进行评奖。在海尔的食堂、车间的墙壁上，随处可见这种漫画栏，诠释了海尔的“赛马理论”“OEC理论”“创新理念”“多元化理念”等，令人在会心一笑中理解了海尔理念的真谛。漫画的示例如图4－12所示。

（7）讲故事。海尔人善于用生动的故事来阐述海尔的理念，注重典型的树立。因为在确定企业的价值观时，提出一个理念不算困难，困难的是让别人接受这个理念，张瑞敏把《圣经》讲故事的方法，应用在海尔的文化传播上，用通俗易懂的方式表达了复杂的思想内涵。

图 4－12　海尔企业文化漫画长廊

例如，海尔提倡创新，尊重每个人的价值，提出“人人是人才”的口号。一开始有的员工反应平淡，他们会想：“我只是一个小工人，算什么人才？”这时海尔企业文化中心找到了一个切入点：把由一位工人发明的技改成果以这位工人的名字命名，并且由企业文化中心把这个故事在所有员工中推开，很快工人之中就兴起了技术革新之风。

（8）运动会。运动会是海尔一年一度的节目，它由海尔工会负责组织，目的是增强企业的凝聚力和倡导拼搏向上的精神。每年的运动会上，全世界的海尔员工代表集聚一堂，省市领导也会来参加、祝贺，一些经销商、供应商代表也被请来。海尔各个部门的员工组成竞赛队伍和表演队伍，不仅有传统的体育竞技项目，还有大量海尔自创的项目。

案例启示：

当企业文化在国内还处于刚兴起的摸索阶段时，海尔的企业文化传播就已经产生了巨大的效应，而海尔究竟有什么过人之处？其实，今天来看，我们认为其主要还是遵循了企业文化传播的一些工作原则，例如传播工作组织化、传播主体专业化、传播载体多样化、传播内容可视化等。此外，还有两点经验值得我们借鉴：一是创新性地开展员工喜闻乐见的传播活动，例如画漫画、讲故事、制作案例篇等，这些都是海尔的创新与特色；二是坚持让企业文化核心理念渗透每一项传播活动、每一个传播环节，例如讲故事过程中融入海尔倡导的创新理念，漫画长廊设计过程中突出海尔强调的管理理念。

案例 4－20

彰显腾讯文化个性的员工活动

活动传播是企业文化对内、对外传播的重要方式之一，各类活动更是企业文化展示与输出的重要载体。常见的企业文化活动可大致分为庆典仪式、文体活动、培训教育、实践活动、评选竞赛、社会公益活动等类别。随着互联网时代的到来，员工组成越来越呈现出年轻化、个性化等特点，对于企业来说，活动的策划与实施除了追求形式多样、达成实效以外，还需要更具趣味性、创新性、互动性与参与性。因此，企业文化活动不仅要与公司战略保持高度一致，还要迎合员工的需求与喜好。在这方面，已步入“弱冠之年”的互联网巨头腾讯多年来所打造的个性化员工活动，不仅成功传递了企业所倡导的核心价值观，还激发了员工的激情与活力，更展示了一个互联网企业特有的开放、创新、竞合与共享气质。

1. 腾讯文化日，重要仪式

企业文化是由企业环境、价值（观）、英雄、习俗与仪式、文化传播网络五个因素组成的。因此，一个企业的企业风俗及活动仪式对于企业文化的培养与传播至关重要。腾讯文化日是腾讯公司最为重要的活动仪式之一。腾讯成立于 1998 年 11 月 11 日，每到公司生日（11 月 11 日）这一天，所有腾讯人都会穿着由自己同事设计的充满腾讯特色的文化衫，以“同心同衣”这一隆重的方式，表达大家内心共同的价值观，展示腾讯人的青春风采，共同庆祝腾讯的茁壮成长。而且，每年的文化衫设计都会设定一个主题，让员工参与设计，使其在设计过程中更深入地了解公司企业文化、享受参与活动的快乐与自豪感，进而自然而然地把企业文化内涵传递给各位新老员工。

2. 年底“两会”，一张一弛

（1）员工大会。腾讯每年年底举办一次员工大会，其气氛相对严肃、认真。主要内容一般是常规性的对本年度工作进行梳理与总结，同时，由公司总办领导在大会上发言，使全员了解公司未来的发展方向以及公司战略，并对年度先进团队和个人进行表彰。例如，2017 年度员工大会，腾讯总办的马化腾、刘炽平、任宇昕、张小龙等一众高管作为腾讯的“大家长”纷纷上台发言。在表彰方面，腾讯的两款产品《穿越火线》手游和“全民 K 歌”被收录在腾讯“名品堂”，而为腾讯赚得盆满钵满的《王者荣耀》项目组则捧得了最大的奖项——腾讯“创始人奖”。

（2）圣诞晚会。自公司创立伊始，每年的圣诞节前夜，腾讯全体员工都会齐聚一堂，自导自演，载歌载舞，共同欢庆。2017 年腾讯圣诞晚会上，腾讯“鹅厂”高层集体登台演绎歌曲串烧《鹅厂黑炮》，“小马哥”马化腾更是瞬间变身嘻哈男孩，震撼全场。

3. 腾讯嘉年华，营造“大家庭”

腾讯嘉年华是公司每两年举办一次的周年庆大型娱乐活动，也是公司最大规模的员工及家属同庆的活动。嘉年华活动的最大特点就是吸引员工家属的参与，而且每届嘉年华活动的场地及形式各有不同。通过运动会、游园会等形式，嘉年华活动不仅促进了腾讯人彼此交流，还让员工家属及合作伙伴近距离接触和感受腾讯历史、腾讯业务和腾讯文化，有利于营造轻松、和谐的“大家庭”氛围，增强员工的自豪感与归属感，并促进腾讯对外品牌形象的传播。例如，2016 年腾讯成立 18 周年纪念日，“腾讯成人礼 Q 民嘉年华”在北京朝阳体育中心拉开序幕，以“这里是腾讯”“连接的力量”“创意展示区”“We Are Family”“Future 腾云未来馆”“明日之星 show”“家庭运动会”“连接 18”等近 10 个互动与展示区域，让近 1 万人次的腾讯员工与家属、合作伙伴代表、各界来宾充分体验与感受腾讯 18 岁生日派对的欢乐。而且，该嘉年华活动从北京站开始，依次在成都、上海、广州等设有分公司的城市轮番登场，并最终在纪念日当周登陆总部所在城市深圳。

4. 文体协会，关爱员工成长

腾讯提出的管理理念，其核心内容就是关爱员工成长。具体包括：为员工提供良好的工作环境和激励机制，完善员工培养体系和职业发展通道，使员工与企业同步成长，充分尊重和信任员工，不断引导和鼓励员工，使其获得成就的喜悦。文体活动作为精神文化生活的主要体现，不仅是企业关爱员工健康成长、丰富其业余文化生活的重要方式，还会在改善人文关系环境、增强员工归属感、提升员工工作积极性等方面起到积极的作用。腾讯的文体活动极其丰富，几乎每周都会举行免费的运动、休闲、娱乐活动，成立了舞蹈、音乐、篮球、足球、羽毛球、排球、乒乓球、英语角、摄影、桌游等各种协会，甚至还设有“单身村”举行各类交友联谊活动，让腾讯员工的工作与生活得到完美平衡。例如，2008 年腾讯第一个舞团成立，以 BOY SHIPHOP（男子嘻哈），POWER JAZZ（力量爵士）舞风为主的团队诞生。2008 年参加腾讯圣诞晚会舞团节目一举博得注目，当时团队成员 8 人，后来活动范围及影响力逐渐扩大，深受大众关注和追捧，引领着潮流时尚健康向上的新文化热点。此后，男团女团逐渐成熟发展，吸引了更多的新生舞者加入腾讯舞团大“家族”。

5. 特色活动，彰显文化个性

（1）总办午餐交流日。总办午餐交流日活动每两周举办一次，员工可自由报名，通过抽签选出其中 12 人和总办成员代表一起吃饭、交流。员工可现场打探总办成员的八卦消息，采访他们的心路历程及财富人生。这种开放的、平等的对话式“上下沟通”模式，打破了传统的封闭式约谈沟通模式，使得组织沟通顺畅、合作融洽、执行有力、更具活力，成为腾讯最有特色的企业文化活动之一。在腾讯，这种创新性的沟通活动还有很多。例如，腾讯曾召开一次特殊的管理层扩大会议，模拟中央电视台《对话》节目，总办的领导与员工代表同台对腾讯文化进行深层次的探讨和阐释。而且，腾讯还把这档“腾讯文化版”的《对话》节目录像，制作成 DVD 供员工分享。

（2）“Q 歌 Q 魅”。“Q 歌 Q 魅”是腾讯最具影响力的娱乐活动之一，在公司内外都拥有较高的品牌知名度，已经连续成功举办七届赛事，受到了“鹅厂”全国各地数千名“歌者”以及腾讯舞团成员的追捧参与，堪称腾讯娱乐界盛事。活动每两年举办一次，由员工进行“选秀”，评选自己心目中的明星，打造属于自己的梦工厂，唱响每个腾讯人的精彩，成为员工期待的最为火爆的音乐时尚盛典。

（3）腾讯形象店。这是腾讯独特的文化体验与品牌形象展示活动。腾讯形象店位于腾讯大厦辅楼一层，主要对员工及其访客和家属开放，是腾讯周边产品的唯一集中展示场所，其中还特地加入了专业咖啡元素，使形象店显得更加轻松、时尚，为员工营造最佳的沟通氛围。这里已经成为腾讯员工最喜爱的休闲场所之一。

案例启示：

形式多样的企业文化活动一方面可以有效地突出企业文化建设的重点、营造浓厚的企业文化建设氛围；另一方面能让员工直接在轻松、互动的活动中体验式接受和认同企业文化。腾讯一系列丰富多彩的员工活动非常具有代表性，既有仪式，又有各类形式的活动；既有严肃的，又有轻松的；既有员工参与的，又有家属、合作商共同参与的；既有侧重于沟通的，又有侧重于娱乐、文化体验、品牌展示的；等等。这些活动既体现了传统企业文化活动的一些特征，例如轻松、快乐、和谐，又彰显出互联网企业的个性文化特色，例如年轻、活力、开放、竞合、共享、创新等，更重要的是深深烙印上了腾讯所追求的“正直、进取、合作、创新”这一核心价值观，帮助员工在实现自我价值的同时与企业共同成长，为腾讯的企业文化建设提供有力支撑，为腾讯的持续成长带来无限动力。

案例 4－21

文化传播阵地——天津港博览馆①

全国第一家港口博物馆——天津港博览馆拥有 11 000 平方米的展厅，馆藏见证了千年津港沧桑历史和 60 年港口发展进程，是天津市爱国主义教育基地、天津港集团的企业文化基地、天津港文化产业发展的阵地。1 000 余幅图文资料，600 余件实物展品，多种多功能体验设施，大型平面沙盘图，360° 环屏放映厅，全景展现历史厚重感、现代体验感和全方位视听享受……

这是天津港博览馆在天津旅游资讯网上的推荐信息，可见，天津港博览馆不仅是企业自己的企业文化传播阵地，还是天津市不可多得的多功能文化产业发展基地，同时也是天津市重点工业旅游景区之一。对于企业而言，其核心功能还是天津港集团企业文化展示的窗口以及文化产业发展的基地。

博览馆二楼主体大堂展示天津港古代史、近代史、现代史和未来发展几部分。展馆以追溯历史、展示成就、展望未来、促进发展为主题，真实地重现 2 000 年来天津港起源、变迁、演进、发展的历史足迹，反映天津港不同

① 参见天津港文化传媒有限公司官方网站。

时期的地位、作用以及与城市发展的互动关系，展现了天津港人艰苦奋斗、励精图治的创业精神，敢为人先、勇争一流的进取意识及高现代化程度和宏伟壮丽的美好前景。

展馆以 1 000 余幅图文资料、600 余件实物展品、富有港口特色的设计与实物布置、创新的艺术形式、高端的数字技术（包括 360° 环屏放映厅）、大型平面沙盘模拟以及多种多功能体验设施，全景展示天津港厚重的历史与文化，并给予观众全方位的视听享受与现代体验，达到文化展示与传播的最佳效果，同时还能触动员工的心灵，促使员工对企业产生崇高的荣誉感以及使命感。

当然，企业文化的展示与传播仅仅是天津港博览馆的基础功能之一。作为天津市不可多得的多功能文化产业发展基地，天津港博览馆还肩负更高的使命，即成为社会各界了解港口文化、海洋文化、航运文化的窗口，展示天津建设国际港口城市的风采。同时，还将充分发挥博览馆的研讨培训职能，打造“文化讲坛”品牌，提升天津港的文化层次和水平；充分利用现有资源，探索创立文化传媒产业，形成天津港新的经济增长点。

案例启示：

企业历史博览馆是企业向内外部展示与传播企业文化的重要窗口，可以激发员工的使命感与荣誉感。对于天津港博览馆而言，这仅仅是其基础功能，这也表明，天津港博览馆充分发挥了博览馆的其他各项功能，使其价值最大化。但这一基础功能，天津港博览馆已经发挥得淋漓尽致，即重在视听感受与体验传播，以极强的冲击力与感染力，获得最佳的企业文化展示与传播效果。当然，对于一些条件不足的企业而言，不一定非得建设一个高科技、大规模的历史博览馆，可以考虑建设小规模的荣誉室、历史陈列室等，只要能够全面展示企业的历史与文化、感染自己的员工以及外部参观者、满足企业自身需要即可。

案例 4－22

万达新媒体平台对企业文化的推动和提升

“人生追求的最高境界是精神追求，企业经营的最高层次是经营文化。”一如董事长王健林的这句话所总结的，万达 30 多年持续发展的一个根本推动力是通过不断创新的企业文化建设在员工中树立共享价值观，引导、激发员工自觉以企业价值观思考、行事。

今天，随着互联网、通信及数字技术的发展，以移动互联、社交网站为代表的新兴媒体迅速崛起，“由所有人面向所有人进行传播”（communications for all，by all）的新媒体[①]时代已经来临，它给社会的方方面面带来了深远的冲击和影响，也给万达的企业文化建设带来了前所未有的挑战和机遇。例如，在万达，相当大一部分员工是80后、90后的新生代。相对于传统一代的员工来说，新媒体、全球化和社会转型等一系列重大社会变革对新生代员工的思想观念、思维方式和行为模式的冲击和影响更大，他们更加活跃、自我、叛逆。这些都给企业树立共享价值观、管理和规范员工行为带来了更大的难度。面对新的挑战和机遇，万达人与时俱进，顺应新媒体趋势，在集团层面建立了基于新媒体的整合传播平台，借此进一步推动和提升企业文化。

经过详细的调研、论证和半年的研发、建设，2013年10月10日，万达新媒体平台应运而生，其中包括万达集团中英文官网、中英文移动官网、商业地产中英文官网、万达广场网站群、万达集团移动客户端、官方微博、官方微信，形成跨平台、多语言的全媒体企业门户。

在个人电脑端，集团官网的内容追求全面、专业，堪称万达版“百科全书”，传播手段也更加多样化，除了文字和图片，还设置了视频流媒体专区，增强了信息内容的直观性和可视化；同时在首页上设置了微博、微信等社交媒体的入口。这些社交媒体与集团内刊、手机报、电梯视频和手机客户端一起，形成了信息内容的广角辐射，使集团重要信息内容能够有效到达每一个系统、每一个公司、每一座万达广场、每一位万达员工。无论高低远近，信息面前一律平等。

总的来说，这是一个基于新媒体的整合传播平台，也就是把各种新媒体，包括传统传播载体和渠道资源系统化地整合在一起，充分利用各种媒体

① 所谓新媒体，是相对于报纸、杂志、电视、广播等传统媒体而言的，指基于互联网、移动通信及数字技术的新兴媒体，包括手机、网络、移动电视、数字广播等。它具有实时、开放、灵活、立体呈现、形式多样、参与性和交互性强等特性，消除了人际交流的时间和空间区隔，使人们可以随时随地低成本地分享、获取来自全球各地的各种各样的信息和观点，传播效率大幅提高，传播范围大大扩展。

的优势，共同构成对集团企业文化的无缝传播，从多个层面解决新时期企业文化建设面临的新问题。

经过系统整合的万达新媒体平台所获得的优势使它对万达的企业文化起到了极大的推动和提升作用，具体体现在以下四个方面。

第一，进一步增强员工价值认同感，提升集团文化的凝聚力。

在系统整合的新媒体平台上，万达企业文化传播的载体和渠道更加丰富，传播速度更快，形式更加丰富多样，使用更加个性化、人性化，用户体验更好。

比如，涵盖苹果和安卓系统的手机客户端作为集团移动门户，填补了集团文化传播的空白；集团官网作为首个平台级的企业门户，新闻更及时、内容更全面、设计更时尚、技术更前沿，自动适应不同终端，新增视频流媒体；集团各子公司均开通了自己的官方微博，形成微博矩阵等。

这就使集团倡导的文化理念和重要信息能够以更大的广度、深度及更高的效度、速度传播给员工。尤其是微博、微信迎合了当下年轻员工沟通、交流的时尚需求，更容易在潜移默化中使他们认同企业理念。

万达新媒体平台的另一大特点是具有高度的参与性和交互性。比如，所有员工均可以转发公司官方微博的内容，或者撰写评论；还可以在官方微信的企业社区里建立、加入群组，志趣相同的员工可以自发组成虚拟部落，开展各类线上线下企业活动；集团不同系统、不同公司的员工能够在这个共享的平台上交流、互动。

这就克服了传统传播中员工被动、单向地接收指令性信息和理念的缺陷，它满足了马斯洛所说的高层次需要——社交、尊重、自我实现，从而使员工更积极主动地参与企业文化建设，自动自发地吸收、传播企业倡导的价值观。

第二，促使文化理念更有效地转化为管理实践。

企业文化要想对经营管理起到实际作用，就要把文化理念转化为实际可操作的管理制度和机制，即通过文化制度化保证理念得到有效执行。

新媒体的多边性、虚拟性和匿名性缩小了人际交流尤其是下级对上级的心理距离，也减少了正式会议中官僚化议程和领导权威造成的沟通阻碍，使员工无论身处什么岗位，都敢于表达自己的真实意见，主动参政议政，分享智慧。比如员工可以对企业经营管理提出建议、分享个人的工作生活状态，包括各种抱怨、批评等。管理层因此能够更加有效地改进管理，而据此产生的管理制度和机制也更容易被员工认同、遵守，从而促进文化理念有效地转化为管理实践。

第三，更好地促进学习型组织的建设，提升员工素质，这也是万达“关爱员工”文化理念的体现。

万达新媒体平台既是文化传播的平台，也是员工学习的平台，它为员工提供了没有时空限制、视野更开阔、内容更丰富、形式更多样、更个性化的学习环境；实时、同步的传播特点使员工能够在第一时间获取最新的信息、最前沿的知识或技术；高度的交互性和参与性也使员工能够与更广泛的人交流经验、相互学习。更重要的是，相对于传统的“填鸭式”学习，新媒体平台更容易激发员工自主学习的积极性，学习效果更好，从而不断提升员工的个人素质乃至集团整体的人才队伍素质。

第四，更有效地提升万达品牌的知名度、美誉度，展示万达的企业形象。

万达新媒体平台也是集团对外沟通、展示的窗口。新版官方网站的内容更丰富，界面更友好，形式更新颖多样，吸引了来自社会各界的大量访问者。官方微博矩阵也集聚了数十万粉丝。这些访问者和粉丝中既有股东、客户、供应链合作伙伴等利益相关者，也有一般社会公众。他们通过万达及时发布的重要新闻、重大活动等，更全面、更深入地了解万达的发展状况、产品及服务、企业文化、社会责任等。万达品牌的知名度和美誉度在这个过程中不断提升。

与此同时，万达的品牌提升和形象展示并不仅仅限于国内。集团英文官网、英文移动官网、商业地产英文官网均是万达国际展示的重要窗口。无论是页面设计还是栏目设置，英文官网都更加国际化。网站还专门引入外籍专家，以保证网站内容更符合外国人的阅读习惯。这无疑将大大提升万达在国际上的知名度和美誉度，塑造国际万达的品牌形象。

案例启示：

新媒体具有实时、开放、灵活、立体呈现、形式多样、参与性和交互性强等特性。万达新媒体平台的应用之所以能够有效推动和提升企业文化，是因为充分利用了各类新媒体的特性，将其与传统传播媒介整合在一起，从而有效发挥各种媒体的优势，形成跨平台、多语言、功能强大的全媒体企业门户，共同构成对集团企业文化的无缝传播，从多个层面解决新时代企业文化建设面临的新问题，为企业文化提升提供有力支撑。

案例 4－23

筑路架桥，海外责任，让世界更畅通

中国路桥工程有限责任公司（简称中国路桥）是中国最早进入国际工程承包市场的四家大型国有企业之一，主要从事道路、桥梁、港口、铁路、机场、房地产、工业园等的工程承包及投资、开发、运营业务，在亚洲、非洲、欧洲、美洲近 60 个国家和地区设立了分支机构。作为国家“一带一路”倡议的先行者，公司在世界各地兢兢业业打造精品工程，建设了诸多“连心桥”“致富路”“发展港”“宜居城”。特别是在海外持之以恒地为驻在国国计民生做贡献，积极推进并真诚履行社会责任，荣获“金蜜蜂 2017 优秀企业社会责任报告•海外责任信息披露奖”。

中国路桥在海外社会责任实践中，引导和推动公司各驻外机构根据公司整体社会责任工作规划，在严控工程质量和安全、开展绿色施工注重环境保护、强化属地化用工和员工技能培训、热心慈善融入当地社区发展等四大方面，制定并落实各自区域、所在国和项目的社会责任工作。

1. 严控工程质量，打造优质精品工程

产品与服务质量是企业安身立命的根本，是履行社会责任的首要体现。多年来，中国路桥在海外打造了一大批优质精品工程，其中塞尔维亚泽蒙－博尔察大桥，被中国领导人誉为中国土木行业向欧洲递交的“第一张名片”和“样板工程”；已建成并通车运营的肯尼亚蒙内铁路项目集“中国标准、中国技术、中国装备、中国管理、中国运营”于一体，标志着中国企业走出去达到了一个新高度。其他如被称为世界公路建设史上的奇迹的中巴（中国与巴基斯坦）两国间穿越喀喇昆仑山脉—喜马拉雅山脉—兴都库什山脉—帕米尔高原的喀喇昆仑公路，东南亚最大的跨海大桥——印度尼西亚泗水—马都拉大桥，非洲第一大悬索桥——莫桑比克马普托大桥等项目都已成为当地标志性建筑。它们与被肯尼亚民众称为“中国路”的A109国道一样，以卓越的工程质量在当地民众心目中树立起了“中国品牌”的丰碑。

2. 注重绿色施工，实现工程建设和生态环境和谐发展

中国路桥积极采用绿色技术和绿色工艺，开展绿色施工，注重节能降耗和环境保护，注重对所在国资源的有效保护，并与科研机构合作开展环保课题研究，以加强项目周边植被保护。在野生动物活动频繁的地区专门设计并投入巨资建造野生动物穿越通道及饮水设施，制定现场封闭方案及解救动物应急方案。因多次救助野生动物，公司受到肯尼亚野生动物管理局、世界动物保护协会的高度赞扬。在巴基斯坦建设喀喇昆仑公路过程中，公司开展环境保护与地质灾害防治关键技术研究，减少高海拔施工对环境的影响。在刚果（布），公司对投资控股的鲁特特水泥厂进行升级改造，废气粉尘回收利用率达到96%。

3. 持续推进雇员当地化并深入开展技能培训，助力员工成长，绘出精彩人生

中国路桥在海外建设时最大限度地雇用当地员工，缓解当地就业压力。仅蒙内铁路项目就为肯尼亚创造了46 000多个就业岗位，当地雇员占比约90%。公司贯彻“授人以渔，终生致用”的发展理念，关注员工职业发展，积极为当地员工提供专业培训，引导他们逐渐走上关键的技术以及管理工作岗位。在蒙内铁路全线，接受岗位技能培训的当地员工超过45 000余人次，其中包括为蒙内铁路运营和维护管理培养的专业技术和管理人才2 000余名。此外，公司广泛设立当地雇员应急保障基金，为员工排忧解难；颁发“资深员工奖”，表彰和激励为公司服务10年以上的优秀当地员工，目前已有200多人获奖。

4. 热心公益慈善，持续支持当地文化教育，积极融入当地社区发展

中国路桥在海外各国以高度的使命感和责任感积极参与当地的社会公益和慈善事业，各驻外机构在所在国家一以贯之地积极开展救灾抢险、捐资助学等公益慈善活动。公司在肯尼亚、赤道几内亚、安哥拉、柬埔寨、巴基斯坦等国的多个省区、乡镇捐资建设了多所小学、中学，并经常捐助教学用具、学习用品，为困难学生捐钱捐物。同时公司发挥并利用专业优势，在所在国积极承担疏通河道、修建水渠水井、参与抢险救灾等大量服务社会的公益工作，用实际行动改善周边社区居住环境，积极融入社区共同发展。

教育和文化是社会发展的基础。公司积极推进驻在国与中国的交流与合作，公司与北京交通大学、东南大学、长安大学等高校签署“一带一路”国际人才培养战略协议，目前已全额资助赤道几内亚、刚果（布）、安哥拉、肯尼亚、多哥、巴基斯坦等国 300 多名留学生赴中国高校学习。与此同时，公司各驻外机构积极帮助驻在国改善教育设施，组织、参与捐赠活动，为当地文化教育事业发展提供帮助和支持。

社会责任不仅仅是企业文化传播的重要载体之一，更是企业软实力的充分展示。中国路桥在海外长期发展过程中，时刻秉持“共赢、融入”的原则，从当地人民和政府最关心、最迫切的民生项目做起，通过持续打造精品工程项目，高度重视项目建设与环境保护的和谐，深入推进属地化发展并积极培养当地员工提升技能，热心公益慈善融入当地社会，以此积极履行社会责任，不仅将“让世界更畅通、让城市更宜居、让生活更美好”的愿景与“筑路架桥，奉献社会；以人为本，追求卓越”的企业宗旨深度融入海外工程项目以及属地国，同时还进一步提升了中国路桥在世界范围内的知名度及软实力，并赢得更广阔的市场空间，树立了良好的中国企业形象。

案例启示：

我们从管理标杆案例研究结果中发现，95% 以上的标杆企业都将企业社会责任相关内容融入企业文化理念中，有的企业甚至直接将社会责任相关内容作为自己的使命（如“服务员工、服务客户、服务股东、服务社会”）。另外，越来越多的国际企业将“保护地球、爱护环境、回馈社会”“追求社会价值、经济价值、环境价值相统一”“可持续发展”等相关理念作为自己的愿景和使命。企业社会责任的重要性可见一斑。中国路桥在海外社会责任实践中，引导和推动公司各驻外机构根据公司整体社会责任工作规划，在严控工程质量和安全、开展绿色施工注重环境保护、强化属地化用工和员工技能培训、热心慈善融入当地社区发展等四大方面，制定并落实各区域、所在国和项目的社会责任工作，切实做到了夯实品质、保护环境、善待员工、回馈社会等，既传承了担当社会责任这一优秀的企业文化基因，又将中国路桥文化深度融入海外工程项目以及驻地国，成功实现从“走出去”到“融进去”，并以强大的文化辐射力以及企业软实力向全世界展示了良好的中国企业形象。

企业文化激励体系构建

一、实践指导

企业文化激励体系构建是指从员工全面发展和考核激励的角度，探讨企业文化建设与人力资源管理契合的路径与方法，将员工践行企业文化的行为表现与个人发展和薪酬绩效科学挂钩，使企业文化建设有工具可用、有依据可循，在推动员工和企业共同发展的同时，引导、激发员工积极参与企业文化建设。

企业文化激励体系主要包括两方面内容：企业文化建设激励机制与企业文化引领下的人力资源相关激励机制。其中企业文化建设激励机制是重点，包括企业文化建设评价与考核激励、榜样激励、环境激励等；而人力资源相关激励机制，并非全面的人力资源激励制度，在这里主要指员工的成长与发展激励，即通过注重员工的薪酬待遇、学习成长、职业发展、组织公平感、参与管理等，为员工的生活、学习及成长提供良好环境和制度保障，提高员工工作热情以及参与企业文化建设的积极性。

（一）目的与意义

企业文化激励体系主要通过引导、约束、奖励、惩罚的方法促使企业文化建设真正落地实施，其价值主要体现在以下三个方面：

第一，相关评价考核激励机制，能够确保企业文化建设有目标、有要求、有评价、有激励，有利于形成企业文化建设长效机制。

第二，系统全面的激励机制，有利于营造良性竞争、人人参与的企业文化建设氛围。

第三，适当的正向激励机制，可以激发员工的内在动力，充分发挥员工的主观能动性，提高企业文化建设实施效率。

（二）工作流程

1. 设计激励机制

主要从企业文化建设激励机制与企业文化引领下的人力资源相关激励机制两个层面，从企业文化建设评价与考核激励、榜样激励、环境激励、员工成长与发展激励四个角度，系统地设计激励机制，制度设计要求做到“以人为本、公平公正”。

2. 落实激励机制

企业文化建设职能部门应该与人力资源管理部门密切配合，依据企业文化建设评价与考核激励机制，客观、公正地组织开展企业文化建设方面的绩效评价考核工作；同时，依据榜样激励、环境激励和员工成长与发展激励机制，以正向激励为主，组织开展一系列树立榜样、评比评选、竞赛类活动，注重员工的薪酬待遇、学习成长、职业发展、组织公平感、参与管理等，全面落实企业文化激励机制。

3. 完善激励机制

一方面，通过企业文化建设工作绩效考核管理，发现问题，找出不足，改进组织与个人工作的同时，不断完善激励机制；另一方面，结合评估体系相关工作的开展，找出企业文化激励方面存在的问题，全面系统地完善激励机制，并为下一步设计激励机制、制定激励方案提供依据。

（三）主要工作模块

模块一：企业文化建设评价与考核激励

输出成果：企业文化建设评价指标体系、企业文化建设评先评优管理办法、优秀宣贯员评选办法等。

结合评估体系，建立企业文化建设工作与企业文化建设效果评估和考核机制，同时建立优秀企业文化内训师 / 宣贯员评选机制，年度企业文化建设先进组织、先进岗位、先进个人评选机制。要求相关考核指标纳入人力资源管理体系，与薪酬挂钩。

另外，需要与精神文明建设评比办法、企业年度评先评优、党组织评先评优等活动紧密联系，或者将有关考核指标进行关联。

具体实施办法：企业文化建设职能部门负责制度设计、制度实施、监督与完善。绩效考核可根据企业实际需要按月度、季度、年度进行；相关评选活动可每半年或者每一年进行一次。

模块二：榜样激励

输出成果：企业文化先进人物评选办法、优秀案例征集方案。

主要通过树立企业文化学习标杆（例如企业文化标兵人物、先进示范岗等）、征集优秀案例等活动，向员工树立标杆学习的榜样，传播典型案例或人物事迹（结合传播体系相关工作），引导员工更好地理解企业文化理念并以“榜样的力量”激励员工积极主动参与企业文化建设。（有关标兵人物的评选，一方面可以通过案例征集的形式进行；另一方面可以结合年度企业文化建设的评估与考核机制进行。）

具体实施办法：榜样类的企业文化标兵人物或者先进部门应每年树立一次，但一定要客观、公正、大家一致认同，榜样确立后，应结合传播体系进行广泛传播，并安排标兵人物进行宣讲；优秀案例征集活动可以每半年或者一年进行一次，毕竟案例的传播相对容易实现，例如通过读物、网络媒体等传播。

模块三：环境激励

输出成果：相关激励制度与活动计划。

环境激励主要指通过开展企业文化建设评比评选（结合企业文化建设评价与考核机制）、优秀案例征集、标兵人物树立、技能比赛、员工社会实践、感恩教育等活动，表彰和激励先进部门及个人，营造充满“正能量”的企业文化建设氛围，以环境影响人，用环境鼓舞人，推动全员积极主动参与企业文化建设。

具体实施办法：活动的安排应该根据企业的实际需要量力而行，但应保证每年至少举行一次评选活动并树立榜样人物，每季度至少举行一次小型活动。

模块四：员工成长与发展激励

输出成果：员工成长与激励方案、员工满意度提升方案。

主要指从员工的薪酬待遇、学习成长、职业发展、组织公平感、参与管理等方面，给予员工帮助与支持，同时要求积极开展员工满意度调查活动[①]，

① 条件成熟的企业可以开展员工满意度调查活动。

并不断提高员工满意度。具体措施如下：

（1）薪酬待遇：一方面，解决员工后顾之忧问题；另一方面，在企业良好发展的前提下不断予以改善，尤其是使薪酬与绩效合理挂钩，充分激励员工的积极性。

（2）学习成长：主要指向员工提供素质与能力提升的培训支持、完善的人才培养机制、合理的职业发展通道，建设和完善学习型组织。

（3）职业发展：主要指为员工制定合理的职业生涯发展规划并为其提供持续指导。

（4）组织公平感：主要指使企业各项管理制度设计与执行做到公平公正，薪酬结构设计合理。

（5）参与管理：主要指引导员工积极、主动参与管理，例如引导员工积极参与征集合理化建议活动，引导员工积极参与创新活动等。

（6）定期开展员工满意度调查活动，根据差距和问题，有针对性地改进，不断提高员工满意度。①

（四）工作要点提示

1. 注重“以人为本、公平公正”原则

无论是榜样激励、环境激励、员工成长与发展激励，还是企业文化建设评价与考核激励，其激励机制内容的设计与实施，都必须本着“以人为本、公平公正”的原则进行。“以人为本”要求激励机制以“尊重人、关心人、鼓舞人”为出发点，致力于满足员工的需要、实现员工的价值，若脱离了“以人为本”，激励机制只会形同虚设、毫无价值；“公平公正”要求在激励机制的设计与实施中做到客观、公开、公平、公正，致力于公平与效率的完美结合，若脱离了“公平公正”，其结果将有失公平、矛盾重重、起负面作用。因此，在企业文化激励体系构建过程中，应始终将“以人为本”与“公平公正”作为一切工作实施的前提。

---

① 以上工作内容涉及面广，属于综合性的管理工作，与人力资源管理部门、财务部门、工会等都紧密相关，因此，应该在企业文化建设领导机构或者企业核心领导的统筹协调下开展，并在实施过程中注重与其他部门的协调与配合。有些工作不一定是企业文化建设职能部门主要负责的，这一点必须引起重视。

2. 注重实效性

实效性主要从以下两个方面予以保证：

（1）内容设计方面：企业文化建设相关考核指标应纳入人力资源管理体系，与薪酬挂钩。同时，企业文化相关评选活动需与精神文明建设评比办法、企业年度评先评优、党组织评先评优等活动紧密联系，或者将有关考核指标进行关联。这样才能保证企业文化激励机制的有效运行，并突出其重要性。

（2）具体实施方面：首先，鼓励正向激励，但保留必要的负向激励（例如绩效考核）；其次，做到持续性，避免只顾眼前利益，因为短期的激励措施未必能马上见效；再次，做到个性化，根据不同人群、部门的特点实施差异化的激励措施，提高激励的实效性；最后，做到持续改善，要求根据环境变化及企业发展战略调整，适当创新激励措施，不断完善企业文化激励体系，极大地调动员工的积极性与创造性，使企业文化建设更有活力、更有生机。

二、案例解读

案例 4-24

如何有效实施企业文化考核

企业文化考核是确保企业文化落地最有力的措施之一。有考核才有监督，有考核才有激励，有考核才有改进，如果企业文化建设过程中没有进行正确、有效的企业文化考核，企业文化建设将注定失败。但是，企业文化考核一直都是企业文化建设的难点之一，存在考核内容不好选择、考核指标不好量化、文化考核难以与绩效管理融合等问题。

H公司是我国一家规模较大的机械制造企业，企业文化建设历程已有20年之久，并多次荣获国家级企业文化建设先进单位荣誉。在案例研究过程中，我们发现H公司企业文化考核的实施效果比较突出，其具体做法也值得借鉴。

1. 明确考核目标

H公司依据企业战略目标以及总体的企业文化建设要求，确立企业文化考核目标。例如，根据阶段性企业文化建设规划，明确该阶段企业文化考核的目标是：通过企业文化考核达到约束、监督、激励的目的，确保企业文化建设规划有效实施，重点发展阶段性的文化要素（例如质量、安全、创新等），并不断提升企业文化建设水平，支撑该阶段的战略目标。

2. 确立考核重点

考核重点是企业文化考核实施之前需要明确的关键因素。为此，H 公司在确立考核重点时非常慎重。H 公司是根据考核目标以及企业文化现状来设定考核重点的，在此过程中，H 公司认真分析了企业文化现状的有关诊断分析资料或者直接进行了调研分析。研究发现，通常有两个因素影响考核重点：一是企业的生命周期或者企业文化建设的发展阶段，例如，H 公司在创业中期、刚刚实施形象识别系统（CIS）的阶段，只侧重于有关理念宣贯、视觉设计、行为规范落实等基础性工作的考核，而对企业文化建设效果的软性指标几乎不涉及，融入绩效管理的考核更是不提及；二是企业的总体战略目标或者企业文化战略目标，例如，H 公司在“创新主题年”企业文化考核指标中，强调更多地融入创新方面的工作内容，并重点发展创新文化。

3. 设计考核指标

企业文化考核的重点一旦明确，其考核指标的设计就清晰、容易了，但要做到尽量量化、尽量简约。例如，H 公司在企业文化建设体系相对成熟的阶段，制定了规范的企业文化建设推进实施考核办法，并针对各部门及子公司就企业文化建设指标进行了科学合理的量化，总体分为理念认知度、员工行为表现、企业文化视觉化、企业文化制度化、企业文化传播与培训、企业文化融入管理、企业文化建设计划完成率、荣誉与成果（加分项）等八项一级指标，然后又按照一级指标给出了细分的二级指标，并在实施过程中不断完善。

4. 选择考核方式

企业文化考核方式的选择相对灵活，也不存在什么难点，只要根据企业的实际需要确定即可。例如，H 公司采用的考核方式具体可以分为以下几类：按照周期，可分为月度、季度、年度考核以及不定期考核；按照实施考评的对象，可分为自评、他评以及 360° 考评：按照具体考核行为，又可分为定性考评、定量考评、试卷考评等。

5. 融入绩效管理

企业文化考核融入绩效管理，是H公司企业文化建设中的成功亮点，也是H公司实现从企业文化建设向企业文化管理迈进的标志。其具体实施措施如下：将企业文化考核纳入企业整体的绩效考核系统，并将企业文化考核指标作为员工绩效考核指标中的重要部分。而且，H公司还对企业文化考核指标进行了有效分解，明确各阶段、各部门的分解任务与具体指标。同时，企业文化考核结果与总体绩效、薪酬、晋升、评先评优等直接挂钩，并注重对考核结果进行总结分析与改进提升。另外，H公司还非常重视企业文化考核指标与其他评先评优考核活动相融合，一方面体现资源的整合与管理协同，避免重复的考核与工作；另一方面促进企业文化考核与管理的进一步融合。

案例启示：

H公司通过明确考核目标、确立考核重点、设计考核指标、选择考核方式、融入绩效管理，有效解决了企业文化考核中盲目考核、难以量化、孤立于绩效管理等问题，从而充分发挥了企业文化考核的激励作用；在进行硬性约束、确保企业文化战略执行落地的同时，有效激励全体员工积极参与到企业文化建设中，形成良好的企业文化建设氛围。

案例 4-25

“全聚德之最”

2014 年 1 月 22 日，全聚德集团又成功召开了一年一度的“全聚德之最”表彰大会，对旗下 22 个获得“全聚德之最”称号的企业和个人、2 项经济技术创新成果纪录以及 42 名优秀员工进行了表彰，这已经是“全聚德之最”表彰活动举办的第 19 个年头了。

“全聚德之最”表彰活动是全聚德一项重要的传统活动，以调动员工参与的积极性和工作热情为主要目的，基于系统、规范、严谨的评选制度与流程，公开、公平、公正地对集体和个人进行打分评比，并对获得“全聚德之最”的集体和个人进行精神和物质奖励。“全聚德之最”全面覆盖各个部门、各个岗位、各个重要工作环节，表彰项目涉及经营、管理、营销、技术、后勤等方面。例如，集体项目包括“存货周转天数最少”“万元收入能耗最低的餐饮企业”“最佳领导班子”“营业收入增长率最高”“人均营业收入最高”“应收账款周转天数最少”“万元收入能耗下降最快”等，个人项目包括“销售额最高的服务员”“最佳服务员”“最佳面点厨师”“最佳全能厨师”“优秀员工”等。

多年来，全聚德不断总结和完善“全聚德之最”表彰活动，在丰富各类项目的同时，注重项目的含金量，从而确保“全聚德之最”榜样的覆盖面以及号召力。例如，2014 年，全聚德新增了“优秀员工”评选项目，但是又将过去的 50 多项评选项目缩减至 22 项。

全聚德通过持续举办“全聚德之最”表彰活动，在集团上下形成了一种比学赶超、争创一流的良好风气，树立了大批集体榜样与个人标兵，培养了一支素质过硬的队伍。其中，众多技术名师和服务能手还获得“中国烹饪名师”“中国烹饪大师”“服务明星”“全国先进职工”等荣誉称号，一些集体也多次荣获“首都文明单位标兵”“全国五一劳动奖状”等荣誉。正如全聚德原工会主席于嘉祥所言：“多年来，全聚德培养出了一批又一批的劳动明星。以‘中国烹饪大师’为例，别的企业有一位就要大肆宣扬了，而全聚德有 30 多位，这在全国餐饮界都是绝无仅有的。”

可见，“全聚德之最”表彰活动不仅大大提高了员工的积极性与创造性，还促进了员工素质与组织能力的全面提升，从而增强了企业的核心竞争力，推动了企业的持续发展。很显然，持续开展多年、已经成为集团传统活动项目的“全聚德之最”表彰活动，是全聚德企业文化建设中不可分割的一部分，也是企业保持积极向上生命力的重要载体。

案例启示：

持续开展多年的“全聚德之最”表彰活动，通过评选和树立榜样，充分发挥了文化的引导力与激励力，不仅以榜样的力量引导和激励全体员工比学赶超、争创一流，成为企业文化的积极推动者与践行者，还形成了良好的企业文化建设氛围，集中体现了全聚德“想事干事干成事，创业创新创一流”的企业精神。其表彰活动的具体实施也有诸多值得借鉴的经验：一是坚持公开、公平、公正原则；二是要有充分合理的物质激励与精神激励；三是活动主旨要充分体现企业价值导向；四是表彰项目尽量覆盖各个部门、各个岗位乃至于各个工作环节；五是注重表彰项目的含金量，充分发挥榜样的力量，达到引导与激励目的；六是保持活动的持续性。

案例 4－26

海底捞的“变态服务”是如何孕育出来的

海底捞是以“变态服务”声名鹊起的，一度成为行业内外追逐的“服务标杆”，也正是这种时时保持创新特色的个性化服务使海底捞赢得了顾客与市场，并使其经过20年发展从一家城市小店开到了全国各地乃至国外，成为中国最出色的火锅连锁企业之一。

“变态服务”的核心是创新，是要用优质的创新服务让顾客感到惊奇。而海底捞是如何推出这么多优质的创新服务，又是如何让顾客一次次感到惊喜的？这一切都源于海底捞全员参与的创新环境以及成熟的创新文化。

1. 树立以创新为核心的服务理念

一直以来，海底捞坚持秉承“服务至上、顾客至上”的理念，以创新为核心，改变传统标准化、单一化的服务，提倡个性化的特色服务，致力于为顾客提供愉悦的用餐体验。因此，创新这一核心元素在海底捞整个企业的企业文化中占据着重要地位，这也是创新文化氛围形成的良好基础。

2. 建立人人参与的创新激励机制

海底捞向顾客提供的众多服务小创意，几乎都来源于海底捞办公室里张贴的“金点子排行榜”，其中包括为顾客提供防止手机被溅湿的塑封袋、给长发顾客发发圈、给戴眼镜的顾客提供眼镜布等。这个“金点子排行榜”是面向全体员工开放的，也是征集、评选创新点子的主要方式之一。其实每位员工还都有很大的“权利”，可以随时随地提出创新点子，并且不需要按照什么评价标准提出创新点子，只要是最终给顾客带来了方便、提高了顾客满意度的行为，在公司都会得到鼓励。

“金点子排行榜”上来自员工的“金点子”，会由各大部长、片区经理组成的创新委员会每个月进行一次评选，凡是评上的创意服务会被推广应用到本店或者全国连锁的各个分店。与此同时，提出“金点子”的员工将获得推广奖金、创意命名等奖励，给予员工充分的成就感与自豪感，并树立创新榜样、传播创新理念、倡导创新行为、营造良好的创新氛围，从而激发全体员工的创新激情。例如，为顾客提供防止手机被溅湿的塑封袋这个创意，其实是由一位名叫包丹的员工提出的。为了激励员工的创意服务，海底捞将其命名为“包丹袋”，并在其他分店推广应用，而且规定其他分店在准备使用时，需要先向这位员工缴纳一定的费用。

也正是这种人人参与的创新激励机制，创造了一种人人都创新、事事都创新的良好氛围，从而激励着每一位员工在每一个服务细节上敢于创新、追求完美。

案例启示：

海底捞通过树立以创新为核心的服务理念，确立了创新文化要素在企业文化中的战略地位；通过建立人人参与的创新激励机制，创造了一种良好的创新氛围，充分发挥环境激励的作用，以环境影响和鼓舞员工积极参与创新、践行创新文化理念，并最终形成成熟的创新文化，从而支撑其“变态服务”的实现——持续提供优质的创新服务，不断为顾客带来惊喜。

当然，创新只是海底捞实现“变态服务”的核心要素之一，员工是否用心、是否贴心也至关重要，而且这一方面实际上是实现优质服务的基本要求。海底捞则通过为员工创建公平公正的工作环境、实施人性化和亲情化的管理模式、不断提升员工满意度、为员工创造价值，来促使员工尽心尽力工作、保持创新激情、追求服务极致。

案例 4-27

精神上尊重员工，物质上保障员工

顺丰是一家诞生于广东顺德的快递公司，2017 年公司快递件量超过 30 亿件，营业收入突破 700 亿元，净利润 47.52 亿元，总市值达到 2 000 多亿元，是国内民营快递行业当之无愧的龙头企业。除了靓丽的财务数据，顺丰也被公认为尊重员工、保障员工的企业典范，被业内称为“良心企业”。

顺丰的成功不但源于公司通过差异化经营战略在行业竞争中脱颖而出，更源于公司 20 多万奔跑在中国广袤城乡的一线快递小哥的奋斗与忠诚。这些快递小哥尽职尽责地将快件送到每位客户手中，为顺丰赢得了良好的市场口碑，支撑着顺丰的发展。顺丰创始人王卫曾说：“一线快递员是支撑顺丰的基础，是顺丰集团真正的核心资产！”快递行业是一个劳动密集型行业，基层快递小哥是快递行业的根本所在，他们的工作积极性、忠诚度深刻影响着快递公司的发展。如何管理、激励、关怀这20多万基层快递小哥是顺丰维持长期发展的重大课题。那么，顺丰采取了哪些措施来激发基层快递小哥的积极性、提高快递小哥的忠诚度？

1. 精神上尊重员工

顺丰创始人王卫是快递员出身，创业之初曾亲自夹带快件往返于港深之间，吹风淋雨、披星戴月。很多人认为快递是一个底层行业，送快递也并非一份体面的工作。王卫深知一线快递员工的劳累心酸以及缺乏职业尊严的状况，这份经历也让王卫高度重视一线快递员工，并深知要培养员工的忠诚度，首先要从精神上尊重他们，让他们拥有职业尊严。

顺丰从高层做起，在集团内部树立了尊重一线基层员工的企业文化。王卫在公司年会、内部演讲等场合反复强调一线快递小哥对公司的贡献，要求全体员工关怀一线基层员工。2016年，顺丰一名快递小哥在派件过程中与轿车发生碰撞被车主连抽耳光，王卫获悉后立刻表态："如果这事不追究到底，我不再配做顺丰总裁！"同时，王卫安排高层专门跟进，一方面出钱让快递小哥去治疗，一方面以公司名义追究打人者的责任。2017年顺丰上市，王卫专门安排了这名被打的快递小哥去敲钟。这次事件让顺丰全体快递小哥"扬眉吐气"，极为感动。

在重视基层员工的精神指导下，顺丰建立了多种渠道来了解基本员工的诉求，为一线员工参与公司治理提供了有效的平台。例如，顺丰设立专门的"高管午餐"，让快递小哥有机会与高层人员在午餐过程中直接交流，表达自己的意愿或了解公司的规划，让员工拥有主人翁意识；顺丰设立员工关怀热线中心，接受基层员工的来电咨询、求助、建议，让员工感受到顺丰对基层员工的关注。

自上而下建立充分尊重基层员工的文化，让员工感受到公司对自身的重视，员工的职业尊严得到有力保障，基层员工的主人翁意识和工作积极性也得到大大提升。

2. 物质上保障员工

快递行业人员流动性强，快递企业之间通过工资绩效相互挖人也是常态，但顺丰并不认为工资开得高就能留住人。在薪酬体系之外，顺丰更重视通过综合性的措施，保障基层员工能过上有尊严的、体面的生活。

（1）“医食住教”保障员工生活。刚入职的快递小哥工资水平不高，难以承担高昂的居住成本。顺丰在每个城市都积极与当地政府或长租企业合作，为员工争取廉租房、住房折扣，保障员工获得良好的居住条件。顺丰与各地医院合作，为快递小哥及其亲属提供体检、重病救助、快速医疗通道等医疗保障。顺丰与多所高校合作开设中专升大专、大专升本科等课程，为基层快递小哥提供学习、深造的平台。通过“顺丰优选”的电商平台，顺丰为基层员工提供价格优惠的粮油食品。

（2）创新创业为老员工提供发展平台。基层快递工作强度高，不少基层快递小哥服务顺丰多年后逐渐不能从事一线的快递工作，对很多企业而言，开除可能是最为经济便捷的方式。但是顺丰从保障员工利益、发挥每位员工价值的角度出发，鼓励老员工创新、创业。通过发展电商业务、开立“嘿客”便利店等创业项目为老员工提供继续发展的平台，从而让老员工也可以在公司获得适合自身的发展定位，实现自我价值。

案例启示：

顺丰曾表示，服务业十分辛苦，需要彼此的理解和尊重。服务业是一个由人推动的行业。顺丰从尊重基层从业者的角度出发，保障基层员工的职业尊严，建立尊重基层员工的企业文化，让员工感受到公司对自身的重视，获得职业尊严感，并通过综合性的物质保障体系确保员工过上体面、有尊严的生活，提供实现自我价值的发展平台，大大增强了基层员工的荣誉感、成就感与归属感，进而激发了基层员工的积极性和忠诚度，促使员工尽职尽责、不遗余力地为企业创造更高的价值回报。

企业文化融入体系构建

一、实践指导

企业文化融入体系构建主要是指通过融入管理制度（制度梳理与完善）、

融入“内部组织”(部门与个人改进计划、班组文化建设、项目文化建设等)、融入管理重点（子系统文化建设)、融入“无界生态”（“生态式”企业文化建设、跨文化融合）等措施，从战略、团队、采购、生产、服务、营销及品牌、创新等七个方面深度植入文化理念，实现企业文化与企业经营管理的全面融合。企业文化融入体系的构建直接促使企业文化深度融入企业内部的每一位员工、每一个“组织细胞”以及企业外部整个“生态商业圈”（包括客户、供应商、合作者、社区、环境等利益相关者)，并融入产业链的每一个环节，推动管理变革与创新，切实提高企业经营管理水平，增强企业软实力。

（一）目的与意义

企业文化融入体系是“八大子体系”的核心，因为企业文化建设的根本目的是提升企业管理水平与核心竞争力，而实现这一目标的关键着力点便是通过企业文化融入体系的构建，将企业文化深度植入企业经营管理的方方面面，实现企业文化与企业经营管理的全面融合，推动管理变革与创新，切实提高企业经营管理水平，实现从文化建设向文化管理的迈进，并不断增强企业的凝聚力、领导力、执行力、形象力与创新力。

（二）工作流程

企业文化融入体系构建流程如图 4－13 所示。

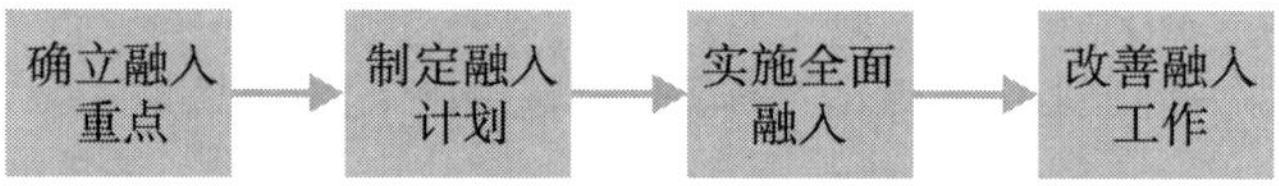

图 4－13　企业文化融入体系构建流程

1. 确立融入重点

根据企业发展战略与企业文化建设规划，确立企业管理需要提升的方向与重点，即企业文化融入的重点。例如企业需要着重提升员工队伍素质、改善服务质量、提高生产能力、加强成本控制、塑造品牌形象、加大创新力度等。

2. 制定融入计划

根据确立好的融入重点，制定系统全面的企业文化融入计划。企业一般通过制度梳理与完善、部门与个人改进计划、班组文化建设、项目文化建设、子系统文化建设、“生态式”企业文化建设、跨文化融合等措施，融入管理制度、融入“内部组织”、融入管理重点、融入“无界生态”，有针对性、有侧重点地从战略、团队、采购、生产、服务、营销及品牌、创新等七个方面，深度植入文化理念，从而实现企业文化与企业经营管理的全面融合。

3. 实施全面融入

依据融入计划全面组织开展各项融入工作。全面融入过程中，应注重贴近企业实际需要、突出重点、循序渐进，因为企业经营管理工作涉及方方面面，不可能一步到位，而且企业所处发展阶段不同，工作重点也有差异。因此，企业文化与经营管理的融合工作也需要按照计划逐步实施。与此同时，还要求各部门、各岗位积极配合企业文化建设工作，因为企业文化全面融入经营管理的过程，其本身也是各部门参与企业文化建设、实施管理的过程。

4. 改善融入工作

一方面，在日常工作中要善于总结、及时发现问题并予以改进；另一方面，可结合评估体系的相关工作，就融入过程中存在的问题进行改进提升。例如制度的不断完善、部门与个人改进计划的不断完善、班组文化建设的改进提升、亚文化建设体系的完善等。

（三）主要工作模块

模块一：融入管理制度（制度梳理与完善）

输出成果：完善的管理制度体系。

根据企业文化核心理念、公司战略目标与规划，全面梳理和审视各项制度，在征求员工意见、科学论证的基础上删除或合并重复、多余的制度和规定，并进行相应的调整、修订，维护制度体系与文化理念体系的一致性。在此过程中应征求部门及员工的意见，并与各部门达成一致，努力做到公平公正、公开透明。

基于企业文化理念的制度梳理与完善，可以将企业文化理念转化为实际可操作的管理制度和机制，使各项制度反映企业文化理念，做到固化于制。制度的梳理与完善应该突出企业文化融入重点，例如企业通常会重视或者阶段性强调的人才培养机制、员工激励机制、生产质量管理制度、服务质量管理体系、成本控制管理制度、创新管理制度、品牌规划与建设制度等。

模块二：融入“内部组织”

1. 部门与个人改进计划——融入岗位

输出成果：部门与个人改进计划实施方案。

部门及个人改进计划的实施，是企业文化融入各个岗位、各项工作的具体体现和要求。要求各部门根据企业文化理念、企业文化建设相关要求、公司发展战略目标及总体规划，基于自身职责（岗位说明书及能力素质要求）和分管领域，提出改进思路、计划以及具体的实施方案，并组织员工基于所在岗位提出个人改进计划，督促实施。部门改进计划则由上级领导部门或者机构予以监督、考核与指导。（具体可结合人力资源管理方面KPI考核体系以及企业文化建设中的评估体系予以实施。）

2. 班组文化建设——融入班组

输出成果：班组文化建设实施方案。

班组是企业从事生产经营活动和管理工作最基层的组织单元，是企业实现战略目标的前沿阵地，也是企业最活跃的细胞。一般的生产或服务活动都要在班组中进行，班组工作的好坏直接关系到产品品质、服务质量与企业形象。因此，班组文化建设是企业文化融入日常工作、实现企业文化与经营管理深度融合的有效途径。具体措施如下。

（1）班组文化建设组织计划。①

1）成立班组文化建设推进机构（主要由企业文化建设职能部门人员、具有班组文化建设经验的企业文化专员、班组长组成），负责整体规划、指导、考核、监督以及工作推进。

2）相关部门成立班组文化建设组织（各班组根据自己的宗旨或优势，确定不同类型的班组，如创新型、质量型、服务型、节约型、学习型等），并明确职责分工。

① 可以与企业文化保障体系中基层企业文化建设小组组织保障工作结合开展。

3）对班组长进行全面评价、考核，选取业务能力、团队领导力、沟通协调能力、学习能力较强者担任班组长，可根据情况进行新的竞聘；同时，应加强班组长队伍建设，重点培养，发挥其核心作用。

4）制定班组文化建设规划和方案：各班组在总结、评估的基础上，找出自身在生产、营销或者服务工作中的短板，结合公司企业文化建设要求，确定班组文化建设重点，并制定详细的建设规划与实施方案。

5）召开班组文化建设启动大会，宣贯班组文化建设的目的和意义，同时让广大员工了解班组文化建设的重点及基本内容（如理念、制度、活动等）。

（2）班组文化建设具体实施。

1）根据公司企业文化理念，结合班组具体情况，开展企业文化核心理念以及班组精神的宣贯工作。主要形式为定期和不定期地开展培训、会议、主题讨论、班组文化墙、团队拓展等活动。

2）加强思想政治教育，用思想政治教育来促进企业文化发展，增强员工对工作的责任心，例如经常开展“我的岗位，我的责任”等活动。

3）依据企业文化理念以及企业文化建设要求完善班组的各项规章制度，规范行为。通过班组文化制度化将公司企业文化理念、班组精神融入实际工作中。

4）约束与激励。主要通过考核制度进行约束与激励。在严格管理的同时，注重从正面进行激发、引导。比如，完善班组绩效考核，在合理的限度内实施班组绩效工资再分配，突出对绩优者的奖励；结合班组建设重点（如服务质量改善）持续开展评先树优，评选优秀班组、班组长、组员活动；对在服务、营销等某方面表现突出的班组或组员，可给予冠名挂牌等精神奖励；进行班组文化建设标兵（个人和集体）评选[①]等。

5）进行学习型班组建设，进一步梳理各岗位工作说明书，细化岗位知识、能力和技能要求，增强员工危机意识，调动其学习技术技能、提高自我能力的积极性。可结合开展“班组学习标兵”活动，营造全员学习氛围。

① 关于班组文化建设标兵（个人和集体）的评选，可采取“三级考核”模式——公司企业文化建设总体评价办法、上级部门的相关考核办法、班组内部的相关考核办法，进行综合评估。

6）积极开展各类班组活动，深化班组文化建设。例如，通过班组之间的定期交流、班组口号、班组论坛、技术比武、联谊、征集班组文化故事、设立班组文化墙、合理化建议等活动，一方面增强一线员工之间的协作、服务意识，另一方面促使员工进行切磋学习并相互交流服务、管理等方面的经验。

（3）班组文化建设总结与提升。

1）定期总结、评估。各班组定期开展总结与评估，总结前期班组文化建设经验，同时找出自己班组在文化建设中存在的问题与不足，主要从班组精神（宗旨、理念）、班组制度（规章制度、考核激励等）、班组行为（日常工作效率、工作质量、学习、班组活动等）、班组形象（员工形象、环境形象、文化氛围等）四个方面进行系统评估。

2）改善与提升，并与公司总体的企业文化建设保持一致性与协同性。针对问题确定改善重点，提出相应的改进措施与活动计划，并予以实施，从而形成“闭环式”的班组文化建设系统。在此过程中，应结合自身不足，积极到其他公司或者部门观摩、交流，形成相互学习、共同成长的良好氛围；要对消极成员及时进行正确的引导与帮助；要及时向牵头部门汇报相关问题、改进措施与方案等，与公司企业文化建设保持一致性与协同性。

3. 项目文化建设——融入项目

输出成果：项目文化建设实施方案。

项目文化建设这个名词起源于建筑、工程类企业，项目多指工程项目。由于项目文化建设能够在短期内快速统一战略思想、增强团队凝聚力、提高战斗力，在工程项目建设实施过程中发挥着至关重要的作用，近年来受到越来越多的建筑施工企业的青睐。例如，中国交建一直以来高度重视项目文化建设，定期举办项目文化建设现场推进会，要求各个项目及时总结企业文化建设成果与经验，并成功将其应用到海外项目中。

相对其他组织机构的文化建设，项目文化建设具有一定的特殊性。首先，其实施主体的成员结构来源、组织规模、机构设置形式都相对灵活。例如，实施主体通常是一个相对独立的工程项目组，可能是多个部门员工重新组合的一个班组或者新的部门，也可能是新成立的分公司、分支机构等。其次，项目文化建设工作未必是持续长久的，可能会因为项目周期结束而终止。最后，项目文化建设更加追求短期效应且目的性更强，一切为达成项目的任务目标服务。

鉴于项目文化建设实施主体的特殊性，项目文化建设的实施方案就无须重复阐述了，具体可灵活参照上述“班组文化建设”或者下文中“子系统文化建设”相关内容。不过，在这里有必要强调一下项目文化建设应注意的几个问题：一是要有强有力的领导组织机构，确保目标方向不跑偏、战略执行有力，例如党建组织。二是文化要充分体现项目特色，且突出项目实施过程中的具体要求。例如要有针对项目业务的核心文化理念，充分反映项目性质特征以及项目参与者的心声。三是宣贯方式要贴近项目成员的需要与喜好，毕竟成员结构相对比较复杂、特殊。四是多采取正向激励与严格制度相结合的方式。例如，一方面要突出“以人为本”，关怀员工的生活与成长，同时多宣传人物典型、项目成就，增强员工归属感以及集体荣誉感；另一方面要严格执行制度管理，确保安全万无一失，保证项目如期保质保量完成。五是要与“母文化”保持高度一致，注重贯彻母公司提倡的核心价值观，即便可能只是短期的企业文化建设工作。

模块三：融入管理重点（子系统文化建设）

输出成果：子系统文化建设实施方案。

这里所指的子系统文化，主要包括两方面：一方面是基于部门纵向形成的子系统文化，例如相对独立的车间文化；另一方面是针对管理重点横向形成的子系统文化，例如质量文化、安全文化、服务文化、创新文化、感恩文化等，经常由某个部门负责，但是文化影响的范围可能是多个部门甚至整个公司。

由于部门文化类似于“压缩版”的企业文化（前提是部门文化比较成熟），具有一定的独立性与个性，一般不会辐射到整个企业。其形成过程也比较独特，常常由于一定的历史原因或者其他特定因素而形成。因此，这里所说的子系统文化建设更多的是指后者，即针对管理重点的子系统文化。

子系统文化建设是对企业主文化建设的有力支撑，也是推行企业主文化的有效途径之一，但是需要注意与主文化保持高度一致，并发挥协同效应，避免出现文化独立、工作重复、资源浪费等现象。

具体实施措施如下：

1. 子系统文化建设组织计划

此计划可以与保障体系中基层企业文化建设小组组织保障工作结合开展。

（1）根据企业战略发展需要以及管理重点，成立子系统文化（或者亚文化）建设推进机构（主要由企业文化建设职能部门人员、具有子系统文化建设经验的企业文化专员、相关领域负责人组成），负责整体规划、指导、考核、监督以及工作推进。

（2）相关部门或者多个联合部门成立子系统文化建设组织，例如质量文化建设小组、安全文化建设小组，选取在该领域管理能力、业务能力、团队领导能力、沟通协调能力、学习能力较强者担任执行负责人，并明确各部门及主要成员的工作目标与职责分工。

（3）制定子系统文化建设规划与实施方案：各子系统文化负责部门或者机构在公司企业文化建设职能部门的指导下，结合公司主文化建设要求以及管理需要重点提升的方面，参照推进企业主文化建设的具体实施措施，确定该子系统文化建设的目标任务、规划以及具体实施方案。

（4）召开子系统文化建设启动大会，宣贯各项子系统文化建设的目的和意义，同时让广大员工了解子系统文化建设的重点及基本内容（例如理念、制度、活动等）。

2. 子系统文化建设具体实施

（1）确立子系统文化理念体系。根据公司主文化理念体系，结合子系统文化的特点，提炼子系统文化理念体系，具体结构与内容应根据企业实际需要而定。例如规模不大的企业，提出一条核心理念即可；规模较大、主文化建设相对成熟的企业，可以适当提出丰富的理念体系。例如安全理念体系，可以包括安全生产方针、安全使命、安全目标、安全愿景、安全誓言、安全价值理念、安全道德理念、安全效益理念、安全行为理念等。

（2）子系统文化理念宣贯。通常与企业主文化宣贯工作保持一致，以文化专题形式，进行重点宣贯。例如以质量、安全或者创新为主题，结合培训体系、传播体系、激励体系等，开展宣贯活动。另外，子系统内部也应该根据自己的文化建设规划，借鉴主文化宣贯措施，面向系统内外积极开展各类宣贯活动。

（3）子系统文化制度化。依据总的企业文化理念以及企业文化建设要求，完善该系统内各项规章制度、规范行为。通过“固化于制”将总的企业文化理念、子系统文化理念融入实际工作中。

（4）约束与激励。主要通过评价考核制度进行约束与激励。具体可结合主文化的评估体系相关工作，重点将该系统相关考核指标纳入整体的企业文化建设评价考核体系中，突出其重要性。在严格管理的同时，注重从正面激励、引导。在该系统内持续开展评先树优活动，例如质量突出奖、服务标兵奖、技术创新奖等。其中，部分重要的措施也可以纳入主文化建设过程中进行，或者由企业文化建设职能部门主导实施。

3. 子系统文化建设总结与提升

（1）定期总结、评估。各子系统文化建设执行机构应定期开展总结与评估，总结前期子系统文化建设经验，同时找出问题与不足，具体可结合主文化建设中的评估体系进行系统评估。

（2）改善与提升，并与公司主文化建设保持一致性与协同性。针对问题确定改善重点，提出相应的改进措施与活动计划，并予以实施，从而形成“闭环式”的子系统文化建设体系。在此过程中，应及时向牵头部门汇报相关问题、改进措施与方案等，与公司主文化建设保持高度一致性与协同性。

模块四：融入“无界生态”（“生态式”企业文化建设——融入生态商业圈）

输出成果：“生态式”企业文化建设 / 跨文化融合。

1981 年，霍金先生提出了“无边界宇宙”理论；2017 年，华为推出了“无边界计算”战略，苹果公司开启了“无边框时代”，京东提出了“无界零售”战略宏图……今天，无界时代已经来临：行业之间的跨界越来越大，产业链之间的跨界越来越多，利益相关者之间的跨界已经成为趋势，国家之间的跨界亦是常态，无数边界正在逐渐消失，创新、快捷、开放、分享、融合已经成为这个时代的主题，我们正处在一个崭新的“去中心化”的“无界生态”商业圈。我们的商业模式面临巨大的挑战，我们的战略、组织方式、价值理念等也正在随之而变，企业的管理变革与创新已是势不可挡，这一切都对企业文化建设提出了更高的要求。

“生态式”企业文化在此背景下应运而生。企业在其“生态”商业模式或者“生态”组织（蜂窝式组织）变革过程中，逐步形成一种以用户为核心，更具创新力、敏捷性、开放性及融合性的企业文化，这种文化会渗透至企业内外部及全产业链，并被员工、用户、合作伙伴、社区、环境等利益相关者普遍认同。而且，这种文化的自我更新能力非常强大，具有新、快而又开放的特点，会随着商业环境、公司战略、商业模式、组织方式的变化迅速进行自我调整或升级，具有极强的内生力。

对于那些“走出去”的国际化企业来说，“生态式”企业文化涵盖的内容就更为广泛了。要想在国际上立足并持续健康发展，就必须从简单的业务“走出去”转变为深度的文化“融进去”，即企业文化要全面融入驻地国员工、合作者、社区、居民、环境等，从而有效解决文化差异问题，实现跨文化融合，塑造一支具有凝聚力与战斗力的国际化人才队伍，为企业持续发展奠定基础；同时，还要从国家层面与驻地国利益相关者达成文化共识，赢得社会尊重并树立良好的品牌形象。

从上述“生态式”企业文化的定义来看，“生态式”企业文化的形成过程与企业本身所处的行业、产业链以及所建立的利益共同体情况紧密相关。因此，各企业具体的实施措施差异也很大，且多数都是自我摸索、自然形成的，而并非刻意塑造的，目前也尚未形成标准化、成熟的建设路径与方法。不过，从阿里巴巴、腾讯、京东、海尔、小米、爱奇艺等相关案例分析来看，我们还是可以总结出“生态式”企业文化的一些基本特征以及需要注意的问题。

我们认为，“生态式”企业文化建设其实是传统企业文化建设体系的“升级版”，是基于企业已有的企业文化建设体系发展而来的，并不影响其固有的整体理论体系框架，其企业文化建设路径也并没有明显区别，只是在企业文化建设的某个层面进行了更新升级，还谈不上企业文化的全面评估、改进与提升。不过，随着时间的推移，各种变化也会从量变到质变，影响到企业整体的企业文化战略导向以及企业文化建设体系。其主要升级特征体现在以下几个方面：

（1）核心理念的变革。核心理念体现了企业不同发展阶段的价值观取向以及总体文化特征，“生态式”企业文化就是“无界生态”时代的产物。例如，面对体验经济、共享经济兴起的时代大趋势，海尔以“诚信生态、共享平台”“人单合一、小微引爆”作为新时代的海尔精神与作风，在战略、组织、制造三大方面进行了颠覆性探索，打造出一个动态循环体系。其新的核心文化理念更具创新力、敏捷性、开放性及融合性的特性。

（2）针对对象的变化。“生态式”企业文化侧重于企业外部利益相关者，突出合作共赢，打造利益共同体，且以用户为核心。

（3）文化互动参与性。“生态式”企业文化强调外部利益相关者的互动与深度参与，而并非简单的文化对外传播与说教。例如，小米成功打造的“粉丝文化”，将用户吸引并参与到自己的生产、设计等产业链环节，成为其文化的参与者与推动者之一。

（4）推动组织的创新。生态商业模式下催生的生态组织结构对企业文化提出变革需求，并形成新的“生态式”企业文化。当然，企业文化在与组织结构特征相匹配的同时，也会促进组织的变革与创新。

（5）融合性更强。“生态式”企业文化相对来说更加包容开放，“去中心化”特征明显。例如，文化多元性是其常态，不仅体现在部门的独立性、项目的独立性、员工个体的独立性，还体现在跨文化融合、对海外文化的包容性。

（6）敏捷性更高。从业务角度来看，“生态式”企业文化反映出来的敏捷性体现在对客户、合作者的响应速度更快，并且是整个组织系统、整个产业链的系统性快速响应。总体而言，随着商业环境、公司战略、商业模式、组织方式的变化，“生态式”企业文化会迅速进行自我调整或升级，具体包括快速进行理念变革、组织机构调整、传播方式变革等，具有极强的变革力与创新力。

基于以上“生态式”企业文化的升级特征，结合实践案例，我们认为在“生态式”企业文化建设过程中，应该处理好以下几对关系：

（1）传承与创新。“生态式”企业文化具有极强的变革与创新力。但是，它并不能脱离于对企业优良传统文化基因的传承，更不能盲目追求快、新、分享等所谓的先进的互联网时代新理念，抛弃企业过去形成的文化精髓或者优秀的传统文化因素。例如，小米最早的学习对象就是同仁堂和沃尔玛等标杆企业，在“生态式”企业文化塑造过程中，其一直秉持优秀的传统文化基因，尤其表现在小米新提出的“感动人心，价格厚道”上。因此，无论怎么变革创新，“生态式”企业文化都应始终坚持自己的传统文化优势，保留好文化的根基。

（2）个体与系统。“生态式”企业文化是在“无界生态”时代背景下，就理念、组织方式、传播方式等企业文化建设的某些层面进行的更新升级，强调文化的个性。因此，相对而言，部分工作看似是孤立的“个体”行动。但是，基于固有企业文化建设体系进行更新升级的“生态式”企业文化，必须坚持“文化是一个系统工程”的建设理念。不能认为借鉴一些先进的理念、学到一些互联网公司的创新活动、创新传播方式，就可以提升自己的企业文化建设水平了，而应该注重企业文化的体系性建设，包括制度体系、激励体系、传统的“党组织”管理模式、集权与充分授权的平衡等。其实，多数优秀的互联网企业在这方面都有很好的基础。例如阿里巴巴、腾讯等，都有完善的制度、员工培训、激励体系，前者甚至还有专门负责员工“思想政治工作”的“政委”体系。

（3）对内与对外。一般而言，传统的企业文化建设更多的是强调“对内”，要求支撑战略、适应组织结构、适应员工特点、融入“内部组织”与管理机制等，主要目的是形成员工价值观共享，充分发挥员工的能动性。而“生态式”企业文化强调“对外”，要求以用户创造价值为核心，追求与利益相关者形成利益共同体。但是，我们一定要明白，“对内”良好的企业文化氛围与成熟的企业文化建设体系，是发展“对外”的基础。何况，建设“生态式”企业文化，也需要员工共同努力才能够实现。因此，“对内”塑造优秀的企业文化是一切“对外”工作的前提。

（4）变革与稳定。“生态式”企业文化的高敏捷性特征，决定了企业对外响应速度快，同时也决定了企业内部战略调整快、工作节奏快、组织变革快，短期内企业文化调整也会很快，表现出“生态式”企业文化极强的适应能力。不过，这些快速变革是建立在企业文化稳定性的基础上的。而企业文化的稳定性，一方面来源于长期形成的共同价值观，包括优秀的传统文化基因；另一方面来源于长期以来企业所构建的企业文化建设体系。

（5）多元与统一。强调对外的“生态式”企业文化，需要与用户、供应商、合作者、社会、环境乃至海外国家构建利益共同体，甚至需要利益相关者的互动参与，这必然要求其文化更加包容开放，更具融合性，且表现出多元性。例如，“生态式”组织结构条件下的各部门、分公司、分支机构、项目部、班组等，其文化个性越来越张扬，而企业外部的用户、供应商、合作者等对企业文化产生的影响也越来越大。不过，文化多元的同时，依然要坚持文化统一，即要求“子文化”与“母文化”高度统一，要求跨文化融合，需要做到核心理念统一、制度统一、行为规范统一、形象统一，尤其是要做到目标一致，即企业文化与公司战略协同发展。

（四）工作要点提示

1.“固化于制”是企业文化融入管理的关键环节

企业文化融入体系，只有从战略、团队、采购、生产、服务、营销及品牌、创新等七个方面深度植入文化理念，才能实现企业文化与经营管理的全面融合。而其融入的第一步，便是依据企业文化理念与企业文化建设要求，梳理和完善各项管理制度，将企业文化理念转化为实际可操作的管理制度和机制，使各项制度反映企业文化理念，做到“固化于制”，实现文化制度化。因此，“固化于制”是企业文化融入管理的关键环节，更是整体企业文化有效推行的必要途径。

2. 注意与管理工作的协调

企业文化融入过程涉及企业经营管理的方方面面，必然与经营管理工作发生联系，例如“固化于制”与企业的质量管理体系建设、安全管理体系建设、流程再造等工作紧密相关。而且客观上，也只有实现良性的互动，才能够有效地促使企业文化全面融入经营管理活动中，提升企业管理水平与核心竞争力。其实这也是企业文化建设需要达到的根本目的。企业文化建设工作本身属于管理工作的一部分，但又不能涵盖全面的管理工作，更不能成为管理工作中的“主角”。因此，在企业文化融入体系构建过程中，需要正确处理企业文化建设与企业经营管理的关系，注意与各部门的协调，引导各部门积极参与企业文化建设，发挥协同效应，使企业文化成为经营管理的精髓，发挥其应有的价值，即引导、约束、激励和凝聚作用，而并非成为经营管理工作的指挥者。

3. 突出重点、循序渐进

企业文化融入体系是整个企业文化建设体系的关键，因为通过企业文化融入体系的构建，可以实现企业文化与经营管理的全面融合，不断提升管理水平与核心竞争力，达到企业文化建设的根本目的。

同时，企业文化融入体系又是整个企业文化建设体系的难点，因为企业文化要想融入经营管理的方方面面并促使管理水平提升，是一个漫长的过程，也需要通过反复的实践才能看到实效，并且不易进行测评，不像企业文化宣贯工作，可以在短期内很直观地看到宣传的效果或者理念渗透的程度。

因此，在企业文化融入体系构建过程中，应该强调突出重点、循序渐进。一方面，应注重贴近企业实际需要、突出重点。例如企业在不同的战略发展阶段，对企业文化支撑的需要也会有所不同。对此，应该根据企业战略发展需要，抓住企业文化建设重点，实施企业文化融入工作。例如重点突出提升员工队伍素质、改善服务质量、提高生产能力、加强成本控制、塑造品牌形象、加大创新力度等。另一方面，考虑到企业文化融入工作见效慢、实施难等问题，可以采取分解目标、分步骤实施的办法，循序渐进，减轻短期内的压力与困难，逐步实现计划目标，而不可一味追求一步到位。

尤其是在“无界生态”时代背景下，我们不可盲目地推进“生态式”企业文化建设，而是应该把握“生态式”企业文化的特征，结合企业实际，有重点、有步骤地进行企业文化的变革与创新。首先，一定要分析企业自身所处的行业特征、产业链环境、所构建的利益相关者共同体现状以及“对内”的企业文化建设基础情况；其次，要结合企业文化评估或者相关的科学评定，找出改进方向，有针对性地进行企业文化的升级更新；最后，在“生态式”企业文化建设过程中，一定要处理好上述“传承与创新、个体与系统、对内与对外、变革与稳定、多元与统一”五对关系。

二、案例解读

案例 4-28

“文化制度化”的创新——全面均衡管理体系

优秀的文化是企业的软实力，是核心竞争力的重要来源，但前提是文化理念要真正融入企业的生产运营及管理中，转化为员工的实际行动，否则，再优秀的文化也只是水中月、镜中花。诸如沃尔玛、IBM、惠普等世界级卓越企业的实践也表明，要使文化创造出真实的价值，就需要将文化制度化，即把文化理念转化为实际可操作的管理体系、制度和机制，以保证理念得到有效执行。

这对于天津港石化码头有限公司（简称石化码头）来说，就是如何把以“铁的纪律、爱的管理”为核心的“家文化”渗透进公司日常生产运营和管理的各个环节、各个岗位。在这方面，石化码头秉承其一贯的创新精神，结合自身特点进行了诸多管理创新，例如，“铁的纪律，爱的管理”理念、全面均衡管理体系、“滚动＋互动＋沟通＋持续改进”闭环模式首席客户代表制、现场看板管理、8S 定置管理等。

在石化码头的管理创新中，全面均衡管理体系（total balance management，TBM）可以说是最为关键的。它是石化码头以现代管理科学和中国传统文化为思想源泉，结合自身生产运营特点，创造性地探索出的一套新的管理体系。所谓全面，是指全方位、全过程、全员参加，均衡就是各方和谐、顺应自然、以人为本，显然石化码头已有意识地把公司倡导的理念嵌入这个管理体系中。

简单地说，TBM 是一个以文化管理为核心、以卓越绩效为管理构架、以平衡计分卡为管理内容的系统化管理平台。它对业务，项目与投资，市场与客户，健康、安全与环境（HSE），设备设施，品牌，人力资源，财务八个方面进行系统、严格、动态的管理，并通过有效的互动与沟通对管理进行不断的提升和改进。

为有效实施 TBM，石化码头详细编写了由企业宪章、管理手册、程序文件、作业指导书、内部资料五个部分组成的 TBM 文件，全面梳理并建立健全生产待时制度、四小时复命制度、工作失误制度、服务质量问责制度、绩效考核管理制度、科级干部引咎辞职制度、质量管理体系、客户及相关方满意测量管理程序等各项规章制度。

在文化制度化的具体过程中，石化码头同样结合实际情况进行了很多创新，如客户关系管理的“五二一”工程、生产运营的“五日滚动互动计划”和8S定置管理、设备管理的“四三二一”工作法、安全管理的“现场看板管理”等。这里仅以“五二一”工程和“五日滚动互动计划”为例来说明。

（1）“五二一”工程。石化码头将自己定位为专业的石化物流服务商。这就要求其为客户提供卓越的服务。围绕这个要求，石化码头创新性地实施了客户关系管理的“五二一”工程，包括：

严抓五项内容——首席客户代表制度、首问负责管理办法、一对一大客户负责制度、售后服务制度、抱怨与投诉处理程序。

把握两个环节——通过每周五的安全质量评估会对本周的服务质量进行评估，通过每周一的周生产会对上周的服务质量问题进行改进。

落实一项制度——服务质量问责制度，对客户来访实行“首问负责制”，即当客户来访或来电办理业务或咨询、投诉时，第一位接触客户的工作人员，无论是否属于自己的工作范围，都要负责给予客户必要的指引、介绍或答疑，不得找任何借口推诿、拒绝或拖延处理。

（2）“五日滚动互动计划”。为提高生产运营管理质量和效率，避免计划缺失对企业生产造成实质伤害，公司结合自身特点自创了先进的“五日滚动互动计划”。计划的核心是公司服务对象——船舶的动态五日滚动计划，围绕它制定质量、工艺、资源保障、疏运、安全措施、外部协调六个保障计划，各计划间相互沟通协调，步调统一，互为依存；同时还设置了工作失误、生产待时、行政督办、四小时复命四项基本制度。具体实施是以部门为单位，以完成与年度目标、月度目标有关的重点工作和日常主要业务工作为内容。各部门每天在规定时间内统一在OA网上公布下一个五日的工作计划，每天循环推进。纳入“五日滚动互动计划”的重点工作，以部门之间需要互动、相互关联的项目为主。

案例启示：

毋庸置疑，作为一个系统化的管理平台，TBM是石化码头在综合运营管理上的一大创新，但其核心是文化管理，TBM 文件的主体内容都是基于公司核心理念并体现均衡管理思想的规章制度、规范与流程。这是 TBM 成功实施的前提，也是“固化于制”的过程。因此，从文化管理的角度，更精确地讲，TBM 实际上也是公司文化制度化的创新形式。TBM 成功地把文化理念转化成实际可操作的管理体系、制度和机制，从而确保理念得到有效执行，并通过文化制度化促进企业文化全面融入管理。

案例 4－29

基于平衡计分卡的部门与个人改进计划

新奥集团曾经是一家基于资源和机会把握的粗放式增长的公用事业企业，侧重于单纯的城市燃气分销。自 2004 年引入平衡计分卡以来，公司取得了迅猛发展，目前已经成为一家涉及能源分销、智能能源、太阳能源、能源化工等相关多元产业的跨国企业集团。

新奥平衡计分卡的最大特色在于根据战略的要求，结合企业实际确定战略目标，将平衡计分卡分解到各级组织和个人，将公司的战略目标、企业文化不仅仅落实到组织，更进一步落实到员工个人，而且在实施过程中，极其注重沟通与考评，促进部门与个人改进计划的有效实施。

例如，在个人平衡计分卡的设计过程中，为了提高员工的工作激情，新奥以“攻心为上”，系统梳理了员工的需要，并归纳和提炼出三个主要需要：一是有明确的事业发展方向；二是得到持续的能力提升；三是能实现价值回报。然后，新奥把这三个关键需要纳入个人平衡计分卡，并通过明确员工个人对组织的价值贡献、需要的资源支持和能力提升的途径，以及个人价值共享和职业发展的目标等，将这三个需要进行有效安排。这样，就将员工需要与企业的愿景、组织的目标有机结合起来，实现了“上下同欲”，成为战略目标实现的重要动力保障。

又如，个人平衡计分卡是紧密围绕个人工作目标制定的，并通过平衡计分卡四个维度的考核，有效保证个人年度工作目标的顺利实现。例如，产业集团运营总裁的工作目标是“扩大分销规模，实现卓越运营”，而其个人平衡计分卡的四个维度构建也都围绕“扩大分销规模、落实卓越运营”展开。

又如，某部门主任的工作目标是“加强团队建设，提升组织整体国际化能力”，而其个人平衡计分卡的考核指标则强调国际化体系建设和构建跨国运营团队。

在个人平衡计分卡的实施过程中，最为关键的环节是沟通和考评。在沟通环节，新奥要求在制定个人平衡计分卡时，部门“一把手”必须参与沟通，沟通小组由上级领导、直接主管、市场与战略绩效管理部门、人力资源总监（或部门负责人）等构成。沟通内容涉及工作目标、年度重点工作、绩效达成情况及改进、团队建设与个人能力提升、次年绩效承诺等。这种沟通过程有利于员工的绩效改进，并通过员工能力差距分析，实现员工自我驱动。

在考评环节，为了避免考评误差，新奥实行两级考评制，员工除了由其直接主管进行考评，同等级别人员还必须由统一终评人（通常是间接主管）进行终评，以确保整体的公正和公平。若终评成绩与初评成绩偏差过大，双方还需要再进行沟通。

案例启示：

从新奥平衡计分卡实施的情况来看，其抓住了两个关键环节：一是在平衡计分卡设计过程中，不仅注重将公司的战略目标、企业文化落实到组织，更注重进一步落实到员工个人，从而确保部门及员工需求与企业的愿景、组织的目标有机结合起来，实现了“上下同欲”；二是在平衡计分卡实施过程中，注重沟通与考评，从而不断改进部门与个人绩效，促进企业文化的进一步落实以及企业战略目标的实现。可见，其平衡计分卡的设计与实施本身也是企业文化融入管理的过程。其中的部门与个人绩效改进更是企业文化融入每一个工作岗位、每一个工作环节最直接有效的途径。

案例 4－30

流动的车辆，铁打的班会

I 公司是国内一家综合性汽车服务公司，业务涉及销售、商务、租赁、维修、培训、理赔、泊车等领域，拥有大、中、小各类车辆 1 万余辆，员工近 1.6 万人，资产规模达 30 亿元。车辆流动、人员分散、工作面广、时间不固定是这个行业最大的特征，而且不便于集中管理，这也给 I 公司的企业文化建设带来了巨大挑战。

I 公司却通过特色的班组文化建设，使企业文化渗透到每一个“组织细胞”，产生了强大的凝聚力，实现了企业文化与经营管理的深度融合，从而有效解决了“不便于集中管理”的难题，并推动企业成长为行业的领先者。I 公司先后获得上海市第二批企业文化建设示范基地、全国五一劳动奖状、全国文明单位、全国用户满意企业、全国实施卓越绩效模式先进企业、全国学雷锋先进单位、上海市服务名牌企业等多项国家和市级荣誉。

1. 班组标准化

I 公司的班组标准化是指统一制定班组建设相关管理制度，并通过定标、贯标，落实理论、业务知识学习，完善安全、服务、车辆等管理措施。例如，建立了严格的班委会制度，每周一上午定期召开班会活动，成为“铁打的班会”；又如针对“班组文明创建达标”活动，I 公司所属的商旅公司制定了 8 大项、50 条规范化标准。

2. 班组标兵激励

规范化标准固然重要，但是如何让班组富有激情地执行这些标准更为关键。尤其是 I 公司拥有大量的班组，仅商旅公司的达标星级班组就有 40 余个，如何塑造良好的班组文化建设氛围，全面提升每一个班组的质量，是其面临的难题。为此，I 公司坚持开展“班组文明创建达标”活动，不断推出标兵班组，以榜样激励其他班组，并营造良性的竞争氛围，促进班组质量与水平的全面提升。例如，I 公司的 IBM 班车组①是标兵班组之一，班组共有 35 辆车、35 位员工，工作地点远在外高桥，其“铁打的班会”不仅是其他班组的效仿对象，还受到 IBM 的赞扬与支持。IBM 为了鼓励竞争，将班车业务分包给了不同的汽车服务公司。由于没有固定的办公场地，也不便于学习交流，大多数汽车服务公司的司机在业余时间经常打牌；而 I 公司的司机却因地制宜，在班车上开班会，学习公司制度、交流工作得失，且气氛活跃，驾驶员的工作责任心和业务能力得到不断提高且明显高于其他公司的班

① IBM 班车组是专为 IBM 员工提供班车服务的车队。

车组。IBM 的负责人对此赞叹不已，并为 I 公司的班车组提供了一间专用办公室。

类似 IBM 班车组这样的班组在 I 公司还有很多，例如国宾班车组、宋庆龄幼儿园班车组等，与 IBM 班车组一样都曾获得当地“工人先锋号”荣誉称号。在这些标兵班组的激励下，其他班组往往会很快模仿、追随并不断改进，从而又涌现出更多的达标星级班组，甚至是新的标兵班组。

3. 班组学习与创新

坚持学习与创新也是 I 公司班组文化的一大特征。在班组文化建设过程中，I 公司充分利用班会这一载体，将公司的文化理念、公司制度向这些分散的员工进行有效灌输，要求员工及时总结工作经验、解决实际问题；同时，鼓励员工学习新知识、敢于创新。例如，IBM 班车组的驾驶员不仅能提供驾车服务，还能创新性地提供一些基础性的维修服务。而他们又是如何做到的？原来 IBM 班车组利用班委会这个重要载体，组织驾驶员循序渐进地学习并掌握复杂的维修技术，使得 I 公司的驾驶员个个一专多能，而且服务能力明显超越其他汽车服务公司。尤其是 IBM 班车组经常远离公司总部，来回路程近 70 千米，而在此过程中车辆平时难免出现小故障。IBM 班车组通过学习与创新，驾驶员能直接快速地就地解决车辆常犯的小毛病，避免往返本部的麻烦，为公司节省了不少的维修成本。

案例启示：

I 公司特色的班组文化建设经验，一方面告诉我们，班组文化建设是企业文化融入经营管理的重要手段，还能有效解决一些企业面临的“员工不便于集中管理”的难题；另一方面告诉我们，在班组文化建设过程中，应该做到管理标准化、善于运用标兵激励方式、坚持学习与创新，从而打造一个个业务能力强、追求学习上进且富有创新精神的高质量班组。

案例 4－31

打造特色岛隧文化　建成世界超级工程

港珠澳大桥被誉为“新世界七大奇迹”。中国交建采用设计施工总承包模式承建的大桥的控制性工程——岛隧工程，被公认为“当今世界上最具挑战性的工程”。

面对全方位挑战，港珠澳大桥岛隧项目部紧密结合工程需求、时代特点、集团战略及文化建设要求，通过齐抓党建与文化、塑造核心文化理念、全面宣贯落地，成功打造了特色的岛隧项目文化，形成全体建设者价值观共享的局面，以极强的团队凝聚力、战斗力与创造力，持续奋战七个春秋，高效建成世界超级工程，实现了项目文化建设目标与工程建设目标的高度统一，同时也实现了项目文化与集团母文化的完美融合。

1. 齐抓党建与文化，明确目标与方向

在设计施工总承包模式下，项目部按照集团“将港珠澳大桥岛隧项目打造成展示中交品牌的窗口、建设成中交人才培养的基地、塑造成中交项目文化的标兵”的要求，建设初期就与党建一同规划企业文化建设工作，确定了“围绕工程建设抓党建，立足凝心聚力抓文化，形成强大合力促生产”的工作思路，以“发扬传承中交文化，创新打造岛隧文化”为原则，搭建了“开放兼容、务实创新、和谐共赢”的文化体系，提出了“三有”“三无”“三不”的工作要求。

“三有”是指培育有目标、有梦想、有激情的“三有”员工队伍，凝聚团队朝向目标，怀揣梦想，保持干劲，最大限度地释放潜在能量，将个人目标完全融入建设超级工程的高目标之中；“三无”是指党的组织、文化活动、关怀关爱无处不在、无时不在、无事不在，“沉”到每一个工地，“沉”到每一名员工；“三不”是指不因项目临时机构降低标准，不因施工任务繁重放松要求，不因双重管理模式忽视效果，文化工作件件落到实处。

显然，其文化体系及工作要求在充分体现工程建设项目文化特色的同时，与集团提倡的“公平、包容、务实、创新”核心价值观保持着高度的一致性。

2. 塑造核心文化理念，渗透工程建设全程

超长工期、“120 年目标”、全方位开创、全过程高危，在这场“四千人共走钢丝”的持久战中，很多建设者只重复做一道工序、干一件事情，而要让几百个工序的 4 000 名建设者全程都做到同样的高标准，需要具有极强感召力与凝聚力的文化形成内在驱动。

首个钢圆筒振沉时率先提出的“每一个都是第一个”的文化理念，随即扩展成“每一船都是第一船”“每一斗都是第一斗”“每一节都是第一节”“每一天都是第一天”，最终形成了“每一次都是第一次”的岛隧文化。随着工程进展不断注入新元素，“四千人共走钢丝”“不安全，我不干”“鸡蛋里面挑骨头”“没有最好，只有更好，一块要比一块好”等，又不断丰富和提升了文化内涵。

“每一次都是第一次”的高标准与高要求彰显了岛隧文化的特色，更充分体现了中国交建人的共同使命——固基修道、履方致远，与永恒不变的企业精神——交融天下、建者无疆。正是这支唱响全项目的“一字歌”，让对失误零容忍的风险意识植根于每一名员工的脑海，也让大家养成了在“走钢丝”的征程中，迈出的每一步都是第一步，都必须万无一失的习惯；正是这一富有岛隧特色的核心文化理念，促使员工情感共振，产生高度认同感，形成全体建设者价值观共享，最终凝聚成一种合力与整体趋向，渗透到工程建设全过程，凝结在“120 年”高标准的工程产品上。

3. 全面宣贯落地，形成价值共享

特色岛隧文化的形成并非是一蹴而就的。无论是建设初提出的企业文化体系与工作要求，还是建设中塑造的核心文化理念，都需要通过点点滴滴的企业文化建设行动，将其渗透到每位员工、各个“组织细胞”以及项目建设的每一个环节，实现文化“入脑”“入心”“入行”，进而实现全员价值观共享。

（1）开展主题教育。文化主题教育活动，以激发人、凝聚人为定位，要求深入现场、全员参与。例如，党课活动将一线员工及家属请上讲台，危难之时组织誓师会共发誓言，成功之后召开总结会同享喜悦，等等。各类活动促使大家对文化理念、所干事业达成高度共识，使之迸发出强烈的责任感与发自内心的工作热情。而且，在最困难的地方、最关键的环节、最危急的时刻，党组织团结引领、领导靠前指挥、党员冲锋在先，产生“头雁效应”，形成高度的文化自觉，带出一支“打不散的团队”，凝固成一股勇往直前、无坚不摧的强大合力。

（2）树立岛隧工匠。岛隧工匠以榜样的力量强化文化责任价值链，并传播理念，影响他人。沉管隧道每道工序都要做到“零质量隐患”，每一名施工人员都需要承担一份重压和责任。管延安是一名钳工班长，4 年时间，33 节沉管、3 300 条主线、33 000 多条支线，他带领队员认真而又重复地拧了 62 万多颗螺丝，没有出现一次故障，获评首届“大国工匠”。项目的每名员工都是工匠，他们在极为艰苦的环境下不辱使命，一直坚守和弘扬“工匠精神”，认真把每一件平凡的事情做到最好、做到极致，最终成就了这项伟大的工程。

（3）讲好岛隧故事。故事传播凭借生动性与实效性有效传递真实情感，传播文化理念，动态展示工程建设的艰辛历程及巨大成就，从而大大增强了员工的成就感、荣誉感与归属感，成为凝心聚力、传播正能量的强大思想武器。具体传播渠道包括项目网站、项目报刊、《岛隧心录》丛书、各类专题视频片、国内外主流媒体媒介播出的新闻和纪录片等。其中，《超级工程》等大型影视片的播出，引起强烈的社会反响；三次亮相国际重大科技创新成就展，展示了中国交建的创新能力和品牌效应，彰显了中国智慧和实力。

（4）建设“人心工程”。“人心工程”强调以人为本，强调尊重劳动、尊重劳动者，让建设者更有尊严。“与‘超级工程’同步建设‘人心工程’，直到工程结束的最后一天、直到最后一名员工撤场都要坚持人本关怀”，这是项目开工就提出的工作要求。例如，距项目总营地 30 公里之外有一座无人岛，建设者炸山开挖，建成了一座功能组合完美、配套设施完善、生活环境优美的现代化沉管预制工厂。1 000 多名建设者在这个孤岛上有尊严地生活，有尊严地工作，坚守 2 203 个日夜做出了“有尊严的巨型沉管”，并创下了浇注百万方混凝土无一条裂缝、连续高强度施工设备无一次故障的工程“奇迹”。平时，领导关怀关爱、上下级并肩作战的事迹更是不胜枚举。温暖的“人心工程”让一线员工“实现价值、得到尊重、感受关怀”，齐心协力与岛隧工程荣辱与共，自觉自愿地用“心”建设工程。

（5）举行劳动竞赛。岛隧工程犹如战场打仗，人工岛成岛、首节沉管沉放、沉管隧道贯通、工程建成等“四大战役”，每一场都危机四伏、惊心动魄。党组织抓住劳动竞赛这一载体，始终围绕施工生产开展文化活动，精心做好每一次活动的策划启动、过程推动和总结表彰，引领全体“指战员”

秉持以新时代艰苦奋斗的“铁人精神”、追求卓越的“工匠精神”和不懈探索的“科学家精神”为核心的“岛隧精神”，一个战役一个战役去攻打，一年一年地坚守，一步一步地朝着目标迈进。通过劳动竞赛方式，项目将文化价值观深刻嵌入建设活动中，有效传递了文化价值理念，激发了团队的激情活力，并取得一场又一场战役的胜利。例如，“第一战役”开局之战，在最短的时间内实现了思想认识、建设目标和作战步调的“三统一”，创造了“当年动工，当年成岛”的工程奇迹；“第二战役”创新之战，实现了我国外海沉管安装技术和施工的重大突破。

案例启示：

通过齐抓党建与文化、塑造核心文化理念、全面宣贯落地，港珠澳大桥岛隧项目部成功打造了由“开放兼容、务实创新、和谐共赢”文化体系、“三有”“三无”“三不”工作要求、“每一次都是第一次”核心文化理念、“岛隧精神”等组成的特色岛隧文化，形成全体建设者价值观共享的局面，以极强的团队凝聚力、战斗力与创造力，高效建设出了世界超级工程。这一巨大的成功，给了我们三方面的重要经验与启示：一是坚持党建对企业文化建设工作的引领，确保方向不跑偏并发挥党组织的先锋作用；二是项目文化对工程建设具有重要的支撑作用，即便是在当今世界最具挑战性的工程面前，文化的力量也一定是坚不可摧的；三是项目文化在形成自我特色的过程中，需要与集团公司母文化时刻保持高度融合，方能高效完成建设任务并推动总体战略目标的实现。

案例 4－32

感恩文化成为企业成长的内生力

红豆以创民族品牌为己任，以“共同富裕，产业报国”为使命。从企业草创的 1957 年到走出困境的 1983 年，再到目前产业相对多元化，红豆集团大力推进品牌建设，实行转型升级，企业从最初的针织内衣业务扩展到纺织服装、橡胶轮胎、生物制药、地产四大领域，居中国民营企业 500 强前列。红豆集团之所以能够取得卓越绩效与丰硕成果，与其强大的企业凝聚力密不可分，而这种凝聚力的根源正是其一直推行的感恩文化。

作为红豆集团的党委书记、总裁，周海江一直身体力行，要求全体员工

“心存感恩、回报社会”。翻开《红豆企业文化手册》，开篇就是周海江以这八个字为标题写给全体员工的一封信，告诫红豆人“对人知感恩，对己知克制，对事知尽力，对物知珍惜”。信中还特别强调了红豆文化的内涵：红豆文化就是“情文化”——亲情、友情、爱情、民族情，而这其中的核心便是感恩。多年来，红豆正是将感恩之情真正融入企业文化之中，使之成为员工的自觉行为，最终深化为企业成长的内生力。

对员工，一方面，红豆以人为本，百般呵护，以感恩之心回报员工。总裁周海江亲自制定了“生活有保障、事业有希望、情绪有释放”的“一线员工待遇”，并带领公司管理层身体力行。红豆坚决保持一线生产员工较高的薪酬水平；投入 1 亿多元建造员工公寓；建立 2 500 万元的职工慈善救助基金，不断提高员工的幸福感和满意度。集团党委书记每年坚持走访慰问困难职工，帮助解决职工家庭困难。另一方面，企业也会要求员工时刻怀揣一颗感恩之心。例如，红豆有一个不成文的规定，不孝顺父母的人不予重用。理由是，一个对父母都不肯负责任的人，何谈对其他什么负责任。

对社会，红豆认为企业作为“社会公民”，在享有社会资源的同时，理应承担社会责任，以己之力回报社会，回报党和国家。红豆集团不但数十年如一日地坚持扶贫济困、捐资助学，而且斥巨资打造中国人自己的情人节“红豆七夕节”，用实际行动保护、振兴、传承中华民族的传统文化。2014 年 8 月 12 日，捐款 250 万元支持南疆发展；2014 年 2 月，捐款 500 万元支持中国青年创业；2013 年 9 月，向无锡锡山区东港慈善分会捐款 150 万元，给当地群众的医疗疾病提供援助；2013 年 4 月，四川芦山地震，集团向灾区捐赠物资 500 万元，企业员工也纷纷献爱心捐款 14.4 万元……多年来，集团共对外捐款捐物超 3 亿元。

感恩文化的植入换来的是员工无私的回馈。徐建丰 1998 年进入红豆工作，从一线销售员做起，一步一个脚印，踏实肯干，勤奋好学，凭借出色业绩赢得领导的信任。2002 年、2003 年荣获公司营销标兵、先进个人等荣誉，通过竞争上岗从一线销售员升任销售科长、公司总监。正如徐建丰自己所说，在我最困难的时候，是红豆给了我无私的帮助，是红豆给了我第二次生命，同时也给了我发展的平台；而尽自己百倍的努力做好工作，来回报红豆，这是感恩，也是责任。当然，除了对企业的感恩，红豆人还会要求自己感恩党和国家、感恩社会、感恩客户、感恩相关方、感恩所有人……

案例启示：

作为红豆企业文化核心价值观的重要组成部分，感恩文化已经融入了每一位员工心中，有效提高了员工的忠诚度，增强了员工的自豪感与归属感，并形成了“担当责任、爱岗敬业、乐于奉献、团队协作、和谐友爱”的浓厚氛围，成为公司快速发展的强大凝聚力与推动力，促进企业与社会和谐发展。而且，感恩文化也自然形成了红豆独具特色的子系统文化，是企业整体文化融入管理的有效途径，成为支撑红豆持续发展的重要文化力量，促使红豆人永远铭记感恩，砥砺前行。

案例 4-33

没有成功的企业，只有时代的企业

——海尔企业文化的变与不变

海尔集团是全球领先的家电制造商和生活服务商。2017 年，海尔集团全球营业额高达 2 419 亿元，利税总额突破 300 亿元，在全球拥有 10 个研发中心、24 个工业园、108 个制造工厂、66 个营销中心。对于成立于 1984 年的海尔的印象，大部分人可能还停留在“传统冰箱制造商”的阶段，实际上作为一家紧跟时代步伐、持续转型变革的企业，海尔经历了多次重大战略转型。从 2005 年开始就全面拥抱互联网时代，企业产品战略从工业时代的标准化、规模化向互联网时代的定制化、多元化发展，组织架构从科层制向生态化转变，企业文化也随之发生深刻的变革。

作为一家传统的制造企业，海尔成立之初建立了以产品为中心、企业至上的工业型企业文化。为了实现向互联网转型，适应互联网时代的发展要求，海尔不断进行自我革新，调整产品模式、组织体系，一直以“人的价值第一”作为海尔商业模式的主线，企业文化也从产品中心向“以人为本”转型。

1. 工业时代：产品中心、企业至上

20 世纪 80 年代初，为改变海尔濒临破产、产品质量差的问题，张瑞敏怒砸冰箱，走上了以高质量产品突围的艰难道路。这个时期的海尔文化是典型的以产品为中心的工业企业文化：通过精细化的流程管理，保证员工的高度服从和稳定的产品质量；通过整齐划一的管理模式，实现产品的标准化、规模化生产。为此，海尔建立了金字塔式的科层制组织机构，采取自上而下的严格的标准化管理模式，通过标准化的工作流程和精细化的工作要求实现员工操作的标准化和执行的高效化。建立了适应标准化、规模化生产的组织架构和企业文化后，海尔所需要做的就是埋头研发，组织生产、销售，员工完全服从企业的战略，用户被动接受产品。

张瑞敏曾总结："从 1984 到 2005 年的 21 年，我们当时提出来的海尔精神是无私奉献、追求卓越。"这反映了要求员工高度契合企业的文化，认可企业的精神，服从企业的整体安排，通过标准化的运作，实现产品的高质量、规模化生产的现实。这也可以说是海尔在创业阶段所倡导的企业文化，贴近工业时代的特点与当时企业自身的发展需要。

在工业化生产时代，企业的生存和发展依靠的是质量稳定、成本优势突出的产品。海尔依托以产品为中心、企业优先的架构和文化有效提升了海尔产品的质量，降低了产品的生产成本，从而在市场竞争中脱颖而出。

2. 互联网时代：重视人的需求，重视人的力量

21 世纪初，在工业生产时代获得巨大成功的海尔逐渐感受到互联网浪潮的气息。互联网放大了个人的力量，个体的声音被挖掘。海尔意识到用户定制化的时代逐渐到来，多元化将逐渐代替标准化，用户不再满足于被动地接受产品，用户需要属于自己的产品。在互联网的风潮初起之际，海尔宣布全面拥抱互联网时代，以用户为中心，围绕用户开展产品的研发、生产和销售。海尔全面变革了过去自上而下的产品研发模式，以用户需求为起点，逆向研发产品，做到一切以用户的需求为中心。这种研发模式的根本性变化需要公司核心文化理念的变更。为此，海尔在 2005—2016 年 11 年期间，提出了"创造资源、美誉全球"的企业精神与"人单合一、速决速胜"的企业作风。这是针对国际化以及互联网颠覆时代提出的企业文化理念，倡导的是一种员工创业文化，更加重视用户的需求以及员工的价值创造。

用户的需要是碎片化、多元化且不断变化发展的，而以用户为中心意味着企业要从传统的产品驱动向创新驱动转变，通过不断的创新满足用户的需要。但是标准化生产、整齐划一的企业管理模式无法提供创新的土壤。创新需要激活个人的创意，需要重视人的力量，需要让员工获得发挥想象力和创造力的空间和机制。

经过不断的转型努力，张瑞敏创新性地提出了“人单合一”的商业模式，力图通过“人单合一”模式把员工和用户连在一起，“激活”每个员工，让员工在为用户创造价值的同时实现自身价值，让每个人成为自己的CEO，实现让“员工听用户，企业听员工”的组织体系和文化理念创新。

“人”即员工，“单”不是狭义的订单，而是用户资源。“人单合一”要求员工成为用户价值的创造者和实现者，员工要致力于为用户提供全周期的价值体验。为实现这个目标，海尔从企业实体转化为孵化平台，建立由平台主、小微团队、创客共同构成的生态圈。平台主就是海尔的管理者及支持机制，海尔从管理人、监督人转变为服务者，为员工、客户提供服务和支持，提高员工创业、创新的积极性和成功率；员工成为创客，可以充分依托海尔的资金、渠道、资源进行内部创业，尝试自身的创意，获得创新的收益，海尔提供全方位的支持；员工的创意逐渐成熟后，可以引入内部员工或外部资源，组建小微团队，逐渐进行独立运作。

创客和小微团队机制打散了大企业的架构，使得企业更贴近用户的需求，更能倾听到用户的声音，更能快速地对用户的需求进行反应。大量的创客和小微团队通过内部资源整合、外部资源引入，实现了爆发式发展，形成了充满生机和活力的生态体系。2016 年，海尔平台上就有 1 160 个项目在孵化，吸引了 1 300 家风险投资机构和 4 700 多家外部资源公司；平台上营业收入超过 1 亿元的小微企业超过 100 个，有 22 个小微企业引入了风险投资资金，12 个小微企业估值过亿元。以雷神科技、小帅影院为代表的小微企业逐步实现独立运作，成为细分行业的领导者之一。

2017 年可以说是海尔互联网“人单合一”模式落地、生根开花的元年。面对体验经济、共享经济兴起的时代大趋势，海尔又提出“诚信生态、共享平台”“人单合一、小微引爆”的海尔精神与作风。这也可以说是海尔针对互联网升级之后的物联网时代特别提出的新理念，更加强调生态系统、共享创业平台等概念。而且，新的“人单合一”与过去的“人单合一”所强调的速决速胜是不一样的。之前的“人单合一”是为了创平台赶快去做，但新的“人单合一”是小微引爆，而这个小微引爆则是海尔要成为物联网时代的引领者。基于此，海尔进一步在战略、组织、制造三大方面进行了颠覆性探索，打造出一个动态循环体系。在战略上，建立以用户为中心的共创共赢生态圈，实现生态圈中各攸关方的共赢增值；在组织上，变传统的封闭科层体系为网络化节点组织，开放整合全球一流资源；在制造上，探索以互联工厂取代传统物理工厂，从大规模制造转向规模化定制模式。目前，海尔已从传统家电产品制造企业转型为开放的创业平台，并将一直致力于转型为真正的互联网企业，即打造以社群经济为中心、以用户价值交互为基础、以诚信为核心竞争力的后电商时代的共创共赢生态圈，成为物联网时代的引领者。

实践证明，基于对“人单合一”模式的探索而展开的海尔转型之路是正确的，是成功的。自 2005 年 9 月 20 日首次提出“人单合一”以来，这个模式已迭代升级为“人单合一 2.0——共创共赢生态圈”模式。“人”从员工升级为攸关各方，“单”从用户价值升级为用户资源，其最终目的是实现共创共赢生态圈的多方共赢增值。文化理念也从“创造资源、美誉全球”“人单合一、速决速胜”，升级为“诚信生态、共享平台”“人单合一、小微引爆”。“人单合一”模式的创新探索因破解了互联网时代的管理难题，也得到了全球著名商学院和管理学者的高度肯定。他们对海尔持续地进行跟踪研究，一致认为海尔的探索是领先的，方向是正确的，美国哈佛大学商学院、沃顿商学院等已将海尔列入案例库进行教学研究。成功的“人单合一”模式每年吸引数千家国内外大中小企业来海尔学习交流，而且该模式已应用到农业、医疗等其他领域并进行了试水和改造。

3. 以用户为是，以自己为非

张瑞敏曾提出，海尔企业文化的根本就是“以用户为是，以自己为非”。在过去几十年的发展变化中，海尔从工业型的企业文化向互联网文化转型，虽然企业文化不断升级、变化，但是“以用户为是，以自己为非”的文化内核却一直没有改变。

在工业时代，海尔致力于生产高质量的产品满足用户对稳定质量的需求；在互联网时代，海尔通过“人单合一”、创新驱动满足用户多元化、个性化的需求。无论是哪个时代，海尔都要求全体海尔人永远以用户为是，敬畏用户、敬畏市场，保持谦逊之心和诚挚之心。用户的需求随着时代变更而变化，海尔的产品、体系、企业理念则随着用户的需求而变化，但是以用户为是的是非观绝不能变。

以自己为非，一方面要求海尔人绝对不能患上自以为是、怠慢用户、轻视市场的大企业病，另一方面要求海尔人时刻保持否定自我、挑战自我、重塑自我的创新精神，在产品研发、科技创新、组织机构、营销体系等各个方面不断变革、不设界限、不画地为牢，依托革新的力量、创新的精神满足用户的需求。张瑞敏提出：“没有成功的企业，只有时代的企业。”海尔从未称自己是一家成功的企业，30 多年的发展让海尔认识到只有通过不断地否定自我，适应时代的需求，才能屹立于时代的洪流之中。

“以用户为是”是海尔企业文化的终极目标和最高准则，“以自我为非”则是海尔人的理论武器和行为准绳，“以用户为是，以自我为非”的是非观让海尔在几十年的行业起伏、时代变迁中能够不断进行自我革新，却又保持正确的航行方向。

案例启示：

海尔是传统工业企业实现互联网时代转型的典范。在工业时代，海尔倡导“以产品为中心”的企业文化，追求产品的质量和标准化生产，凭借高质量、低成本突围；在互联网时代，海尔倡导“以人为本”（人的价值第一）的企业文化，高度重视个体的需求和力量，通过“人单合一”的机制激发员工的创造力，建立由创客和小微团队构成的复杂多变而又生机勃勃的生态体系，实现共创共赢生态圈的多方共赢增值，并破解了互联网时代的管理难题，成功从传统家电产品制造企业转型为开放的创业平台，成为物联网时代的引领者。经历了几十年的时代变迁、行业起伏，虽然海尔的精神及作风在不断地升级变化，但是海尔依托的是永恒不变的企业文化内核——“以用户为是，以自己为非”，始终以用户为中心，不断满足用户需求，同时通过自我否定、自我革新的精神保持创新动力，实现自我革新，不断适应时代的发展，成为“时代的企业”。

案例 4－34

“苹果园”式娱乐生态系统的背后

2018 年 5 月 17 日，在爱奇艺世界大会开幕式的演讲中，爱奇艺创始人龚宇郑重宣布：爱奇艺的形态已经由过去的“大苹果树模型”变成了囊括丰富业态、知识产权（IP）开发全链条的“苹果园”。这是爱奇艺成功登陆纳斯达克两个月后的一次重要战略布局，也表明了爱奇艺在获得国际资本市场认可的同时，正以更具创新力、更加健康的发展方式守住地盘、突破成长。而 8 岁的爱奇艺，之所以能够成为庞大的“苹果园”式娱乐生态系统，是因为其背后有“生态式”企业文化为其持续提供动力。

“生态式”企业文化是指当前互联网时代背景下，企业在其“生态”商业模式或者“生态”组织（蜂窝式组织）变革过程中，逐步形成的一种以用户为核心，更具创新力、敏捷性、开放性及融合性的企业文化。这种文化会渗透至企业内外部及全产业链，并被员工、用户、合作伙伴等利益相关者普遍认同。而且，这种文化的自我更新能力非常强大，因为其新、快而又开放的特点，随着商业环境、公司战略、商业模式、组织方式的变化会迅速进行自我调整或升级，具有极强的内生力。而爱奇艺这些年的发展正呈现出“生态式”文化的特点。

1. 守正：共建健康生态系统，成为一家伟大的娱乐公司

守正，就是坚持大方向、走正道。因此，只有文化与战略相匹配，方可称为守正。而“苹果园”式娱乐生态系统，正是基于娱乐产业发展大趋势、激烈竞争环境现状、商业模式变革大方向而提出的，这是爱奇艺守住地盘、赢得未来的唯一途径，使其离伟大娱乐公司的梦想越来越近，此为正道。龚宇在多个重要场合多次强调，爱奇艺的愿景是成为一家以科技创新为驱动的伟大娱乐公司。这个正被更多的员工、用户、合作伙伴等认同的健康生态系统，正在努力从内部生态与外部生态两方面，缔造一家伟大的娱乐公司。

（1）内部生态：产品形态方面，爱奇艺已布局影视、综艺、漫画、文学、游戏、直播、短视频等多个内容领域，并从一个超级 APP 变成若干个 APP 组成的产品矩阵；硬件方面，爱奇艺发布“iQUT 未来影院”战略，推出奇遇虚拟现实（VR）一体机，通过 VR+ 人工智能（AI）实现端云融合，

在 VR 内容层面，发布“iVR+2018”生态计划等；竞争能力方面，爱奇艺不断强化自己的内容分发与广告货币化两种核心能力。

（2）外部生态：爱奇艺全方位推进战略合作，从 IP 孵化、投资、制作、宣发等各环节，为内容创作者、上下游合作公司和机构搭建平台，试图打通行业资源，使合作伙伴与爱奇艺深度共享平台在技术、经验、资金、资源上的能力和储备，在人才培养、创业支持、内容研发生产、多元变现等方面形成密切合作与互利共赢关系。例如打造超级网剧“保底＋分成”方式的海豚计划、针对行业新人的天鹅计划、针对制片公司的幼虎计划、扶持青年导演的飞鹰计划、扶持爱奇艺号的北极星计划等。同时，爱奇艺还充分利用自己的内容分发与广告货币化能力优势，与结构平行的其他平台展开合作，例如百度、京东、大地等。

内外部生态合二为一，不断丰富爱奇艺的产品形态，并覆盖娱乐全产业链，成功实现产品服务的闭环，为用户提供丰富的娱乐消费体验与一站式服务，满足用户一切可能的需求；同时，吸引更多的合作伙伴进入“苹果园”，促进技术不断创新、内容不断优化、模式持续改进，以滚雪球的方式彼此共赢、发展壮大，共同建设健康生态系统。

2. 用奇：创新驱动，催生双螺旋结构 DNA

用奇，即创新，是爱奇艺经营理念的内核。其催生出的双螺旋结构 DNA 已经成为爱奇艺的独特优势，也是爱奇艺与竞争对手抗衡的制胜法宝。其中，一个是“感性娱乐创意”，一个是“理性科技创新”，二者的完美结合产生了“1+1=11”的巨大效应，真正做到内容为王、技术领先、满足用户的一切需求。正如龚宇所言：“爱奇艺跟传统的娱乐公司的一个最大不同是，驱动力不仅来自内容的创意，同时也来自科技的创新。”

（1）感性娱乐创意：无论是互联网还是电视、电影，要想打造爆款娱乐内容，创新必不可少。基于对视频时代商业、制作、播出模式变革的深度洞察，爱奇艺形成了以“青春”为核心的内容战略，在“青春＋用户”“青春＋故事”“青春＋团队”三大维度上有力拓展，力求实现新心态、新表述、新创作的“三新”：用新的心态去理解用户，创新讲故事的方式，吸纳头部和新生制作力量形成新的创作。以青春化方式打造头部内容，这是爱奇艺一直以来始终坚守的创作原则。

（2）理性科技创新：爱奇艺平台用户可通过移动、个人电脑、OTT、VR 等终端观看。因此，由众多机器支撑的爱奇艺平台，必然要求其拥有领先的科技创新，为用户带来极致体验。在主流视频平台中，爱奇艺的技术实力强可谓是公认的。成立之初，爱奇艺便因基于技术的流畅播放与基于正版的清晰画质，在众多视频网站中脱颖而出，还曾被定性为“一家有媒体属性的技术公司”。2018 年，爱奇艺又实现了生产、分发、播放视频全流程上的 HDR 技术支持，可同时支持杜比视界（Dolby Vision）HDR 与 HDR 10 两种视频格式，大大提升了用户视频观看品质，标志着网络流媒体观看体验的新突破。其技术创新与内容丰富的有机结合，实现了以技术创新驱动的 IP 价值开发，并成为行业革新的引领者。更值得一提的是，2018 年爱奇艺还重磅推出了 AI 技术与人、内容的完美结合，极大提高了内容制作、分发、变现的效率，堪称视频平台的一次颠覆性创新。例如爱奇艺利用 AI 算法，将 AI 融入剧本创作、选角、流量预测、审核、编码、剪辑、运营、搜索、推荐、宣发、热点预测等环节，在平台智能化使得服务更加人性化的同时，还实现了内容的个性化创作和精准推送，使得爱奇艺 IP 生态各业务线得以紧密协作、高效运转。例如，2018 年 iJOY 悦享会上，爱奇艺发布 2018 年大剧、热综以及娱乐生态内容多领域布局，其重磅内容达 200 部以上。而这些浩瀚的娱乐内容背后，就有着 AI 系统应用的强大支撑。

任何创新都离不开人才的支撑。极具创新力的双螺旋结构 DNA 决定了爱奇艺独特的用人法则：一旦技术人员占人员总数的比例低于 50%，所有其他部门的招聘必须全部停止，直到补齐缺口。正是这种一半是内容性及营销性基因、一半是技术性基因的双螺旋式人才结构，让爱奇艺拥有了介乎纯粹互联网科技公司与传统内容制作平台之间的独特气质。此外，爱奇艺还在挖掘顶尖人才、培养创新人才，并保持比同行快半拍的节奏，确保人才对双螺旋结构 DNA 的支撑。

3. 求简：简单法则，破除传统组织边界与沟通障碍

简单想、简单做是爱奇艺内部组织管理的核心理念。简单想指的是在处理人与人的关系上，快乐、阳光，充满正能量；简单做指的是在业务上，化繁为简，追求创新。这是爱奇艺为人做事的基本准则，也是其解决双螺旋式人才结构间沟通障碍问题的重要保障，并为守正用奇、科技创新驱动提供优质“土壤”。

一方面，简单文化有利于打破传统组织边界，提高工作效率，这也是适应当前生态组织模式的重要文化要素。例如，2017年，爱奇艺对原有的独立工作室制度进行重组，只保留导演、编剧和制片，将其他包括宣推、运营、商务、制作等在内的部门全部剥离，设立四大中心（宣推运营部门、内容营销部门、后期制作部门、线下运营部门）。此后，工作室只负责核心内容创作，而公共服务部门负责所有的公共服务，真正实现人员和资源的按需调配，提高了效率，释放了产能。在成功打造了《中国有嘻哈》之后，爱奇艺又将五大自制工作室进一步整合，组建为全网唯一拥有完整建制的综艺制作运营团队——爱奇艺节目制作中心。正是在这种简单的组织模式下，涌现了《热血街舞团》《机器人争霸》《中国新说唱》等一批一炮而红的爆款节目。爱奇艺在提供无限创新空间的同时，大大激发了内容创意团队的荣誉感和品牌意识。

另一方面，简单文化将理科技术人才与文科创意人才之间无形的沟通障碍化为乌有，甚至使其产生“化学反应”。一边是逻辑严谨的“理科生”，要求成品标准、规范、可复制，一边是天马行空的“文科生”，要求与众不同、厌恶重复，二者的领域相隔甚远，建立共同话语体系并不容易，而且彼此个性、沟通方式等天然存在冲突，双方碰撞难以避免。爱奇艺提出的相互包容、彼此尊重、就事论事的简单文化，则有效地破除了沟通障碍，实现了高效协同。

2014年，在爱奇艺每季度例行的内部大会上，数百名经理级以上主管探讨业务发展。技术出身的李典直接找到当时的首席内容官马东，提出基于向视频中加内容（Video-in）技术的广告形式的创意，以解决赞助商前期看不到流量不敢投放广告的问题，当场就获得认同并准予尝试。当年12月，李典和他的团队就成功开发出了Video-in技术；次年1月，自制剧《废柴兄弟》卖出了基于该技术的第一个广告，其他视频平台纷纷跟进。而李典及其团队因其积极主动性，也吸引了更多的内容团队找上门来。某一次体育频道的头脑风暴会上，李典被邀请过去与内容运营、版权采购以及销售的同事一起探讨如何使体育类版权内容盈利最大化，李典从技术角度提出了很多新点子，同事惊叹“开了天眼”。当然，双方碰撞过程中，李典也遭到过拒绝。他曾想将其应用场景从自制剧拓展到综艺节目，但跟《奇葩说》总导演牟頔沟通后，对方以充分、正确的理由予以否定。正是这种简单务实的文化氛围，使得相互碰撞转化为彼此成就，实现高效协同。在李典看来：“在爱奇艺，跨部门打交道相当简单，无论对方同意还是拒绝，都是基于做事的逻辑，并不掺杂太多其他因素。如果让我像普通的工程师一样去工作的话，我肯定干不了多久就走了，爱奇艺给了我一个能够去自主发挥的平台。”

案例启示：

“守正”的愿景目标，“用奇”的经营理念，“求简”的管理理念，始终以用户为核心，更加强调共享、创新、简单高效、快速反应等文化要素，引导爱奇艺践行正道引导、创新驱动、简单做事，构筑了独特的双螺旋结构 DNA 竞争优势，并逐步形成了自己独特的“生态式”企业文化，为爱奇艺打造健康的“苹果园”式娱乐生态系统提供重要的文化支撑，并助力爱奇艺守住地盘、跨越发展，进而为爱奇艺成为一家科技创新驱动的伟大娱乐公司提供不竭动力。

案例 4－35

面向用户，感动人心

2018 年 7 月 9 日，即便是处于全球资本市场风云变幻的非常时期，小米依然脱颖而出，在中国香港顺利挂牌上市，市值达 543 亿美元，并成为港股市场同股不同权的首家上市公司。而且，小米已经跻身有史以来全球科技股前三大 IPO，十几万投资者积极参与认购了小米的股票，其中包括李嘉诚、马云、马化腾等行业领袖。

小米成立于 2010 年 4 月，在“为发烧而生”的设计理念下，小米公司为用户提供极致体验的小米手机和 MIUI 手机操作系统，吸引了大量铁杆粉丝。在过去 8 年的发展历程中，小米围绕用户的需求，在创新和追求极致的精神引导下，为用户提供高品质、高性能的前沿科技产品，同时通过模式创新降低中间成本，主动降低公司利润让利用户，贯彻“感动人心，价格厚道”的核心价值理念。

1. 用户参与，追求极致

“用户参与”一直是小米产品策略的核心理念之一。小米成立之初主要的产品就是MIUI手机操作系统。MIUI手机操作系统并不是小米公司独自研发的产品，大量的用户通过小米论坛深度参与了系统的开发设计。随着粉丝的沉淀和积累，小米又根据粉丝的需求顺势推出了小米手机，并在小米粉丝的热捧之下吸引了更多消费者的关注和使用。产品推出之初，在“发烧友”文化的推动之下，小米往往只追求参数、配件堆砌。而随着产品的推出、用户的使用，用户越来越成熟，用户的要求越来越理智，对产品品质、质量、体验的要求也越来越高，从而推动小米从对参数的追求向对品质、创新的追求转变，小米的“发烧友”文化也逐渐成熟转化为对极致理念的追求。

在追求极致的产品理念之下，用户提出需求，小米要做的就是追求极致，不断提供高品质、高性能的产品，让用户获得极致的用户体验。在产品的设计和制造过程中，小米选择最先进的工艺、最优质的材料，用心打磨产品的每一个细节。在同等价位区间内，小米提供性能最高、品质最好的产品，同时凭借自身的创新能力不断提升传统产品的设计水平和产品功能，通过公司的创新能力实现产品超出用户预期的目标，让小米的产品脱颖而出。

可以说，MIUI系统、小米手机不仅是小米的产品，还成为上百万用户共同参与设计的产品，小米的文化也在与用户的互动过程中不断升级、成熟。这种与用户紧密互动、用户深度参与产品设计的企业文化为小米带来了一批忠诚度极高的用户群体，还深刻影响着小米的产品设计理念和企业文化。在之后的产品设计和开发过程中，小米一直坚持通过小米论坛、微博、微信、现场粉丝会等多种渠道，加强与用户的互动，听取用户的需求，让用户成为产品的设计者之一，也让用户成为企业文化的缔造者之一。

2. 感动人心，价格厚道

小米产品的普及让更多的用户可以享受到科技的乐趣，而且小米也发现过去的“小米粉丝”希望体验更多的小米产品，更多的新用户也愿意去尝试小米的产品，但是价格却成为小米产品进一步普及、进一步与用户接触的障碍。在倾听用户的呼声后，雷军意识到仅仅提供优质的产品，并不能满足用户的需求，更不能满足更多用户对科技、对优质产品的追求。因此雷军特别提出："'感动人心，价格厚道'这八个字是一体两面、密不可分的整体，远超用户预期的极致产品，还能做到'价格厚道'，才能真正'感动人心'。"

让更多的用户体验科技的乐趣，让更多的用户平等享受科技带来的美好生活，这是小米作为一家全球性科技企业的价值观，也是小米文化的全面升级。小米不但致力于为用户提供有极致体验的高品质产品，还致力于以更低的价格让更多的用户可以享受小米的产品带来的乐趣和生活便利。为了降低价格，小米主动压缩企业利润，雷军提出小米"永远坚持硬件综合净利率不超过 5%"，多出来的利润全部让利给消费者。同时，小米通过模式创新，提高生产和流通效率，把中间成本压缩至极致。小米建立了自有或直供的高效线上线下零售渠道来降低渠道成本，在销售过程中采取预售模式、限量销售模式降低周转成本和采购成本，在自身主导产品设计和质量控制的前提下采取研发、制造和组装的外包降低研发、制造成本。小米凭借在产业链条上强大的组织能力和协调能力，尽最大可能性降低中间成本，从而带来了终端硬件成本的降低。

案例启示：

小米成立之初就树立了面向用户、用户参与的产品理念，在与用户的互动过程中，小米根据用户需求的变化不断升级自身的设计理念与企业文化，在提升传统产品的设计水平和产品功能的同时，从纯粹的"发烧友"文化转化为追求极致，为用户提供高品质、高性能的产品的企业理念。随着产品的普及，为了让更多的用户体验科技的乐趣，让更多的用户平等享受科技带来的美好生活，小米文化又升级为向用户提供"感动人心，价格厚道"的产品。

立足用户、源于用户，又时刻根据用户的诉求对自身的产品理念、企业文化进行革新、升级，可以说，小米文化与用户的需求实现了完美的融合。这种完美融合也充分体现了当前"无界生态"环境下"生态式"企业文化的本质特征，即以用户为核心，不是简单地向用户传播文化理念，而是让用户参与到企业的产业链环节中，使其与企业文化发展形成互动、融合关系。当然，小米文化的“生态式”特征还体现在与线上线下平台、供应商、合作者等形成的共赢生态圈。因为小米要想提供“感动人心，价格厚道”的产品，是不可能凭借一己之力实现的，只有布局整个产业链条的每一个环节，并与利益相关者建立共同价值观，才可能保证产品品质并降低成本。

案例 4-36

跨文化融合，从“走出去”到“融进去”

中国提出“一带一路”倡议后，斯里兰卡表达了支持和参与共建“21世纪海上丝绸之路”的积极意愿。隶属中国交建的中国港湾斯里兰卡区域公司，作为“一带一路”基础设施建设的重要参与者之一，自 2011 年成立至今（中国港湾在 1998 年就已经进驻斯里兰卡市场），负责斯里兰卡周边 10 个国家的市场开拓和生产经营工作，业务范围覆盖海事工程、疏浚吹填、公路桥梁、航空枢纽以及相关的成套设备供应与安装等。在“走出去”过程中，与其他跨国企业一样，不可避免地会遇到政治环境、法律法规、文化风俗、宗教信仰等不同方面的差异问题，中国港湾斯里兰卡区域公司面临跨文化管理这一大难题。但经过多年的实践探索，公司逐步形成了一些值得借鉴的经验，成功实现从简单的业务“走出去”到文化“融进去”。

斯里兰卡日常生活习惯、语言、宗教信仰、政治体制、对待自然与生命的认知等与中方的文化差异，导致斯方员工在工作中存在行为差异、态度差异、沟通障碍、工作纠纷等问题，直接影响到工作效率、项目实施进度，更谈不上团队融合、企业和谐发展。例如，承袭西方国家法律法规流程严谨、制度完备的特点，斯里兰卡政府和民众在工作和生活中遵循流程，较少变通，常常给人不近人情、刻板的感觉；当地员工私下交流多，或通过私下协商，工作、生活方面的问题喜欢抱团向企业反映诉求；斯里兰卡节假日较多，除了工作休息日，还有公共节日、宗教节日，并且当地员工通常会到点下班，休息日拒绝加班，崇尚生活第一、工作第二。

面对如此多、如此大的文化差异问题，中国港湾斯里兰卡区域公司是如何进行跨文化融合并解决问题的？

1. 党建引领一切工作，地位不可动摇

海外党建在思想教育、文化导向、组织先锋引领等方面，起着至关重要的作用，也是跨文化融合的组织保障，更是公司战胜困难的根本保证。公司设立党委，各项目部设立党支部、党小组。贯彻上级党委要求，确保党的路线方针政策落实到位，结合项目实际，以推动项目进展为中心，开展各项学习活动。同时，充分发挥基层党组织战斗堡垒作用和党员先锋模范作用，公司领导尽职尽责，积极做好员工思想政治工作，团结各方员工努力工作、共同奋斗。

2. 树立正确义利观，达成文化共识

公司从进驻斯里兰卡第一天起，就努力贯彻中国港湾“感知责任、优质回报、合作共赢”的企业核心价值观，以“包容、诚信、创新、奉献”的企业精神，结合实际，努力建设适应斯里兰卡社会文化氛围、促进企业属地化发展的企业文化。首要的就是树立正确的义利观，即一切从业主利益出发，全心全意为斯里兰卡国家发展、人民幸福努力工作，促成双方达成文化共识。

例如，港口城项目是在斯里兰卡政府渴望发展、缺乏土地资源的境况下，接受公司建议而启动的项目。南部汉班托塔港口、机场项目是公司响应斯里兰卡政府学习中国蛇口经验推进南部发展的要求，协助策划、承建实施的项目。国家板球场项目以优良质量按期交工，保证了板球世界杯比赛的顺利进行，为斯里兰卡国家和人民赢得了荣誉。南部汉班托塔港项目注意保护野生动物大象和绿色植被，受到当地政府和居民的赞扬。在项目实施中，公司尽心尽力地帮助斯里兰卡政府，着力做好工程质量、工程进度及环境保护工作，赢得社会各界和当地居民的一致赞许，其体现出的中国港湾的经营哲学也得到了斯里兰卡政府管理部门的高度认同。

3. 尊重文化多元与严格管理制度并重，重塑文化氛围

尊重文化多元是进行跨文化融合的前提。一方面，公司以尊重对方文化为先。例如尊重属地国宗教信仰，给斯方员工安排足够时间从事宗教活动。考虑到斯方员工节假日偏多，灵活采取当地员工分批、集中休假方式，并通过加薪鼓励员工加班。为了迎合斯方员工的生活习惯，公司每天上下午分别定点提供15分钟的喝茶时间。为方便员工上下班乘坐公交，在项目部门口修建公交站。这些做法让属地员工真正感觉到企业就是自己的家，从而有一种强烈的归属感。另一方面，公司积极开展员工思想教育以及文化学习、交流工作。按照项目建设的具体需要，公司在中国文化和当地文化的学习、认知、掌握、融合上做工作，通过学习教育、观看欣赏、解释疑惑、传授布道、文化娱乐、体育交流、人员往来等活动，弥合生理、心理、文化等方面的差距，努力重塑平等、互助、友爱、尊重、信任的良好和谐氛围，为企业在当地的长期发展奠定坚实的基础。例如，公司将中国典籍《弟子规》翻译为僧伽罗文，供当地员工学习；公司组织中斯员工共同参与两国节日的庆祝活动，鼓励中斯员工学习对方的语言，开办斯方员工喜闻乐见的派对；各项目部举行板球赛、足球赛、篮球赛、网球赛等各种比赛；节假日举办游园、参观等活动。

严格管理制度是进行跨文化融合、提高企业绩效的重要保障。公司按照当地法律及公司管理要求，建立针对当地员工的人才招聘、合同签订、培训教育、上岗工作、薪酬待遇、工资发放、合理诉求、违纪处理、解除合同、劳保福利、生活管理、文化活动、休息休假等一系列人事管理制度，并使之系统化、规范化、标准化、信息化等，为解决文化差异问题、推进项目建设保驾护航。

尊重文化多元与严格管理制度并重，一“软”一“硬”，其实也是文化差异问题的高效解决方案。例如，针对斯方员工动辄以“罢工”“上法庭”方式表达个人诉求的现象，公司一方面加强对斯方法律的学习研究，掌握相关法律知识，妥善应对，另一方面加强与斯方员工的沟通教育工作，深入了解斯方员工的思想动态、利益诉求，把思想工作做在前面。同时，逐步加大对斯方员工劳动纪律、企业规章制度的宣传教育，使其明白遵守规章制度、服从管理、端正态度、提高技能、合法获取回报才是正道。经过一系列措施，斯方员工的工作态度、工作能力、工作业绩都有了较大变化，项目部的向心力得到增强。

4. 推进人力资源属地化工作，促进文化融合

在“以人为本”理念的指导下，公司坚持做好人力资源属地化工作，主要包括制定完善的人事制度、开展思想教育与文化学习交流活动、实施属地员工素质与技能教育培训工作三个方面。由于前两者在上文中已有剖析，这里重点阐述后者。

实施属地员工素质与技能教育培训工作，是指在语言交流、员工守则、应知应会、专业知识、专业技能、实训操作、师傅带徒、竞赛比武等教育培训过程中，做到有方案、有教材、有资料、有老师、有方法、有作业、有考试、有评语、有总结。其目的是不断提高培训质量，从思想、文化、纪律、技能上培训出项目适用的属地员工队伍。而且属地员工的素质与能力得以提高，有助于员工提高思想意识、认知水平与践行能力，有利于增强其成就感与归属感，并使其逐步认知、认同、自觉践行企业文化，快速融入公司，并与中方团队融为一体。与此同时，高度重视针对中方员工的教育培训，要求打造出一支有理想、懂语言、懂管理、善经营的团队，最终促使两支队伍在文化融合的基础上，产生素质、能力的聚合效应，使之成为有机融合的整体，为企业发展和项目稳步向前推进提供人力支撑。

5. 积极履行企业社会责任，赢得社会尊重

公司在项目建设过程中，积极融入当地社区与居民，履行企业社会责任，不断赢得社会尊重，不但加深了中斯两国人民的友谊，还激发了属地员工的荣誉感与自豪感。例如，为提高当地的教育硬件设施，向当地的学校、孤儿院捐赠书籍、电脑、打印机、桌凳等；月圆节（Poya Day）按照斯方风俗，开展大型布施活动，拉近与周边社区民众的情感距离。汉班托塔港是其国家重点项目，社会各界、当地群众十分关心此项目，公司在项目施工现场修建观景台，设立当地员工引导员，满足当地各界民众参观学习的愿望。观景台逐渐成为当地著名景点，参观汉班托塔港被列为当地民众“爱国教育”基本科目。

案例启示：

树立正确义利观、尊重文化多元与严格管理制度并重、推进人力资源属地化工作、积极履行企业社会责任，是中国港湾斯里兰卡区域公司解决文化差异问题、实现跨文化融合过程中总结的成功经验，这对于那些试图或者正在“走出去”的中国企业来说，在海外企业文化建设、提高软实力方面具有一定的借鉴意义，有利于企业从“走进去”，成功实现“融进去”，并更好地落实国家“走出去”战略方针和“一带一路”倡议。当然，由于企业属性不同、国家文化各异，文化融合与跨文化管理工作的具体内容也必然会有很大差异，企业仍需在实践中不断创新，探索适合自己的发展模式。

企业文化评估体系构建

一、实践指导

企业文化评估体系构建主要是从企业文化建设工作评估和结果评估两个层面，对企业文化评估的基本原则、建设步骤、评估对象、理论模型、评估形式、评估内容、实施方案、改进方案等内容进行设计和规范，把企业文化评估贯穿企业文化管理的全流程，客观、真实地了解企业文化建设进展情况，并及时进行改进。企业文化评估体系构建是企业文化建设建立闭环系统、实现自我完善和提升的关键步骤。

（一）目的与意义

企业文化建设是一个不断积累、沉淀、创新与提升的过程。通过开展企业文化评估，客观检验企业文化建设的工作和成效，一方面是为了总结成功经验，提炼研究与实践成果；另一方面是为了及时发现企业文化建设中存在的关键问题和不足，并及时予以改进，保证企业文化建设的科学性与有效性，不断提高企业文化建设能力与综合管理水平，为实现企业战略目标提供强大的文化支撑。

（二）工作流程

企业文化评估体系构建流程如图 4－14 所示。

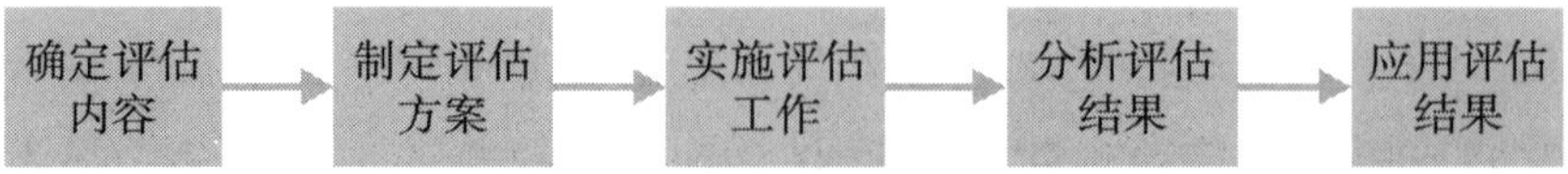

图 4－14　企业文化评估体系构建流程

1. 确定评估内容

根据企业文化建设所处的阶段、目标与任务，确定企业文化评估的目标定位、侧重点及具体内容。评估内容通常包括企业文化建设工作评估和企业文化建设效果评估两部分。另外，还需要明确评估对象，例如主要部门、岗位及个人。

2. 制定评估方案

根据确定的评估内容、对象，制定切合实际的评估方案，具体包括评估方法、评估指标体系、评估实施办法（包括组织机构、人员分工、时间安排、工作要求、注意事项等）。

3. 实施评估工作

依据评估实施方案，组织开展评估工作。具体工作包括进行问卷调查、进行座谈访谈、进行实地考察、进行 360° 反馈、开展现场评审会、召开协调会、培训评估工作人员、记录评估进展情况、整理有关数据和信息等。

4. 分析评估结果

依据评估方案中采用的企业文化评估分析工具，对评估过程中收集到的信息、数据，进行统计、归纳、整理和分析，针对评估内容重点及评估对象，形成评价结果或者评估报告，并向有关组织和人员进行反馈或者讲解说明。

5. 应用评估结果

根据评估结果，总结成功经验，形成企业文化建设成果总结报告；同时针对存在的问题，明确改进方向并提出具体的改善措施，形成企业文化建设改进提升方案，从而促进企业文化建设水平不断提升。

（三）主要工作模块

模块一：确定评估内容

输出成果：企业文化建设工作评价指标体系、企业文化建设效果评价指标体系。

评估内容一般包括企业文化建设工作评估和企业文化建设效果评估两部分。

工作评估是指对企业文化建设过程中工作的计划与落实情况进行评估，

评估内容涵盖建设规划、理念提炼、形象规范、行为规范、文化宣贯、文化评估、宣贯员队伍建设、保障措施等，具体可从目标体系、保障体系、识别体系、培训体系、传播体系、激励体系、融入体系、评估体系八个方面进行评估。

效果评估是指对企业文化建设所取得的成效进行评估，评估内容涵盖员工对文化的认同度、员工队伍凝聚力与执行力、经济效益、管理水平、组织的学习与创新能力、企业社会形象等。具体可从凝聚力、领导力、执行力、成长力、形象力五个维度进行评估。

除了确定评估指标体系，还需要明确评估对象，例如主要部门、岗位及个人，对象不同，所采用的评估指标体系也应该有所区别。

模块二：制定评估方案

输出成果：企业文化评估实施方案。

要求明确评估方式、评估的具体实施方案。

1. 评估方式

评估方式通常分为自我评估与外部评估两种。

自我评估是指自行设计或者在外部专家的指导下设计企业文化建设评价考核标准，并依照方案进行自我评估、诊断分析。这种方式所应用的评估工具相对简单、实用（例如企业文化建设工作评价管理办法），涉及的工作量不大且相对固定，可灵活进行月度、季度、年度评估，甚至不定期以抽查形式进行，适合针对企业文化建设日常工作进行评估。

外部评估是指借助外部专家的力量，对企业文化建设的实施措施、实施效果、文化适应性、员工满意度、运行机制等方面进行系统评估并形成诊断分析报告和改进提升方案（包括长期的企业文化建设规划）。这种方式所应用的评估工具相对专业、复杂（例如企业文化建设四层次结构模型、丹尼森组织文化分析模型、奎因企业文化导向诊断分析模型等），调研涉及面广、深入且工作量大，通常是根据企业自身需要，不定期进行，适合针对企业文化现状进行全面、深度的测评。

2. 评估的具体实施方案

（1）确立组织机构，明确职责分工。设立由企业领导、企业文化专业人士、企业文化专员、宣贯员等组成的企业文化建设评价考核小组，同时必须对评估队伍提供专业的培训与指导，并明确各成员的职责与具体分工。

（2）明确评估目标、任务与内容范围。依据企业文化建设所处的阶段、目标与任务，确定企业文化评估的目标、侧重点、对象及具体内容范围。

（3）确定评估方式与评估周期。根据企业文化建设的需要，针对评估对象，选择合适的评估方式与评估周期。例如，针对日常企业文化建设工作，应定期开展自我评估工作，同时还要不定期地开展随机抽查评估工作；而针对企业文化建设存在的一些瓶颈问题，应该引进外部专家的力量，设立联合课题组共同进行评估、改进、提升。

（4）拟定评估工作进度安排。依据评估工作目标，可按阶段分解目标或者按部门分解目标；依据评估方式与评估周期，明确每一阶段的具体工作安排，包括人员分工、具体职责、分解的目标任务、具体评估内容与对象、具体评估办法、时间推进等；同时，在工作进度安排中，要求明确各项工作的具体要求与注意事项。[①]

模块三：实施评估方案

输出成果：企业文化现状诊断分析报告。

依据以上评估实施方案组织开展评估工作，具体工作包括培训评估工作人员、进行问卷调查、进行座谈访谈、开展现场评审会、召开协调会、记录评估进展情况、整理有关数据和信息、分析评估报告、反馈评估报告、讲解评估报告等。

实施过程中，应该严格按照工作进度安排或者相关工作流程进行，并在对日常企业文化建设工作进行评估时做到客观、公平、公正；对系统的企业文化测评工作，要做到科学（依据事实、严谨研究、专业分析、反复论证）、深入、全面，而有关系统的企业文化测评工作，通常需要借助外部专家的力量来完成。图 4－15 为系统的企业文化评估改进工作实施流程（含评估结果应用）示例。

① 如果评估工作涉及外部专家的评估内容，应该将外部专家提供的详细方案纳入企业整体的评估实施方案中，并结合自身的工作安排予以适当的调整，明确己方的工作重点与具体的人员安排。

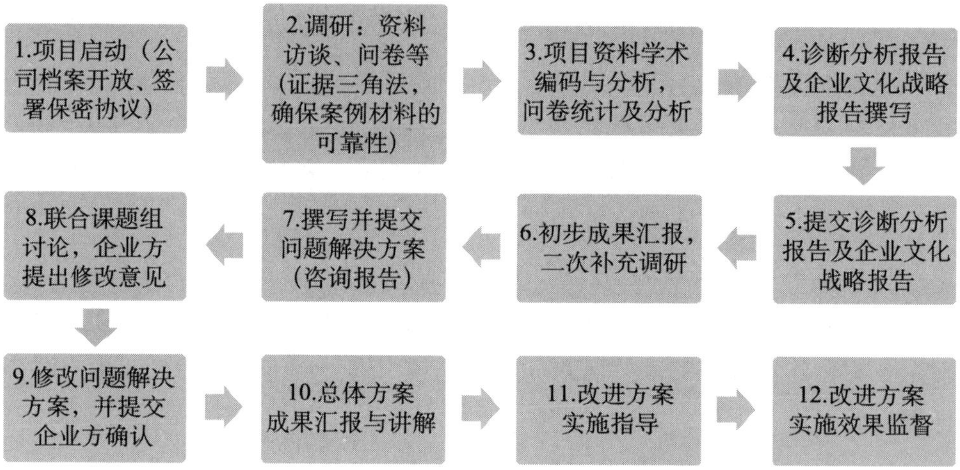

图 4－15　企业文化评估改进实施流程示例

模块四：应用评估结果

输出成果：企业文化建设总结报告、企业文化建设成果实践案例、组织企业文化改进提升方案、部门企业文化建设改进提升计划、个人企业文化建设工作改进提升计划。

对企业文化评估结果的应用主要体现在两个方面：

一是根据评估结果，总结企业文化建设成功经验，形成企业文化建设实践成果总结报告、企业文化建设成果实践案例，还可以进行理论成果提炼，形成创新的企业文化建设理论成果。

二是根据评估结果反馈的主要问题与不足，明确未来的改进方向并提出具体的改善措施，形成企业文化建设改进提升方案（具体可按照组织、部门、个人三个级别分别制定改进提升方案，其中部门与个人可依照组织的总体改进方案拟定改进计划），通过评估企业文化现状—总结经验与改进计划—制定创新提升方案—实施方案—评估效果，构建企业文化建设的良性闭环系统，不断优化企业文化建设体系，促进企业文化建设的持续改进、创新提升，实现螺旋式上升。

其中第二方面的应用是该阶段的重点，也是企业文化评估真正实现价值的环节。具体工作内容包括制定改进提升方案并组织实施。在此过程中，改进方案的制定应尽可能详细，具有较强的指导性和可操作性，具体内容应包括改进提升的总体思路、目标要求、基本原则、具体措施、实施步骤、任务分工、进度安排等；改进方案的实施应注重协调相关部门和人员，发动全体员工，积极主动推进方案各项任务的落实；同时坚持指导督查，在保证改进方案有效落实的前提下，不断优化改进措施，提升企业文化建设水平。

（四）工作要点提示

1. 注重科学性

企业文化评估的科学性至关重要，它将直接影响评估结果的准确性与有效性。因此应该从以下三个方面确保评估的科学性。

一是评估的数据。首先，要通过正确引导全体员工积极参与、认真对待各项企业文化评估工作，保证为评估工作提供的基础数据真实有效；其次，要正确采用多种研究方法与工具，确保数据的真实性与客观性，例如应用证据三角法。

二是评估的队伍。要由企业领导、企业文化专业人士、企业文化专员(企业文化内训师）等成员共同组成执行团队，确保各项评估工作有效落地。尤其是要有公司领导与企业文化专业人士的正确指导与监督，确保评估公平、公正以及科学。

三是评估的工具。要根据企业的实际需要，选择恰当的评估工具，不盲目照搬各类西方企业文化评价工具或者其他企业复杂的评价制度与标准，以免出现水土不服、资源浪费等现象。

2. 注重时效性

企业文化评估需要选择恰当的实施时机。企业文化评估工作牵涉面广、人员众多、内容广泛、工作量大，而且通常需要定期开展、持续改进以保证实施效果，但是又不能过于频繁，以免耗费人力物力，效果不理想。因此，如何选择恰当的时机对于企业文化评估工作而言至关重要。

一般而言，可以结合企业文化建设的项目周期、与其他工作的协同性以及企业的总体战略部署来确定。例如与企业本身的绩效考核工作协调进行，发挥各项资源的协同作用，轻松有效地开展企业文化评估工作。另外，也可以根据企业的战略调整或者某时期的特殊需要来确定。例如为了支撑企业战略发展，需要进行企业文化变革，这种情况下，实施企业文化评估工作是理所当然的，也是必然的。

3. 注重动态性

企业文化评估的动态性主要是指评估内容、评估方法、评估队伍等需要根据环境的变化与企业战略调整，进行适当的动态性变化、调整与提升，以增强其适应性与实效性。例如，在不同企业文化发展阶段，企业文化建设重点必然有所区别。因此，企业文化评估的内容选择、指标设定、信息筛选、对策制定等方面的工作都应该根据不同阶段的重点，以满足企业实际需求、解决根本问题为出发点，做到有的放矢、有序推进。企业文化评估所应用的评估工具、方法等也都应该做到与时俱进。此外，企业文化评估队伍也应该及时吸收先进的企业文化建设经验与工具方法，正确引导企业文化建设的方向，并确保企业文化评估工作的先进性、创新性与有效性。

二、案例解读

案例 4－37

一封未雨绸缪的文化升级全员信

2018 年 3 月 30 日，在京东吉祥物“Joy”生日当天，京东集团董事局主席兼首席执行官刘强东对外郑重发布了以“基业长青，文化先行”为主题的《2018 京东价值观全面升级全员信》，标志着京东的价值观由过去的“一个中心四个基本点——客户为先，诚信、团队、激情、创新”全面升级为“一体两翼的 T 形文化”，即“正道成功”“客户为先”“只做第一”。而就在全员信发布的前半个月内，京东全集团的高管围绕一件客户投诉案例进行多次剖析，开展了深刻的反思。为此，公司还专门推出了全流程更高标准的客户满意度准则，并在集团层面成立了以消费者体验为唯一依据和评判标准的客户卓越体验部，以推动各个部门提升服务水平、质量和客户满意度。刘强东在信中直言，为一起投诉在全公司上下进行深刻反思、架构调整，在京东的历史上应该是第一次。此次文化升级，看似因这起客户投诉事件而起，但实质上有其背后更深层次的原因，并且应是酝酿已久的。我们又该如何深刻理解这封未雨绸缪的全员信？

1. 客户为先，永远不变的法则

为了客户投诉事件而“破天荒”地进行深刻反思与架构调整，足以表明京东对客户的重视，也充分展示出京东的诚信品质以及自我革新的勇气与自信。纵观中国企业发展历程中企业在面对客户投诉时的做法我们发现，多数企业只针对事件本身进行道歉、赔偿、及时纠错甚至是找理由推脱等，而如此“大动干戈”地进行组织架构调整，恐怕京东是迄今为止的第一家。而对于“将客户为先作为一切工作的价值标准”的京东而言，这一切就显得平常不过了。

“客户为先”是京东自始至终都在坚持的核心价值观之一，也是本次理念调整中唯一不变的四个字。正如信中所言：客户为先是京东成长发展的基因，也是京东一切工作的价值标准。客户是我们的衣食父母，更是鞭策我们前行的力量。客户体验将是我们评价工作和决策依据的最高红线，集团内部凡是涉及客户体验改进的要求和建议，任何人都不能说不。同时，我们不仅要关注和满足客户现有的需求，更要用创新思维、开放思维敏锐地洞察客户潜在的、个性化的需求，并通过精细化运营为客户提供超越预期的服务。

其实，此次调整在京东企业文化升级过程中，并非第一次高度重视“客户地位”。2013 年，京东的核心价值观就进行过一次大调整，不仅将“客户为先”调整为“一个中心四个基本点”，还重新定义了客户的范围：不仅限于消费者，还包括供应商和合作伙伴。同时，京东要求对消费者、供应商和合作伙伴都怀有感恩之心，为他们提供更加优质的服务，帮助他们取得更好的业绩和成就，并认为成就供应商和卖家就是成就京东自己。而且，这些年京东也一直在努力践行“客户为先”这一超越一切的价值理念。例如，供应商方面，京东基于多年积累的海量优质用户数据，利用大数据技术，与供应商实现良性互动，包括为供应商提供定制化的消费数据分析，并通过全面沟通协调，共同推出符合消费者预期的超高性价比产品，不断推陈出新，完善产品线；为搭建起仓库与供应商之间的一站式沟通渠道，京东还开通了供应商服务热线。消费者方面，京东坚持“正品行货”理念，从源头严格把控，对供应商提出高品质要求，并建立了 360° 质量保障体系，以确保商品品质；坚持低价格策略，不断降低运营成本，创造全球零售行业超低成本，真正做到向消费者让利；为实现线上到线下（O2O）合作的供应链便捷化服务，京东陆续推出了仓储物流的六大创新举措；为保障物流配送的“最后一公里”，京东首创了“211”限时达、当日达、次日达等服务；近些年，京东又借助科技手段，率先推出了无人机送货服务、智能配送机器人服务等，并自主研发全球首个无人智慧配送站；利用多年的大数据积累和分析技术，京东精心打造了“天网”系统，有效支撑京东到家及海外购等风控相关业务，保证用户安全；京东还自主研发了客户关系管理（CRM）系统、知识库系统以及客户问题追踪体系，实现了京东客服的“先知”，达到不断优化客户体验的目的。从正品、低价、仓储、物流、安全、客服等方面来看，京东提供的是全流程、无微不至的完美用户体验，真正为客户带来“多、快、好、省”的购物便利以及愉悦的高品质生活体验。而且在上述各个领域或者综合水平上，京东都已经成为中国乃至全球电商行业消费者服务的标杆。正因为此，京东才能够不断刷新客户的期望值，让京东的服务更快一步，品质更优一步，成为“无界”零售的引领者。

2. 文化升级，战略变革的需要

美国著名学者、企业文化领域的奠基者埃德加·H. 沙因说过：“企业发展到一定阶段，战略与文化并无先后顺序。在我的模型里，文化围绕战略、架构、流程，它们是环绕和相互作用的关系。”可见，企业文化与公司的战略、业务相互制约、相互支撑、相互发展，而并非谁依附于谁，而且只有二者良性循环发展，才能成功塑造正确引领公司战略而又促进公司战略落地的企业文化。京东的文化升级正好印证了这一点。

这次的文化全面升级，既是京东应对“无界”零售时代变革、适应公司战略转型的需要，又是指引公司战略变革方向的重要举措，当然也是京东的一次居安思危、勇于否定自我、追求自我完善的重要战略决策。

刘强东曾提出“第四次零售革命”的思想。未来，零售业将迎来第四次零售革命，这场革命是建立在互联网电商基础上又超越互联网的一次革命，它将把人类带入智能商业时代。零售的基础设施将变得极其可塑化、智能化和协同化，推动“无界”零售时代的到来，实现成本、效率、体验的全面升级，零售未来的生态会彻底变革与重构。基于此，京东提出了“零售即服务”（retail as a service，RaaS）的解决方案，用科技推动零售基础设施升级，并对外开放赋能，推动整个行业发展。而如何保证京东的全体员工能够提供好“零售即服务”的解决方案，刘强东认为只有依靠共同的价值准则和文化信仰才能实现。正如其在信中所言：目前整个京东的员工总数已经超过 16 万，我们的文化和价值观是否还能像之前一样贯彻到每个人的血液当中，如何确保不被稀释，如何还能做到不同岗位、不同角色之间的整齐划一、步调一致，这对于我们来说，将是一个从未面临过的考验。但我相信，只有拥有自我迭代、自我革新和自我反思能力的企业才能成为真正伟大的企业。当前，我们处于“无界”零售来临的前夜，集团在战略转型变革的深水区中，机遇稍纵即逝，尽管我们已经拥有了一定的行业地位，但距离我们的梦想还远，还没有达到可以停下来歇歇脚、喘口气的地步，更勿论对客户、对新模式、对竞争的傲慢和轻视，我们必须再次以价值观为引领，进行思维方式和行为准则的全面升级！

全员信中，在确定全新核心价值观的同时，刘强东还要求公司接下来组织一系列宣贯、研讨和行为准则、考核指标对照细化等工作，让每个人都将“正道成功、客户为先、只做第一”这 12 个字融入血液，全面检讨反思可能与价值观违背的做法和现象。因此，这不仅是一次文化理念的更新，还是一场京东文化从理念到制度、行为、形象的文化全面升级，为公司应对“无界”时代、实现战略转型提供强有力的文化支撑。而与此同时，升级的文化也会帮助京东人时刻反思、居安思危、及时纠偏，从而对公司短期的战略定位、业务模式、方向选择起着很好的引领与约束作用，以确保战略转型成功。例如，“零售即服务”方案，其本身就符合京东所倡导的“正道成功、客户为先、只做第一”价值观。

其实，2013 年京东也进行过一次全面的文化升级，那次文化升级，同样与其当时的战略转型有着紧密的联系，二者相互支撑、相互推动。经历连续 9 年高速增长之后，刘强东曾在 2013 年年初提出了“修养生息”战略，要求通过一年的努力，把过去十年积累的问题从系统上、流程上、根源上彻底解决，对京东的战略型业务进行持续不断的投入帮助其成长，催生大量新生的能够代表未来发展方向的电商业务，坚决关掉没有未来的业务，并明确提出京东第二个十年的方向：以技术为驱动的自营电商、开放服务和数据金融。

新战略发布的同时，京东于2013年3月开展了一次全面的文化梳理。文化梳理经历了大量线上线下员工调研、高管工作坊讨论，最终形成了升级版文化体系。其中，京东的使命由“让购物变得简单、快乐！”改为“让生活变得简单快乐！”，从“购物”到“生活”，紧跟互联网时代变革的步伐，范围更广，责任更重；京东原来相对具体的目标“做中国最大、全球前五强的电子商务公司”也调整为更为高远的愿景“成为全球最值得信赖的企业”；核心价值观则由“诚信、客户为先、激情超越、学习、团队精神、杜绝浪费”调整为“一个中心四个基本点——客户为先，诚信、团队、激情、创新”，内容更为系统、丰富，尤其是还重新定义了客户的范围，这与京东打造以技术为驱动的自营电商、开放服务、数据金融，构建全价值创造链条的战略是完全一致的。文化梳理后，京东采取了“知、信、行”文化落地模型，通过员工培训、制度落地、行为规范、素质标准建立、文化之星评选等多维度宣贯措施，促使文化落地生根。其中，比较突出的有刘强东亲自开设的文化大讲堂、文化轮训、价值观行为积分等。

2013年的文化升级同样充分体现了京东文化与战略的协同性。首先，其全面文化梳理工程本身，就是“修养生息”战略中“修”的具体体现；其次，文化梳理以及“知、信、行”文化落地模型，成为“修养生息”战略实施的重要保障；最后，“修养生息”战略中确定的业务发展新方向，与其使命、愿景、核心价值观保持高度一致，充分体现了文化对战略的引领性及约束功能。

3. T形文化，坚定不移的信仰

这次文化升级，除了强调永远不变的法则——“客户为先”，还特别强调了“正道成功”与“只做第一”8个字。其中，坚守“正道成功”是“立柱”，决定了京东事业的高度，是实现客户为先、履行只做第一的支撑。而秉持“客户为先”和“只做第一”决定了京东事业的宽度和广度。最终形成了由简简单单的12个字组成的一体两翼的“T形文化”，并高度概括了京东最本源的基因、最鲜明的气质和最内核的DNA。

虽说是更新升级，但这 12 个字并非京东的文化新词，而是早已植根于京东员工心中、自创办以来延续至今的文化 DNA。可以说从最早刘强东创办京东的时候起，这个文化 DNA 一直没有变过。不过，T 形文化，文字变得简单易记，内涵得以丰富，释义更为精准，且更具系统性。这是对过去京东文化的精准提炼，也是对新时期京东文化内涵的丰富，可以说是京东文化一次回归性的浓缩式升级。

例如，信中对“正道成功”的释义如下：是整个价值观体系中的基石，也是京东基业长青的价值信仰。“正道成功”不仅仅是指我们要合法依规地取得商业上的成功，更重要的是我们要成为行业中的价值典范，用高标准的行为规范和准则实现自我要求、自我完善，为整个生态的发展和社会的进步做出担当和贡献。

这种在残酷商业竞争中看似很傻很天真、不懂变通的坚守正道，其实在京东已经坚持了 20 年。从 1998 年在中关村电子城的柜台创业开始，刘强东就秉持“正品行货”的理念，他当时明码标价并且开具正规收据，从未卖过一件假货，也从来没有赚过昧心钱。多年来，京东所有的业务都完全遵照国家法律法规展开，所有的商业都符合最基本的社会道德。在京东，有两条不可触碰的红线，那就是不卖假货，不行贿受贿。因为走正道，京东才能从一个小柜台成长为有担当和贡献的全球《财富》500 强企业。今天，京东在为顾客带来极致购物体验的同时，积极回报股东、关注员工、成就客户，引领行业发展并推动包容性增长，推进产业链绿色转型，在规模、效益、技术、服务水平、创新能力等方面已经成为行业发展的引领者，同时还积极投入各项社会公益，其精准电商扶贫涉及全国 832 个贫困县。

又如，信中对“只做第一”是这样解释的：是京东的精神内核，也是京东持续引领的价值驱动。“只做第一”不仅仅是指我们要在市场份额、行业竞争中永争第一，更是一种持续创新、不断超越的精神。京东人要学会忘记现在的成绩，要学会忘记过去的成功路径，以归零的心态，不断打破固有思维、开放心态，坚决抵制傲慢的大企业病，时刻保持危机感，才能在剧变的时代发展中实现行业引领！

与“正道成功”一样，从京东创办的第一天起，“只做第一”的精神便已生根。正如刘强东所言："当我拥有第一个办公室的时候，我记得里面有根柱子，写着战斗战斗，只做第一。"这种"只做第一"的敢拼精神，在京东"6·18"体现得淋漓尽致。每年的"6·18"现场，到处都能看到"战斗战斗，只做第一"的标语与口号，从研发到仓储、配送，再到客服各个链条从不掉链子。通宵加班、只做第一，英雄争霸赛等火热场面，已成为京东人的习惯。也正因为此，"6·18"从过去作为京东独角戏的店庆日，已经演变为整个电商行业的节日与全民网购狂欢节。京东 2018 年"6·18"全球累计下单金额达 1 592 亿元，借助 AI 技术 90% 以上自营订单实现当日达或次日达。期间，京东从无人机、无人车到无人仓，已实现智能物流的完整场景。京东凭借全世界先进、常态化运行的物流技术全面超越亚马逊，其电商体验绝对是行业第一。总体发展来看，"只做第一"精神一直引领着京东不断超越当当、苏宁、国美、亚马逊中国等竞争对手，创造奇迹。2016 年，京东家电以 62% 的份额成为线上线下全渠道领先的家电零售商。目前，京东物流网络已经覆盖了整个中国 99% 的人口，成为全球用户体验卓越的公司之一，在全球零售行业的品牌价值增长速度仅次于亚马逊。

总之，无论是过去的"一个中心四个基本点——客户为先，诚信、团队、激情、创新"，还是今天的"T 形文化——正道成功、客户为先、只做第一"，京东所坚守的价值观内涵其实始终没有改变。也正是如此简简单单而又颇具穿透力的 12 个字，给予了京东强大的文化支撑与不竭的动力源泉。因此，今天的文化升级也可以说是京东的一场动员全体员工"不忘初心、砥砺前行"的行动，新的"T 形文化"让京东人的信仰更为坚定，时刻做到安不忘危、盛必虑衰，共同文化先行、筑梦未来，实现基业长青。

案例启示：

毋庸置疑，一封未雨绸缪的文化升级全员信对于京东的发展至关重要，而对于其他企业来说，也为其在企业文化升级方面提供了很有价值的信息，具有极强的借鉴意义。总结来看主要有三点：一是保持企业发展历程中积淀的优秀的 DNA，不要脱离实际、为了升级而随意更新为看似国际化、具有时代性的先进文化理念，一定要基于企业过去的优良传统、具有强大生命力的文化 DNA 进行文化理念更新，而且往往简单、朴实的文化更具生命力；

二是处理好文化与战略的协同关系，不能脱离战略进行文化升级，同时，战略的变革也要与文化保持相对一致，应该做到二者相互支撑、相互推动、相互制约，最终形成螺旋式提升；三是科学、系统全面地升级，以确保科学性、系统性与实效性。全面升级不仅要有高层高度的重视与把控、全面的渗透式调研、严谨科学的论证，还要从理念到制度、行为、形象各个层面进行升级，即确保文化升级融入管理，确保文化约束战略而又支撑战略。

案例 4－38

以“八大子体系”为核心的企业文化工作评估

K 公司是国内一家知名的电信服务类地级公司。在企业文化评估实践过程中，K 公司采用了基于企业文化建设“八大子体系”的企业文化工作评估方案，通过评估、监督、考核、总结与改进，在短短的两年内便形成了较成熟的、实现自我循环改进的企业文化建设体系，有效促进了企业文化落地，推动企业实现战略目标并实现业绩的持续增长。其具体实施过程如下。

1. 成立企业文化评估小组

为了确保企业文化评估工作有人抓、有人管，K 公司特别成立了由企业领导、企业文化专业人士、企业文化宣贯员、党政部门负责人、核心业务部门负责人等组成的企业文化建设评价考核小组，并明确了各成员的职责以及具体分工。与此同时，K 公司还拟定了企业文化建设工作评估与考核管理办法。

2. 明确评估目标、对象及内容范围

K 公司依据企业文化建设“八大子体系”构建的总体规划、阶段目标与任务，主要针对各部门、各班组提出明确的评估目标、工作计划、评估重点以及具体的内容范围。例如，在第一年，企业文化建设体系构建工作尚处于初期阶段，其评估指标的设计主要包括文化宣贯、文化制度化、保障措施等，而文化深度融入管理的一些考核指标则不在该阶段的评估范围内。

3. 细化评估考核指标

在明确评估重点及内容范围的基础上，K 公司依据“简单合适、便于操作”的原则进一步对考核指标进行了细化。例如，在传播体系构建方面，要求各部门就传播载体或者传播媒体的数量与质量明确化，对所开展的各类活动的类型、数量及频率进行具体的量化。

4. 确定评估方式

基于企业文化建设“八大子体系”的企业文化评估工作，其评估内容以具体的企业文化建设日常工作为主，无需太多专业工具与复杂的方法。因此，K公司确定了以自我评估为主、必要时邀请外部专家指导的方式来实施企业文化评估。同时，K公司又根据企业的战略部署、企业文化建设总体规划以及日常管理工作量情况，以月度、季度、年度三类定期评估为主，以不定期实施抽查评估为辅。但是，考虑到第一年工作筹备周期、员工需要适应等因素，以季度、年度评估为主。

5. 企业文化评估实施与评估结果应用

在组织引领、职责分明、目标与重点明确、指标细化、方法科学的前提下，企业文化评估的实施工作也就轻松容易多了。K公司按照各阶段的工作进度安排、人员分工安排如期实施，高效完成评估实施工作的同时获得了科学的评估结果。

而如何有效应用这些科学的评估结果，正是企业文化评估最终要解决的问题，也是企业文化评估工作价值的集中体现。K公司一方面根据评估结果，就“八大子体系”的构建工作进行经验总结、问题改进，并与各部门及个人的工作改进计划协同实施，以不断完善企业文化建设体系；另一方面将评估结果与部门及个人的绩效考核、先进组织及个人评选、员工晋升、薪酬福利等紧密挂钩，从而达到激励员工、促进员工进一步认同企业文化的目的。

案例启示：

从K公司基于“八大子体系”的企业文化工作评估这一成功案例来看，我们可以得到以下三方面的启示：一是把握一个核心，即紧紧围绕“八大子体系”来设定规划目标、设计考核指标，从而确保企业文化工作评估有效促进“八大子体系”的不断优化与高效运行；二是抓住一个关键环节，即有效应用企业文化评估结果，达到改善“八大子体系”、激励员工的目的，充分发挥企业文化评估的价值；三是做到系统化、规范化，即做到有组织、有制度、有目标、有重点、有依据（考核指标）、有方法（评估方式），从而确保企业文化评估工作的科学性与有效性。

案例 4-39

基于精益生产的文化管理模式的评估与改进

L公司是我国中部地区最大的卷烟生产制造企业之一，通过多年的企业文化建设，已经形成了较成熟的企业文化建设体系，其中包括富有特色的企业文化理念体系、规范的行为标准、统一的企业形象、系统的宣贯措施、有效的企业文化建设工作评价办法等。但是如何使企业文化进一步融入生产管理，如何由企业文化建设向企业文化管理迈进，是L公司企业文化建设面临的瓶颈问题。

为此，L公司提出继续探索“完善基于精益生产的文化管理模式”这一课题，并将其纳入企业的总体战略规划，列为2012年度的工作重点，组织各部门全面、深入地开展此项工作。

1. 明确目标与方向

L公司首先明确了该课题的目标与方向，即诊断L公司企业文化建设现状，并与精益生产企业文化体系进行对标分析，界定企业文化建设中的薄弱点，从而通过文化提升，最终形成基于精益生产的文化管理模式，提高效率，减少耗费，提升品质，增强竞争力；与此同时，在精益生产文化管理模式建设基础上，提炼总结L公司企业文化建设成果，使之成为行业标杆，并借此契机向社会大力推广，提升L公司的品牌知名度与美誉度。

2. 成立联合课题组

为了专业、高效地攻克该项课题，L公司与外部专业的企业文化研究机构共同成立联合课题组，并明确各自职责与具体分工。外部专业机构成员由企业文化专家、项目经理、研究员、研究助理等6人组成；公司内部成员则由核心领导、主管领导、企业文化负责人、企业文化专员、重要部门负责人等6人组成。

3. 制定课题实施方案

课题实施方案主要由外部专业机构拟定，但在与L公司共同协商、确认后方可实施。具体内容包括研究思路、研究方法、研究工具、标杆分析案例、角色分工、工作进度、各阶段输出成果、相关负责人等。例如，为了突出本项目的核心目标，除了采用一些通用的企业文化研究工具，课题组还运用了自主研发的“行业精益制造企业文化框架体系”，对L公司企业文化进行评估与改进。该公司主要通过对国内外该行业的精益生产文化管理模式的标杆案例、行业特色进行深度分析和总结提炼，结合国内外各种企业文化测评体系、我国该行业的企业文化评价体系等，打造了适用于我国该行业的具有特色的精益制造企业文化框架体系。

4. 项目启动及全面深入调研

项目实施前，L公司组织公司中层骨干人员召开课题项目启动会，进一步明确了课题项目目标、组织设置与职责分工以及详细的实施计划。基于此，联合课题组从企业上下、内外进行全面深入的调研，具体方式包括二手资料收集、历史文献研究、问卷调查、现场观察、座谈访谈等，调研对象涉及高层、中层、基层、客户、供应商、合作机构、物理环境等，共达600余人次，基本覆盖全体员工。

5. 科学诊断分析

该阶段，L公司运用各种研究方法与工具，就调研分析获取的数据与信息进行编码、统计与分析，形成L公司企业文化诊断分析报告。其中应用的主要研究工具有行业精益制造企业文化框架体系、企业文化建设四层次结构模型等，同时还包括一些创新性的研究方法，例如标杆对比法、因子分析法、结构模型法、扎根编码法、证据三角法等。在形成诊断分析报告的过程中，联合课题组非常注重与各部门负责人以及基层员工的互动沟通，通过反复的意见征求、问题确认，最终形成科学准确的诊断分析报告。

6. 提炼成果与提出解决方案

基于诊断分析结果，L公司一方面就前期企业文化建设取得的经验与成果进行了总结和提炼，形成了L公司企业文化管理成果总结报告以及企业文化建设典型案例库，为后期的企业文化对内传播以及对外输出奠定基础；另一方面针对企业文化建设现状与标杆企业相比存在的差距与问题，提出了详细的问题解决方案，形成了L公司企业文化管理提升对策与建议以及L公司基于精益生产的文化建设三年规划，该规划严格按照企业文化目标体系构建的要求拟定，以确保后期改进工作落到实处。

7. 辅导方案实施

新的规划的实施是 L 公司基于精益生产的企业文化管理模式的改进与完善过程。因此，该项工作主要由 L 公司的企业文化建设领导机构、牵头部门组织各部门以及全体员工来实施。但是，为了提高改进工作实效，L 公司仍然坚持定期向外部专业机构反馈改进成果与问题，获取外部专业力量的智力支持，以便及时调整改进方案并解决新的问题。

案例启示：

基于精益生产的文化管理模式的评估与改进，是 L 公司在已经形成较成熟的企业文化建设体系的基础上提出的课题，需要从企业文化建设的过程及效果，就企业文化的精神、制度、行为、形象等各个层面进行全面深入的诊断分析，准确找出差距、问题及其原因，而诊断分析结果的科学性与准确性将直接影响整个评估工作的质量。因此，诊断分析是该项评估工作的关键点之一。另一个关键点则是评估的目标与方向，即集中于“精益生产”这个关键要素来设定企业文化的发展目标与方向，明确企业文化建设的根本目的。这就决定了评估工具的选用、诊断分析的工作重点等都应紧紧围绕该目标而确定或实施，例如联合课题组自主研发的“行业精益制造企业文化框架体系”的应用，使得企业文化评估工作更具针对性、更能发挥实效性。目标与方向看似简单，但不可小觑，必须结合企业的实际需求来拟定。目标不可分散或过于追求全面，更不可好高骛远、不着边际，否则只会是徒劳无获。当然，该项工作对评估队伍、研究工具、研究方法的专业性都有很高的要求。因此，该项工作的难度还是比较大的。建议像 L 公司一样，以借助外部专家力量并成立联合课题组的方式予以实施，从而确保工作的高质量、高效率，不过，在此过程中一定要注重双方的沟通与协调。

PRACTICES ON CORPORATE CULTURE BUILDING

第 5 章

企业文化建设实用工具必备

“工欲善其事，必先利其器”。在企业文化建设过程中，掌握必备的实用工具并能够熟练运用，对于实践者而言至关重要。这些实用工具主要指贯穿“八大子体系”的规划方案撰写指导说明、工作计划表、制度设计指导书、职位说明书、工作内容清单、预算表、评估表、评估指标体系、调查问卷等。

我们基于大量企业文化建设实践案例的研究，本着“专业、实践、深度”的原则，精选出各工作模块中最重要、最常用、最实用的必备工具，并附有应用说明，可以帮助读者实现“拿来即用”。

为了帮助读者正确、有效地使用这些工具，这里提醒读者需要注意以下两方面的问题：

一是注重工具的系统性。正如企业文化建设体系中“八大子体系”之间紧密衔接、相互支撑，各个子体系中的工具也不例外。因此，在应用各项工具时，应该做到全盘考虑、系统应用，注重工具之间的关联性以及一致性，而不是孤立地应用某一项工具。例如，激励体系中的企业文化建设评价和考核制度与保障体系中的企业文化建设管理办法以及评估体系中的企业文化建设工作评价指标体系都是紧密关联的，因此使用过程中需要保持内容的一致性并突出各项工具内容的侧重点，进而大大提高工作效率，并产生“1+1>2”的效果。

二是注重工具的灵活性。虽然对各项工具都提供了应用指导说明，但毕竟每个企业本身的企业文化特征、企业文化建设所处阶段、管理方式等不尽相同，这就要求企业文化建设实践者必须根据自己企业的特点，就所提供的实用工具进行适当的调整与修改，做到满足“贴身需要”。例如，不同企业所处的企业文化建设阶段不一样，在企业文化评估体系构建过程中，其企业文化建设工作评价指标体系肯定是有很大差异的。尤其是在企业文化建设体系尚不成熟的情况下，企业文化建设工作评价指标的设计无须过于复杂、过于完善，应遵循既依据理论框架又符合企业实际需要的原则。

企业文化目标体系构建工具

一、企业文化建设规划与实施细则方案撰写指导说明

企业文化建设规划是根据企业文化战略目标以及调研诊断中反馈的主要问题制定的，要求注重方案的可实施性和有效性。一般包括总体思路、指导思想与原则、理论方法、具体实施方案、年度工作推进表、保障措施等重要内容（见表 5－1）。

表 5－1　　企业文化建设规划与实施细则方案撰写指导说明

内容标题	主要内容及要求
一、总体思路或者摘要	企业文化建设规划的总体设想，要求用简洁的语言描述企业文化建设的背景、指导思想、原则、理论方法、主要任务、实施路径以及所要实现的目标。
二、指导思想与原则	一般根据行业要求、企业文化建设的原则要求、企业自身企业文化建设的相关要求进行描述。
三、理论方法	主要指企业文化建设的相关理论支撑性内容。这部分内容根据实际需要安排，一般详细的企业文化建设规划方案都应该包括此部分内容。
四、具体实施方案	一般要求对总体规划进行任务分解，列出阶段目标、阶段重点任务以及阶段具体措施（具体实施步骤）。企业应根据自己的实际需求，科学合理地制定任务分解方案，尤其是要突出每个阶段的特点以及不同程度的实施措施。例如，如果第一年侧重于宣贯，则在培训学习、传播形式、活动开展等方面加重“笔墨”；反之，则对这方面的工作进行适度的减量。
五、年度工作推进表	要求至少以季度为单位，按照时间顺序列出各个阶段的关键工作任务、目标以及负责部门。
六、保障措施	主要指企业文化建设工作开展所需要的一切保障，包括组织、制度、资金、硬件、人员等。
七、附件	补充材料以附件形式安排。具体包括简化的规划实施甘特图、需要补充的理论体系说明、具体实施过程中的一些问题说明等。

二、企业文化建设工作任务分解与工作推进表

本工具（见表5－2）用于企业文化建设规划的任务分解以及具体工作进度安排。要求明确各阶段工作目标与任务、具体职责分工以及工作进度安排，并做到目标清晰、职责明确、任务细分、分工合理、进度明晰。

表5－2　企业文化建设工作任务分解与工作推进表

<table>
<tr><td>时间段</td><td colspan="2"></td><td colspan="2">主题</td><td colspan="2"></td></tr>
<tr><td>该阶段目标</td><td colspan="6"></td></tr>
<tr><td>该阶段重点</td><td colspan="6"></td></tr>
<tr><td>主要工作</td><td>细分项目</td><td>详细内容与要求</td><td>开始时间</td><td>完成时间</td><td>负责部门/负责人</td><td>目标或预期成果</td></tr>
<tr><td></td><td></td><td></td><td></td><td></td><td></td><td></td></tr>
<tr><td></td><td></td><td></td><td></td><td></td><td></td><td></td></tr>
<tr><td></td><td></td><td></td><td></td><td></td><td></td><td></td></tr>
<tr><td></td><td></td><td></td><td></td><td></td><td></td><td></td></tr>
<tr><td></td><td></td><td></td><td></td><td></td><td></td><td></td></tr>
<tr><td></td><td></td><td></td><td></td><td></td><td></td><td></td></tr>
<tr><td></td><td></td><td></td><td></td><td></td><td></td><td></td></tr>
</table>

三、企业文化建设三年规划实施甘特图

本工具（见表5－3）为企业文化建设三年规划实施甘特图示例。要求列出关键工作项目及其启动时间与截止时间，通过该甘特图可以明确各阶段企业文化建设工作重点及相关要求。

表 5－3　　企业文化建设三年规划实施甘特图

主要工作	细分项目	开始时间	完成时间	2019 年第一季度	2019 年第二季度	2019 年第三季度	2019 年第四季度	2020 年第一季度	2020 年第二季度	2020 年第三季度	2020 年第四季度	2021 年第一季度	2021 年第二季度	2021 年第三季度	2021 年第四季度
企业文化目标体系构建															
企业文化保障体系构建															
…															

注：深灰色表示重点阶段；浅灰色表示持续进行。

企业文化保障体系构建工具

一、企业文化建设管理办法内容纲要

企业文化建设管理办法主要通过明确企业文化建设的目标、原则、组织机构、队伍管理、工作内容（企业文化建设规划及实施方案）、日常工作管理措施以及考核方法等，对公司的企业文化建设工作进行规范化管理，从而确保企业文化建设工作健康有序地推进，并形成良好的企业文化建设氛围。管理办法中，如果衍生出更详细、更具体的企业文化内训师管理办法、企业文化培训管理办法、企业文化宣传管理办法、企业文化评价考核管理办法等，可以根据其重要程度以附件形式体现，或者独立成管理文件。企业文化建设管理办法内容纲要如表 5－4 所示。

表 5－4　　企业文化建设管理办法内容纲要

提纲	主要内容说明
一、企业文化建设总则	1.1　目的 / 宗旨。可以采用企业文化战略目标的相关内容。明确为了达到什么目标而制定本办法。 1.2　基本原则。例如以人为本、统筹兼顾、持续改进、注重实效、全员参与等。 1.3　内容范围。对企业文化建设管理工作的主要内容进行简单描述，从而界定企业文化建设管理工作的内容范围。 1.4　适用范围。本办法适用的部门、对象范围。 1.5　术语释义。例如企业文化定义、企业文化建设体系等。
二、企业文化建设组织	2.1　组织机构设置。例如企业文化建设领导小组、实施小组、各部门等。 2.2　职责与权力。对各机构、各部门、员工在企业文化建设过程中的职责与权力进行明确。（针对部门，主要参与部门可以单独列出，但是大部分部门可以统一列出其相同的职责与权力；针对员工权责，也应该进行统一的说明。） 2.3　宣贯员队伍建设。可从队伍组建、队伍权责、队伍培训、队伍考核等方面进行简单说明。若内容过多，可以附件形式体现。
三、企业文化建设规划 / 内容	3.1　具体目标与任务。指分阶段的目标，例如长期目标、中期目标、短期目标。要求突出各阶段的工作重点。 3.2　建设思路。就企业文化建设的总体思路进行相关说明。例如，通过什么路径与方法来实现预定目标。

续前表

提纲	主要内容说明
三、企业文化建设规划 / 内容	3.3　总体实施计划。主要指企业文化建设实施方案的相关内容，即企业文化建设的具体措施。例如，按照企业文化建设“八大子体系”的构建内容来简单描述。（该部分是重要内容之一，详细方案可作为附件。） 3.4　近期工作计划。主要明确短期内的工作目标、工作重点、主要工作内容、工作任务分配、工作进度等。在内容呈现形式上，可以相对灵活一些，例如，可以按照“重点工程”的形式分别列出。（该部分是重要内容之一，详细方案可作为附件。）
四、企业文化建设管理	主要指日常工作的管理。例如工作计划管理 / 目标管理、工作总结与改进管理、工作监督与考核管理、案例征集管理、重要活动报批管理、重点项目建设管理、企业文化宣传管理、企业文化培训管理、数据与信息管理、经费预算管理、保障措施等。其中涉及流程管理的表格，可以附件形式体现。（由于每个企业的规模及组织结构不一样，具体的管理措施内容这里不一一列出。尤其是一些中小企业，本身组织结构简单且企业文化建设工作内容相对简单，只需将日常管理的一些事项与要求一一列出即可，无需复杂的宣传管理、培训管理以及流程表等。）
五、企业文化建设考核	5.1　考核目标。主要指企业文化建设考核工作的目的。 5.2　考核原则。例如公平公正、绩效优先。 5.3　考核对象。企业文化建设考核的对象一般包括部门、员工。 5.4　考核办法。采取的考核方式（例如定性考核与定量考核、自我评估与他人评估等）、考核周期、考核指标等具体考核工作实施的内容。 5.5　考核激励。主要指对考核结果与薪酬、晋升、评先评优之间关系的说明。
六、附则	6.1　本办法解释权归属说明。 6.2　本办法拟定、修改、审批说明。 6.3　本办法生效说明。
七、附件	以下为有关附件清单，仅供参考，企业可根据实际需要来安排内容。 7.1　企业文化建设三年规划（详细版）。 7.2　企业文化宣贯员队伍建设管理办法。 7.3　企业文化培训管理办法。 7.4　企业文化宣传管理办法。 7.5　企业文化评价与考核管理办法。 7.6　企业文化日常工作管理流程表。 7.7　企业文化案例征集表。 7.8　企业文化建设经费预算表。

二、企业文化建设经费预算表（年度）

企业文化建设经费预算表（年度）（见表5－5）适用于一般的企业文化建设规划与预算制定，所列的项目分类以及细分的项目清单为大部分企业在企业文化建设过程中都会涉及的工作内容，可以帮助企业通过精确的预算有效控制企业文化建设成本，并为企业文化建设工作的实施提供充分的资金保障。预算表最好转化为Excel格式，并设置自动计算公式，以方便使用。

表5－5　企业文化建设经费预算表（年度）

项目分类	项目内容	数量/单位		单价（元）	细项总额（元）	大项总额（元）	备注
基础设施建设	文体活动中心						
	图书室						
	培训中心						
	设施设备						企业文化建设所必需的设施设备
	其他						
	合计						
传播载体建设	内刊						
	宣传墙						
	显示屏						
	新媒体						例如微博、微信、网站等
	其他						
	合计						
CIS	企业文化手册						
	行为规范						

续前表

项目分类	项目内容	数量 / 单位	单价（元）	细项总额（元）	大项总额（元）	备注
CIS	执行力手册					
	安全文化手册					
	案例集					主要指内部宣传使用的案例集
	环境设计与布置					
	工作服统一					
	办公用品统一					
	其他					
	合计					
宣传	媒体发稿					
	广告投放					
	案例集出版印刷					
	图书出版印刷					例如企业历史、优秀案例图书等
	其他					
	合计					
活动（含培训）	大型主题活动					
	年度晚会					
	公司庆祝活动					
	培训活动					主要指企业文化宣贯过程中的培训活动
	品牌文化活动（部分）					
	其他					
	合计					

续前表

项目分类	项目内容	数量/单位		单价（元）	细项总额（元）	大项总额（元）	备注
人员费用	主任						
	副主任						
	企业文化专员						
	编辑						
	培训费用						主要指企业文化工作人员的培训费用
	其他						
	合计						
其他费用	有关物料费用						
	课题咨询费用						包括 CIS 设计费用
	课程师资费用						
	创新管理						
	知识管理						例如课件整理、信息统计、知识库建设等
	其他						
	合计						
费用合计							
不可预计费用（5%）							
总计							

三、职位说明书——企业文化建设职能部门（负责人）

企业文化建设职能部门直接接受企业文化建设委员会的领导与管理，具体负责实施企业文化战略，组织各部门开展企业文化建设工作，是确保企业文化有效渗透到各部门的具体执行机构，具有专业化、执行有力和高效等特征。具体岗位可设置企业文化部部长、企业文化师、企业文化专员等，这里主要指部门负责人。企业文化建设职能部门（负责人）职位说明书如表 5－6 所示。

表 5－6　　　职位说明书——企业文化建设职能部门（负责人）

<table>
<tr><td colspan="6">基本信息：</td></tr>
<tr><td>职位名称</td><td>企业文化建设职能部门（负责人）</td><td>工作性质</td><td></td><td>直属上级</td><td>企业文化建设委员会</td></tr>
<tr><td>职位代码</td><td></td><td>工作地点</td><td></td><td>所辖人员</td><td></td></tr>
<tr><td>定员人数</td><td></td><td>所在部门</td><td></td><td>审核人</td><td>企业文化建设委员会负责人</td></tr>
<tr><td>职系</td><td></td><td>直属部门</td><td></td><td>批准人</td><td>企业文化建设委员会负责人</td></tr>
<tr><td>职等职级</td><td></td><td>工资等级</td><td></td><td>填写日期</td><td></td></tr>
<tr><td colspan="6">工作概述：</td></tr>
<tr><td colspan="6">企业文化建设职能部门直接接受企业文化建设委员会的领导和管理，是企业文化落地的执行机构。具体负责实施企业文化战略，组织开展企业文化建设工作，确保企业文化核心理念、制度规范、行为规范、视觉物化在各部门有效执行。</td></tr>
<tr><td colspan="6">工作职责：</td></tr>
<tr><td colspan="6">（1）协助制定企业文化发展战略。
（2）协助制定企业文化建设规划与具体实施方案。
（3）协助完善企业文化建设目标体系、保障体系，重点抓好制度体系、宣贯队伍建设。
（4）依据企业文化战略目标与具体实施方案全面开展企业文化建设工作。
（5）负责宣贯队伍的组建与培训。
（6）建立和完善企业文化建设体系。
（7）监督、评估、审核各部门的企业文化建设工作。
（8）总结本部门企业文化建设阶段性工作经验，并提出问题与改进方向。
（9）完成企业文化建设其他相关工作。</td></tr>
<tr><td colspan="6">工作权限：（企业应根据实际情况填写）</td></tr>
<tr><td>权限项目</td><td colspan="5">权限内容</td></tr>
<tr><td>决策权</td><td colspan="5">权限范围内的决策权。</td></tr>
</table>

审核权	权限范围内的财务审批权。
监督权	对各部门企业文化建设工作的监督权与检查权。
建议权	对公司企业文化战略规划、实施方案、问题改进及企业文化方面重大事项的建议权。
用人权	对直接下级人员调配、奖惩的建议权和任免的提名权。
考核权	对所属下级管理水平、业务水平和业绩的考核评价权。
其他	对下级之间工作争议的裁决权；权限范围内代表企业对外联络的权力；对企业文化建设部分规章制度的解释权。
工作关系：	
内部协调关系	直接上级：企业文化建设委员会负责人。
	同事（同级）：其他部门经理。
	直接下属：企业文化专员、企业文化师、基层企业文化建设小组。
	间接下属：其他部门人员。
外部协调关系	政府、媒体、党组织、工会组织、高等院校、研究机构等。

工作关系图：

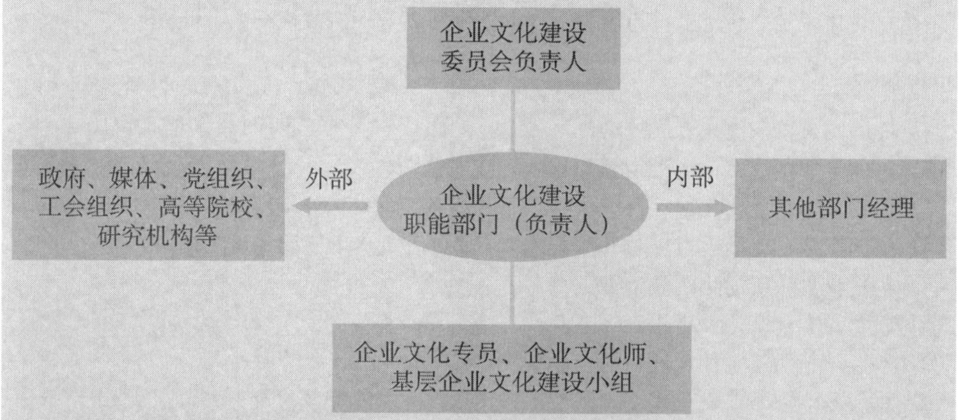

说明：该图是本职位直接组织关系（包括纵向的汇报和管理关系、横向的协调合作关系）的示意图，间接的汇报和管理关系不做进一步的标注，如需要明确本职位上一级或下一级的汇报和管理关系，请参见直接上级主管或下属的职位组织关系图。

可直接晋升职位	

可晋升至此职位	
可转换轮岗职位	
任职资格：	
教育背景	□ 人力资源管理、工商管理或者相关专业本科以上学历。
培训经历	□ 接受过企业文化、战略管理、人力资源管理、组织变革管理、领导力开发、市场营销管理等方面的培训。
经验	□ 3 年以上企业文化管理相关工作经验。
知识及技能	□ 在企业文化、品牌文化、人力资源管理方面具有深厚的理论功底，熟悉企业文化建设体系相关理论知识及运行机制。 □ 在企业文化建设工作方面具有长期的管理经验与丰富的实践经验。 □ 熟悉国内外企业文化建设的研究趋势及先进的实践成果。 □ 具有较强的团队领导能力，且能对团队进行专业的企业文化培训。 □ 具有较强的判断、决策、计划与执行能力。 □ 具有良好的沟通和协调能力。 □ 具有良好的书面表达能力。 □ 具有较好的英文听、说、读、写能力。 □ 熟练使用办公软件。
态度和品质	□ 正直、坦诚、乐观、自信、亲和力强。 □ 细致、严谨、踏实、勤恳、思维活跃。 □ 好学上进，有工作热情，责任心、事业心强。 □ 具有良好的团队合作精神、敬业精神和职业道德操守。
其他任职要求（根据需要）	□ 兴趣爱好： □ 个性特征： □ 性别： □ 年龄： □ 体能需求：
工作条件：	
工作场所	办公室。
环境状况	舒适。
工作时间	正常。
工作均衡性	不忙。
危险性	基本无危险。

职业病	无职业病危险。
工具设备	计算机（笔记本、台式机）、一般办公设备（电话、传真机、复印机、打印机、互联网）、通信设备等。
备注：	

四、职位说明书——基层企业文化建设小组（负责人）

基层企业文化建设小组可分为职能部门负责的亚文化建设小组以及班组成立的班组文化建设小组，凭借其形式多样、覆盖面广、贴近员工、反馈效果快的特征，促使企业文化组织保障延伸到各职能部门、各班组，广泛调动员工参与企业文化建设的积极性，并形成全员参与企业文化建设的良好氛围。基层企业文化建设小组（负责人）职位说明书如表 5－7 所示。

表 5－7　　职位说明书——基层企业文化建设小组（负责人）

基本信息：					
职位名称	基层企业文化建设小组（负责人）	工作性质		直属上级	企业文化建设职能部门
职位代码		工作地点		所辖人员	
定员人数		所在部门		审核人	企业文化建设职能部门负责人
职系		直属部门		批准人	企业文化建设职能部门负责人
职等职级		工资等级		填写日期	
工作概述：					
基层企业文化建设小组主要分为职能部门负责的亚文化（或子文化）建设小组以及班组成立的班组文化建设小组。一般由具体的负责部门或者班组全面负责亚文化（或子文化）或者班组文化的宣贯与落地，并依托其深入基层“组织细胞”的特点，有效宣贯和推行企业的主文化。					

工作职责：	
(1) 负责制定部门子文化、亚文化或班组文化的建设规划与实施方案。 (2) 负责确立子系统或者班组文化理念体系。 (3) 负责子系统或者班组文化理念宣贯。 (4) 依据公司企业文化理念以及企业文化建设要求，完善该系统内或者班组的各项规章制度，规范行为。 (5) 负责本部门或者班组文化建设各类活动的开展。 (6) 负责本部门或者班组文化建设的指导、考核和监督。 (7) 执行上级部门下达的各项规章制度与精神，落实企业文化建设各项工作任务。 (8) 总结本部门企业文化建设阶段性工作经验，并提出问题与改进方向。 (9) 及时与企业文化建设职能部门保持沟通并进行工作汇报。 (10) 完成企业文化建设其他相关工作。	
工作权限：(企业应根据实际情况填写)	
权限项目	权限内容
决策权	权限范围内的决策权。
审核权	权限范围内的财务审批权。
监督权	对本部门或者班组企业文化建设工作的监督权与检查权。
建议权	对公司企业文化建设问题改进以及本系统亚文化或者班组文化建设的建议权。
用人权	对直接下级人员奖惩的建议权和任免的提名权。
考核权	对所属下级管理水平、业务水平和业绩的考核评价权。
其他	对下级之间工作争议的裁决权；权限范围内代表企业对外联络的权力；对企业文化建设部分规章制度的解释权。
工作关系：	
内部协调关系	直接上级：企业文化建设职能部门负责人 / 企业文化建设委员会负责人。
	同事（同级）：党组织、工会组织、其他部门经理 / 其他班组长。
	直接下属：部门人员或者班组人员。
	间接下属：其他部门人员（部分子文化或者亚文化可能涉及）。

<table>
<tr><td>外部协调关系</td><td>政府、媒体、党组织、工会组织等。</td></tr>
<tr><td colspan="2">工作关系图：
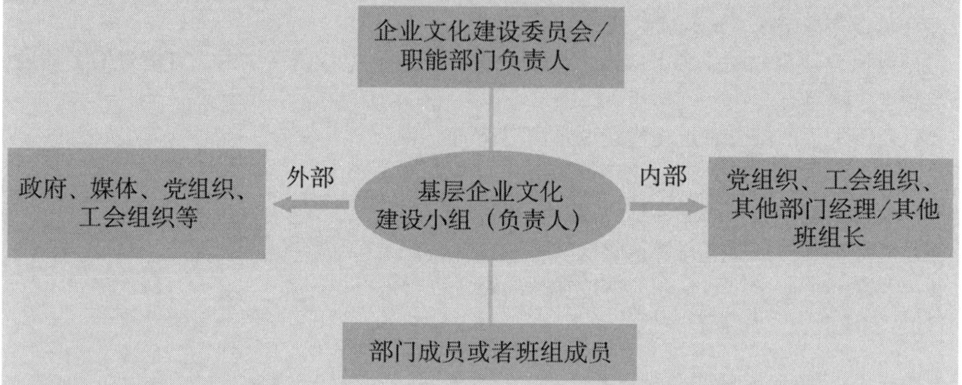

说明：该图是本职位直接组织关系（包括纵向的汇报和管理关系、横向的协调合作关系）的示意图，间接的汇报和管理关系不做进一步的标注，如需要明确本职位上一级或下一级的汇报和管理关系，请参见直接上级主管或下属的职位组织关系图。</td></tr>
<tr><td>可直接晋升职位</td><td></td></tr>
<tr><td>可晋升至此职位</td><td></td></tr>
<tr><td>可转换轮岗职位</td><td></td></tr>
<tr><td colspan="2">任职资格：</td></tr>
<tr><td>教育背景</td><td>□ 各部门或者班组岗位相关专业本科以上学历。</td></tr>
<tr><td>培训经历</td><td>□ 接受过岗位专业技能、企业文化、人力资源管理、领导力开发等方面的培训。</td></tr>
<tr><td>经验</td><td>□ 3 年以上本岗位企业文化管理相关工作经验。</td></tr>
<tr><td>知识及技能</td><td>□ 在本岗位的专业知识与技能表现处于领先水平。
□ 熟悉企业文化建设体系相关理论知识及运行机制。
□ 在所属子文化或者班组文化建设方面具有丰富的实践经验。
□ 具有较强的团队领导能力，且能为团队成员提供专业的知识与技能培训。
□ 具有较强的判断、决策、计划与执行能力。
□ 具有良好的沟通和协调能力。
□ 具有良好的书面表达能力。
□ 具有较好的英文听、说、读、写能力。
□ 熟练使用办公软件。</td></tr>
</table>

态度和品质	□ 正直、坦诚、乐观、自信、亲和力强。 □ 细致、严谨、踏实、勤恳、思维活跃。 □ 好学上进，有工作热情，责任心、事业心强。 □ 具有良好的团队合作精神、敬业精神和职业道德操守。
其他任职要求（根据需要）	□ 兴趣爱好： □ 个性特征： □ 性别： □ 年龄： □ 体能需求：
工作条件：	
工作场所	办公室 / 车间。
环境状况	舒适。
工作时间	正常。
工作均衡性	不忙。
危险性	基本无危险。
职业病	无职业病危险。
工具设备	计算机（笔记本、台式机）、一般办公设备（电话、传真机、复印机、打印机、互联网）、通信设备等；生产设备、安全防护配件等。
备注：	

五、职位说明书——企业文化专员

企业文化专员是企业文化建设职能部门的核心成员之一，主要协助企业文化建设职能部门负责人完成各项企业文化建设工作任务，确保企业文化核心理念、制度规范、行为规范、视觉物化等在各部门有效推行。企业文化专员职位说明书如表 5－8 所示。

表 5-8 职位说明书——企业文化专员

基本信息：

职位名称	企业文化专员	工作性质		直属上级	企业文化建设职能部门负责人
职位代码		工作地点		所辖人员	
定员人数		所在部门		审核人	企业文化建设职能部门负责人
职系		直属部门		批准人	企业文化建设职能部门负责人
职等职级		工资等级		填写日期	

工作概述：

协助企业文化建设职能部门负责人完成各项企业文化建设工作任务，确保企业文化核心理念、制度规范、行为规范、视觉物化在各部门有效推行。

工作职责：

（1）参与制定企业文化建设规划与具体实施方案。
（2）参与拟定企业文化建设各项规章制度、激励制度以及行为规范。
（3）负责企业文化理念的全面宣贯工作（包括视觉识别体系建设、培训以及各项活动的开展）。
（4）负责宣贯员队伍的组建与培训。
（5）负责指导各部门、班组开展企业文化建设工作。
（6）协助监督、评估、审核各部门的企业文化建设工作。
（7）协助建立和完善企业文化建设体系。
（8）协助总结本部门企业文化建设阶段性工作经验，并提出问题与改进方向。
（9）及时完成领导交办的其他任务。

工作权限：（企业应根据实际情况填写）

权限项目	权限内容
决策权	
审核权	
监督权	对所负责部门或者班组企业文化建设工作的监督权与检查权。
建议权	对公司企业文化建设工作实施以及问题改进方面的建议权。
用人权	

考核权	
其他	权限范围内代表企业对外联络的权力。
工作关系：	
内部协调关系	直接上级：企业文化建设职能部门负责人。
	同事（同级）：企业文化专员、其他部门人员。
	直接下属：
	间接下属：基层企业文化建设小组。
外部协调关系	政府、媒体、党组织、工会组织、高等院校、研究机构等。
工作关系图：	

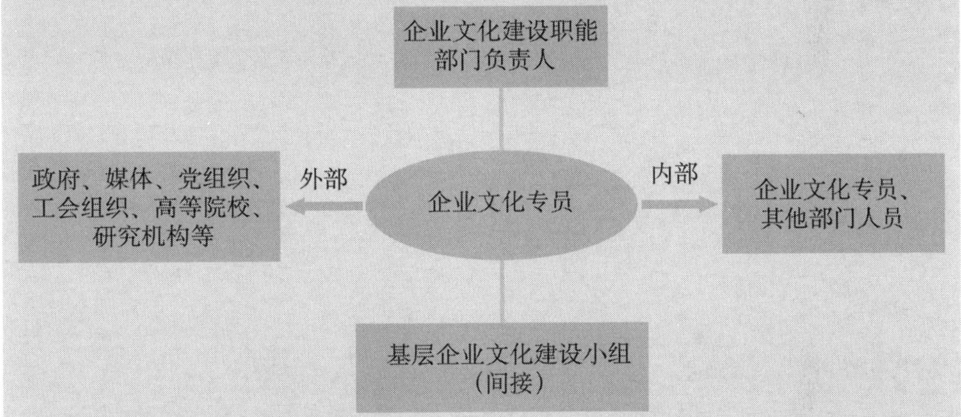

说明：该图是本职位直接组织关系（包括纵向的汇报和管理关系、横向的协调合作关系）的示意图，间接的汇报和管理关系不做进一步的标注，如需要明确本职位上一级或下一级的汇报和管理关系，请参见直接上级主管或下属的职位组织关系图。

可直接晋升职位	
可晋升至此职位	
可转换轮岗职位	
任职资格：	
教育背景	□ 人力资源管理、工商管理或者相关专业本科以上学历。
培训经历	□ 接受过企业文化、人力资源管理、领导力开发、市场营销管理等方面的培训。

经验	□ 1 年以上企业文化建设相关工作经验。
知识及技能	□ 在企业文化、品牌文化、人力资源管理方面具有深厚的理论功底，熟悉企业文化建设体系相关理论知识及运行机制。 □ 在企业文化建设工作方面具有一定的实践经验。 □ 熟悉国内外企业文化建设的研究趋势及先进的实践成果。 □ 具有一定的培训能力，且能对宣贯员进行专业的企业文化培训。 □ 具有较强的计划与执行能力。 □ 具有良好的沟通和协调能力。 □ 具有良好的书面表达能力。 □ 具有较好的英文听、说、读、写能力。 □ 熟练使用办公软件。
态度和品质	□ 正直、坦诚、乐观、自信、亲和力强。 □ 细致、严谨、踏实、勤恳、思维活跃。 □ 好学上进，有工作热情，责任心、事业心强。 □ 具有良好的团队合作精神、敬业精神和职业道德操守。
其他任职要求（根据需要）	□ 兴趣爱好： □ 个性特征： □ 性别： □ 年龄： □ 体能需求：
工作条件：	
工作场所	办公室。
环境状况	舒适。
工作时间	正常。
工作均衡性	不忙。
危险性	基本无危险。
职业病	无职业病危险。
工具设备	计算机（笔记本、台式机）、一般办公设备（电话、传真机、复印机、打印机、互联网）、通信设备等。
备注：	

企业文化识别体系构建工具

一、企业文化手册撰写指导说明及示例

企业文化手册是企业文化建设的纲领性文件，更是全体员工理解与接受企业文化的必备工具。其核心内容为企业文化核心理念体系的介绍与详细释义，企业文化建设总的指导思想、原则以及深远意义。企业也可以根据自己的需要，安排企业历史、荣誉、发展战略、视觉识别体系介绍、案例小故事等内容，帮助员工进一步理解企业文化、了解企业发展历程与企业形象，促使员工认知、认同公司的企业文化。企业文化手册撰写指导说明如表 5－9 所示。

表 5－9　企业文化手册撰写指导说明

内容标题	主要内容及要求
一、前言	企业文化建设的意义，公司企业文化建设的现状概述，企业文化新理念提出的背景，新的企业文化理念体系内容概述，未来企业文化建设总的目标、指导思想、原则与要求。
二、关于我们	公司简介。
三、公司历程	适合具有一定历史积累的企业，可以根据企业不同发展阶段的特点对其进行描述。例如，创业期、稳健成长期、跨越发展期、国际化发展期等。
四、核心理念体系（此为重点部分）	（一）核心理念体系结构说明 常按以下两种方式进行说明： （1）一般结构：由使命、愿景、企业精神、核心价值观以及具体的经营理念和管理理念组成。详见案例 5－1：某集团企业文化理念体系框架说明。 （2）特色结构：通常是结合行业共性、企业历史及特点形成的特色理念体系。详见案例 5－2：某公司企业文化手册目录（讨论稿）。 （二）核心理念体系详细释义 该部分是手册的核心内容，也是员工重点学习的内容，即对各条理念的内容以及释义进行详细阐述，具体形式可依据上述结构展开，逐条进行描述。

续前表

内容标题	主要内容及要求
四、核心理念体系（此为重点部分）	理念文字内容撰写要求： （1）反映企业历史文化优秀元素以及企业自身特色。 （2）体现行业文化特点或者母文化特征。 （3）符合企业实际以及未来发展需要。 （4）符合全体员工的文化习惯且员工普遍认同。 （5）通俗易懂、简明扼要，便于员工理解和接受。 （三）案例故事 可以集中安排在理念体系释义的后面。但是，如果每条理念都有对应的、合适的案例，建议将案例故事分散、逐个安排在相应的理念释义后面，这样可以帮助员工更好地理解理念释义。
五、附件或者补充内容	本部分为补充内容，企业可以根据自己的需要，安排企业历史、荣誉、发展战略、视觉识别体系介绍、案例小故事等内容，帮助员工进一步理解企业文化、了解企业发展历程与企业形象，促使员工认知、认同公司的企业文化。 具体位置企业可以根据自己的需要以及内容的重要性进行灵活安排。例如，公司历史可以靠前安排，案例小故事可以穿插安排在理念释义部分。手册结尾部分通常可安排以下内容： ● 公司子文化 / 亚文化简介。 ● 公司大事记 / 荣誉。 ● 公司品牌内涵。 ● 公司司歌。 ● 集团文化 / 母文化 / 行业文化简介。

案例 5－1

某集团企业文化理念体系框架说明

某集团企业文化理念体系框架如图 5－1 所示，具体释义如下：

（1）使命：回答了集团为什么存在的问题。

（2）愿景：确定了集团想做什么、想成为什么，即对组织未来的远期追求。

（3）企业精神：是集团全体员工所共有的内心态度、思想境界和理想追求，展示集团的精神风貌和气质。

（4）核心价值观：是集团的核心思想、根本信条和行为准则。

（5）九大价值理念：经营理念、管理理念、人才理念、分配理念、服务理念、市场理念、创新理念、安全理念、行为理念。它们是集团核心价值观在经营管理领域的具体体现，也是员工践行核心价值观的载体。

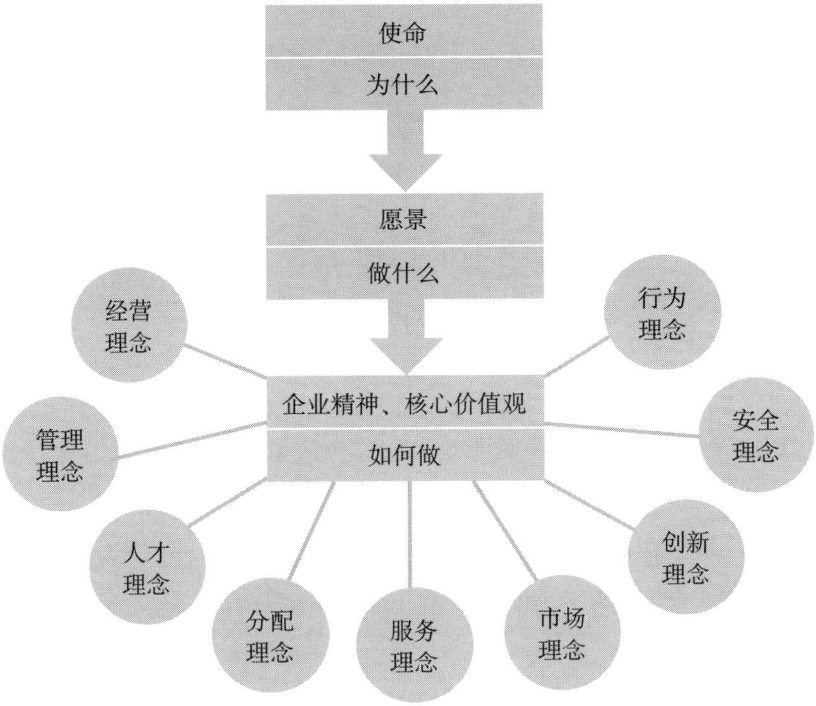

图5-1　某集团企业文化理念体系框架

案例5-2

某公司企业文化手册目录（讨论稿）

一、前言

二、光荣的××人

三、关于我们

四、历史回眸

五、“舵桨锚”核心理念体系说明

六、舵——方向

6.1 企业使命

6.2 企业愿景

6.3 企业精神

6.4 核心价值观

七、桨——动力

7.1 管理理念

7.2 经营理念

7.3 服务理念

八、锚——保障

8.1 执行理念

8.2 设备理念

8.3 安全理念

8.4 廉洁理念

附件 1：公司大事记（含荣誉）

附件 2：公司司歌

附件 3：集团企业文化核心理念体系

附件 4：集团 / 企业品牌标识

二、企业文化核心理念提炼指导说明

企业文化核心理念一般包括企业愿景、企业使命、核心价值观、企业精神以及具体的经营理念和管理理念，因此，本工具主要针对这几项核心理念的释义以及内容提炼要求进行详细说明，至于企业哲学、企业作风、企业工作方针等元素的内容设计与提炼，这里暂不涉及。就具体的经营理念和管理理念，本工具在给出内容提炼要求的基础上，罗列了一些常见的经营理念和管理理念分类清单，便于企业根据自身需求，选择适合自己、能够突出自己个性的经营理念和管理理念。企业文化核心理念提炼指导说明如表 5－10 所示。

表 5-10　　　　企业文化核心理念提炼指导说明

项目	释义	内容提炼要求
愿景	愿景是企业为之奋斗的蓝图，是组织成员发自内心的对组织未来的一种远期追求。	(1) 具有激励性，使企业员工明确发展方向、产生积极引导作用。 (2) 具有可操作性、可实现性，让员工有希望够得着。 (3) 具有一致性，员工高度认同。
使命	企业使命是企业存在的目的和理由，是企业必须承担的责任与义务。	(1) 体现企业战略定位与核心业务。 (2) 突出企业社会责任，协调好各方利益相关者的关系。 (3) 坚持顾客导向原则。
企业精神	企业精神是企业全体员工所共有的内心态度、思想境界和理想追求，展示企业的精神风貌和气质。	(1) 体现全体员工对企业特征的理解和认识。 (2) 对员工士气具有激励性，并引导建立良好文化氛围。 (3) 传承性与创新性相结合，符合时代要求，体现企业个性。
核心价值观	核心价值观是企业的核心思想、根本信条和行为准则，是对如何完成使命、达成愿景的行为准则的界定。	(1) 既包括道德价值观，又包括工作价值观，是如何做人与如何做事的价值标准的结合。 (2) 要求体现行业要求、企业优良传统、时代精神和企业个性。
具体的经营理念和管理理念	具体的经营理念和管理理念是企业核心价值观在经营管理领域的具体体现，也是员工践行核心价值观的载体。	(1) 有效地支撑企业的愿景、使命、企业精神与核心价值观。 (2) 与经营管理紧密结合，充分体现日常管理工作的指导理念与具体方法。 (3) 常见分类有经营理念、管理理念、质量理念、安全理念、人才理念、团队理念、学习理念、服务理念、危机理念、市场理念、品牌理念、廉洁理念、设备理念等。

三、员工行为规范制定指导书

制定员工行为规范的目的是规范员工行为，统一员工形象与行动，促进员工由“他律”走向“自律”，并不断提高组织执行力、提升企业形象力，推动全体员工共同努力实现企业战略目标。主体内容一般包括社会道德规范、职业道德规范、岗位行为规范、商务礼仪规范、顾客服务规范、安全行为规范等，制定过程中应注重体现企业所倡导的核心价值观以及行业特点或者企业特色。

表5-11为通用的员工行为规范，企业也可以根据实际需求，制定更细分的行为规范，例如按职位，可以制定高层员工行为规范、中层员工行为规范、基层员工行为规范；按岗位性质，可以制定生产岗位行为规范、销售岗位行为规范、服务岗位行为规范、行政岗位行为规范等；按企业的行业特点或者管理重点，可以制定相应的安全行为规范、质量行为规范等。

表5-11　员工行为规范制定指导书

目录	主要内容/释义	示例及要求	备注
前言	员工行为规范制定的目的以及内容概要。	(1) 目的：为了规范员工行为，促进员工由“他律”走向“自律”，提高执行力，共同实现企业战略目标。 (2) 内容概要：主要是包括哪些方面的内容或者哪几部分。	
总则	员工的职责、履行的基本原则、适用范围、术语释义。	(1) 职责：员工的使命，行为要求。 (2) 基本原则：在价值观的统领下，自觉履行。 (3) 适用范围：全体员工。	
企业文化核心理念	企业文化核心理念主要内容（不含释义）。	分别列出企业愿景、企业使命、核心价值观、企业精神以及具体的经营理念和管理理念的基本内容。	作为行为规范的统领。
社会道德规范	人们为了社会稳定和发展所必须遵守的行为准则。	我国《公民道德建设实施纲要》明确提出： (1) 公民道德基本规范：爱国守法、明礼诚信、团结友善、勤俭自强、敬业奉献。 (2) 社会公德主要规范：文明礼貌、助人为乐、爱护公物、保护环境、遵纪守法。 (3) 家庭美德的主要规范：尊老爱幼、男女平等、夫妻和睦、勤俭持家、邻里团结。	制定过程中，一般可结合公民道德规范与社会公德规范的相关内容。

续前表

目录	主要内容 / 释义	示例及要求	备注
职业道德规范	从业者在职业活动中所应遵循的道德原则和行为规范。	我国《公民道德建设实施纲要》明确提出： （1）职业道德的主要规范：爱岗敬业、诚实守信、办事公道、服务群众、奉献社会。 （2）医药企业：珍爱生命…… （3）环保企业：保护自然……	应结合行业特点提出职业道德规范。
岗位行为规范	主要指各岗位员工的日常行为规范，包括岗位职责、工作实施要求、工作状态表现要求、日常行为要求、禁止行为等。	（1）熟悉岗位职责要求。 （2）严格履行各项管理制度。 （3）认真执行上级布置的工作任务。 （4）不迟到、不早退、不旷工。 （5）严禁工作时间玩游戏。 （6）严禁吸烟、看报纸、聊天、吃东西、干私活。 （7）下班后及时熄灯、断电、关好门窗。 （8）不使用无版权或盗版的软件。 （9）严禁接受客户或者合作机构的礼品。 （10）注意环境卫生。 ……	结合价值观要求，并突出行业特点，或结合公司自身特点单独列出细分的行为规范。例如电话行为规范、安全行为规范等。
商务礼仪规范 / 社交礼仪规范	企业员工在人际交往、社会交往以及国际交往活动中应遵循的行为规范。	（一）个人形象 （1）着装要求。 （2）仪容仪表。 （3）姿势要求：坐姿、立姿、行姿。 （二）商务礼仪 （1）礼貌用语。 （2）问候。 （3）交谈。 （4）电话沟通。 （5）握手。 （6）引路。 （7）乘电梯。 （8）坐车。 （9）行走。 （10）会议（包括座次排序礼仪）。 （11）用餐。 （12）重要接待。	座次排序礼仪相关图片，可以附件形式体现。

续前表

目录	主要内容 / 释义	示例及要求	备注
顾客服务规范	主要指员工在服务客户、供应商等利益共同体的过程中应遵循的行为规范。	（1）要求明确服务行为总的原则，即服务理念。具体应包括服务的目标、服务的态度、服务的思维方式、服务的行为要求等。 （2）要求按照服务流程就具体的服务语言、服务行为等进行规范化，并对服务质量提出明确的要求。	适用于服务行业，一般是基于服务理念提出具体的行为规范，也可以与商务礼仪规范部分相结合。
安全行为规范	主要指员工在生产操作、日常工作与生活中应遵循的安全行为准则。	（1）员工的安全职责说明。 （2）遵守各项安全操作规定、安全管理规章与制度。 （3）参加安全培训教育活动相关要求。 （4）危险物品说明及规定。 （5）设备设施使用安全说明。 （6）消防器材维护说明。 （7）交通安全。 （8）隐患处理。 （9）应急处理。 （10）安全事故处理。	这里只是简单列出安全行为规范与要求，详细的安全管理制度通过另行文件体现。
附录	一些补充性数据、资料或者图片说明。	（1）座次排序礼仪。 （2）导读清单或者延伸阅读与学习：安全手册、生产操作手册、商务礼仪课件、顾客服务案例等。	

四、视觉识别体系建设清单

本工具（见表 5－12）主要用于视觉识别体系的规范化管理。一方面，可以通过清单全面掌握企业视觉识别体系的详细数据信息，便于随时调取有关数据应用；另一方面，可以通过清单形式，一目了然地掌握企业视觉识别体系建设的进展状态，便于随时补漏、不断改善。清单中的 10 项分类共 177 个细分项目，仅供参考，企业应该根据实际情况，合理选取内容项目或者增添必要的项目。

表 5-12　视觉识别体系建设清单

项目分类	序号	内容清单	样本/规范编号	数量/单位	规格与要求	计划完成时间	实际完成时间	负责单位/人	备注
基础设计（含样本）	1	LOGO 设计							包括用于各种环境的 LOGO 设计与规格的规范与要求。
	2	企业标准字体							含中英文，包括企业专用印刷字体。
	3	企业标准色							
	4	企业口号							字体标准与使用规范。
	5	辅助设计元素							象征图、吉祥物。
	6	基本元素组合规范							例如标志与口号组合、标志与吉祥物组合等。
	7	公司简介							内容及设计规范，如各种版式。
	8	产品简介							内容及设计规范。
应用系统 1：办公用品	9	名片							
	10	信封							
	11	信纸、便笺							
	12	传真纸							

续前表

项目分类	序号	内容清单	样本/规范编号	数量/单位	规格与要求	计划完成时间	实际完成时间	负责单位/人	备注
应用系统 1：办公用品	13	邮箱							含风格、落款设计等。
	14	PPT							含格式规范。
	15	Word							含格式规范。
	16	电脑桌面							
	17	电话通话设置							问候录音、铃声、通话等待。
	18	票据夹							
	19	合同夹							
	20	合同规范书							
	21	档案盒 / 档案袋							
	22	工作记事簿							
	23	文件夹							
	24	文件袋							
	25	卷宗纸							
	26	备忘录							

续前表

项目分类	序号	内容清单	样本 / 规范编号	数量 / 单位	规格与要求	计划完成时间	实际完成时间	负责单位 / 人	备注
应用系统 1：办公用品	27	简报							
	28	签呈							
	29	文件题头							
	30	直式、横式表格规范							
	31	电话记录							
	32	办公文具							
	33	聘书							
	34	奖状 / 奖杯							
	35	公告格式							
	36	产品说明书封面及内页版式							
	37	服务网点名址封面及内页版式							
	38	考勤卡							
	39	请假单							

续前表

项目分类	序号	内容清单	样本/规范编号	数量/单位	规格与要求	计划完成时间	实际完成时间	负责单位/人	备注
应用系统1：办公用品	40	胸卡/胸牌							
	41	贵宾参观证							
	42	临时通行证							
	43	停车证							
	44	名片盒							
	45	办公桌标识牌							
	46	即时贴标签							
	47	意见箱							
	48	企业徽章							
	49	纸杯							
	50	茶杯、杯垫							
	51	办公用笔							
	52	笔记本封面、内页							
	53	记事本							

续前表

项目分类	序号	内容清单	样本 / 规范编号	数量 / 单位	规格与要求	计划完成时间	实际完成时间	负责单位 / 人	备注
应用系统 1：办公用品	54	会议记录							
	55	公文包 / 袋							
	56	通讯录							
	57	固定资产编号牌							
	58	培训证书							
	59	企业旗帜系列							包括挂旗、竖旗、桌旗等。
应用系统 2：工作着装	60	一般工作装							含领带、胸饰等。
	61	生产作业工作装							
	62	防寒工作服							
	63	安全保护服装							例如进入实验室。
	64	工作帽							
	65	安全头盔							
	66	文化衫							
	67	运动服							

续前表

项目分类	序号	内容清单	样本 / 规范编号	数量 / 单位	规格与要求	计划完成时间	实际完成时间	负责单位 / 人	备注
应用系统 2：工作着装	68	徽章							
	69	皮带							
	70	雨具							
	71	上岗证							
应用系统 3：公共关系赠品	72	贺卡							包括电子贺卡。
	73	请柬							
	74	邀请函及信封							
	75	手提袋							
	76	包装纸							
	77	钥匙牌							
	78	鼠标垫							
	79	挂历 / 台历							
	80	礼品盒							
	81	赠品							

续前表

项目分类	序号	内容清单	样本/规范编号	数量/单位	规格与要求	计划完成时间	实际完成时间	负责单位/人	备注
应用系统3：公共关系赠品	82	标识伞							
	83	赠券							包括电子赠券。
应用系统4：标志符号指示系统	84	办公楼室内标志指示系统							例如楼层标识牌、立地式标牌、电子屏幕等。
	85	办公楼室外标志指示系统							例如户外招牌或电子屏幕、道旗、入口指示、欢迎指示牌、方向指引标牌等。
	86	办公大楼示意效果图							
	87	生产车间示意效果图							
	88	公司机构平面图							
	89	车间内标志指示系统							
	90	公司名称标识牌							
	91	部门标识牌							
	92	门牌							
	93	公共设施标识							

续前表

项目分类	序号	内容清单	样本 / 规范编号	数量 / 单位	规格与要求	计划完成时间	实际完成时间	负责单位 / 人	备注
应用系统 4：标志符号指示系统	94	停车场区域指示牌							
	95	警示标识牌系统							包括玻璃门窗警示性装饰带。
	96	公共区域指示性功能符号							
	97	内部作业流程指示							
	98	各区域看板							
应用系统 5：办公环境风格	99	企业大门外观							
	100	办公楼外观							
	101	办公楼大厅布置							包括接待台、背景墙、绿植等。
	102	办公楼楼道布置							
	103	室内外形象墙面							包括文化墙。
	104	厂房外观							
	105	公司名称大理石坡面处理							
	106	室内外企业口号标牌							
	107	宣传标语墙							

续前表

项目分类	序号	内容清单	样本 / 规范编号	数量 / 单位	规格与要求	计划完成时间	实际完成时间	负责单位 / 人	备注
应用系统 5：办公环境风格	108	玻璃门色带							
	109	公布栏							
	110	踏垫 / 地毯							
	111	垃圾桶							
	112	烟灰缸							
	113	员工储物柜							
	114	环境色彩标示							
应用系统 6：销售店面标识系统	115	店内展台							
	116	店内背景板（形象墙）							
	117	货柜 / 货架							
	118	资料架							
	119	垃圾筒							
	120	店面横、竖、方招牌							
	121	店面灯箱							

续前表

项目分类	序号	内容清单	样本／规范编号	数量／单位	规格与要求	计划完成时间	实际完成时间	负责单位／人	备注
应用系统6：销售店面标识系统	122	立墙灯箱							
	123	大型电子显示屏							
	124	导购流程图版式规范							
	125	产品说明广告牌							
	126	促销广告牌／电子屏							
应用系统7：产品包装识别系统	127	大件商品运输包装							
	128	外包装箱（木质、纸质）							
	129	产品系列包装							
	130	礼品盒包装							
	131	包装纸							
	132	配件包装箱							
	133	合格证							
	134	产品标识卡							
	135	存放卡							

续前表

项目分类	序号	内容清单	样本/规范编号	数量/单位	规格与要求	计划完成时间	实际完成时间	负责单位/人	备注
应用系统7：产品包装识别系统	136	保修卡							
	137	质量通知书版式规范							
	138	产品说明书版式规范							
	139	封箱胶带							
应用系统8：广告宣传形象规范	140	网络媒体广告规范							
	141	电视广告规范							
	142	系列广告宣传片							
	143	报纸广告系列版式规范							例如整版、半版、通栏等。
	144	杂志广告规范							
	145	海报设计规范							
	146	系列主题海报样本							
	147	大型广告牌设计规范							
	148	灯箱广告规范							
	149	车身广告规范							

续前表

项目分类	序号	内容清单	样本 / 规范编号	数量 / 单位	规格与要求	计划完成时间	实际完成时间	负责单位 / 人	备注
应用系统 8：广告宣传形象规范	150	T 恤衫广告							
	151	条幅广告规范							
	152	氢气球广告规范							
	153	霓虹灯广告规范							
	154	宣传折页设计规范							
	155	企业文化手册设计规范							
	156	公司宣传册设计规范							
	157	产品宣传册设计规范							
	158	产品单页广告单设计规范							
	159	促销品 / 赠品设计规范							
	160	年度报告书封面版式规范							
	161	招投标书封面版式规范							
	162	网站主页设计							
	163	各类新媒体主页设计							微博、微信等。

续前表

项目分类	序号	内容清单	样本/规范编号	数量/单位	规格与要求	计划完成时间	实际完成时间	负责单位/人	备注
应用系统8：广告宣传形象规范	164	光盘封面设计							
	165	墙体广告							
	166	POP广告规范							包括立式、悬挂式、柜台式等。
	167	展板陈列规范							
	168	系列车体外观形象设计							包括公务车、班车、运输车等。
应用系统9：展览展示形象系统	169	展厅或展示会场设计规范							
	170	标准参观指示							
	171	展示背景板设计							
	172	标准展台设计							
	173	标准展板设计							
	174	标准展示橱窗设计							
	175	产品说明展示牌							
	176	资料架							
	177	展会事务用品清单							例如赠品、办公文具、各类宣传册、宣传单等。

企业文化培训体系构建工具

一、企业文化培训计划表

本工具（见表 5 - 13）主要用于企业文化年度培训计划制定，要求明确列出企业文化培训目标、培训重点、培训对象、实施部门、培训课程以及针对不同对象实施的详细培训计划（包括学习重点、学习要求以及具体的培训安排）。其中所列培训课程仅供参考，企业应根据实际情况进行筛选或者新增；就培训对象的分类，企业也可以根据实际需求进行调整，例如大型企业的高层管理者、中层管理者可以分别单独列为一类，一些特殊行业的企业也可以根据职业的特殊性质进行单独分类并设计相应的课程。

二、企业文化培训成本费用预算表

本工具（见表 5 - 14）主要用于企业文化培训成本控制以及资金保障。培训成本主要分为直接成本、间接成本与开发成本三部分。其中，间接成本中的时间成本、对生产经营的影响成本需要根据企业实际情况折算成相应的金额，如果不好折算，可以作为成本核算的重要参考项目。预算表最好转化为 Excel 格式，并设计自动计算公式，以方便使用。

三、培训课程执行工作核查清单

培训课程执行工作核查清单（见表 5 - 15）主要用于一般培训课程及活动的准备与执行，它指出了必要的工作事项以及详细的工作内容，并动态记录相应的责任人以及工作落实情况，可以帮助培训管理者有效掌控培训课程实施进展情况以及课程质量。

表 5－13　　企业文化培训计划表

企业文化培训目标：

企业文化培训重点：

企业文化培训对象：　　培训年度：　　实施部门：　　制表人：

课程分类	培训课程	培训目的	中高层管理者（企业文化引领队伍）								企业文化宣贯员（企业文化培训队伍）								全体员工							
			培训重点	学习要求	培训形式	培训地点	培训时长	执行时间	授课老师	负责部门	培训重点	学习要求	培训形式	培训地点	培训时长	执行时间	授课老师	负责部门	培训重点	学习要求	培训形式	培训地点	培训时长	执行时间	授课老师	负责部门
企业历史	企业历史与成果	加深对企业历史的了解。									✓								✓							
	企业荣誉										✓								✓							
企业文化理论	企业文化基础知识	加强对企业文化建设相关理论知识的学习。									✓								✓							
	企业文化建设意义		✓								✓								✓							
	企业文化评估与改进		✓								✓															
	班组文化建设		✓								✓								✓							

续前表

课程分类	培训课程	培训目的	中高层管理者（企业文化引领队伍）								企业文化宣贯员（企业文化培训队伍）								全体员工							
			培训重点	学习要求	培训形式	培训地点	培训时长	执行时间	授课老师	负责部门	培训重点	学习要求	培训形式	培训地点	培训时长	执行时间	授课老师	负责部门	培训重点	学习要求	培训形式	培训地点	培训时长	执行时间	授课老师	负责部门
企业文化建设	企业文化建设体系	明确企业文化建设的意义、路径与方法，统一并规范企业的识别体系（包括理念、行为、视觉），达到统一规范形象与行为的目的。	✓								✓								✓							
	企业文化诊断分析		✓																							
	企业文化建设规划		✓								✓								✓							
	企业文化核心理念		✓								✓								✓							
	企业文化典型案例										✓								✓							
	员工行为规范										✓								✓							
	品牌形象体系										✓								✓							
	有关规章制度										✓								✓							
管理类	企业内外部环境分析	提升管理能力与综合素质，促进企业文化建设工作的有效执行与落地实施。	✓							✓																
	企业文化与战略		✓																							
	管理经验总结		✓								✓															
	执行力		✓																							
	团队建设		✓								✓								✓							
	创新管理		✓																							
	演讲与授课技巧										✓															
专题类	安全文化	针对年度管理重点以及企业文化建设内容开展专题性的培训活动，有效落实工作重点。	✓								✓								✓							
	质量文化		✓								✓								✓							
	创新文化		✓								✓								✓							
	感恩文化		✓								✓								✓							

表 5－14　　企业文化培训成本费用预算表

项目分类	项目内容	数量/单位	单价（元）	细项总额（元）	大项总额（元）	备注
直接成本	培训师课酬					
	培训教材与资料					
	培训场租					
	培训器材					
	培训文具用品					
	受训者学费					
	交通差旅费					
	餐费与饮料费					
	点心费用					
	合计					
间接成本	培训管理成本					
	受训人员薪资福利					
	因受训造成的生产力影响					主要指因培训带来的一些短期利益损失。
	高层管理者时间成本					时间成本也应该折算成金额，或作为参考。
	合计					
开发成本	培训项目购买费用					
	课程研发费用					
	培训调研投入费用					
	合计					
费用合计						
不可预计费用（5%）						
总计						

表 5－15 培训课程执行工作核查清单

工作要项	详细内容	落实情况		
		应完成时间	责任人	完成情况描述
培训计划确认	培训费用申领			
	责任人及工作人员确认（牵头人、主持、教务）			
	根据需求拟定培训课程方案			
培训师确认	培训师邀请；培训师确认；培训内容与要求沟通			
培训地点落实	地点与场所落实			
学员通知与确认	培训日程编制；培训通知文稿起草			
	培训通知正式发出			
	收集学员报名名单并确认学员名单			
	进一步收集学员的反馈信息及需求			
环境布置（教室布置为主）	教室布置（横幅、座位、茶点、投影、速记、录像/录音）与检查（空调、音响、灯光、线路）			
	入场导引/标识			
	其他必要的室内外环境布置（根据需要）			
教学等相关设备、食品及医药品	投影仪（多媒体）、激光笔、电脑、话筒、电视机；白板、白板笔、白板擦；照相机/摄像机；教学用白纸、粗笔、胶带、裁纸刀；茶点；矿泉水；常用医药品			
学员培训用具与资料	胸卡			
	资料袋			
	笔记本与笔等相关文具			
	教材与案例、其他学习资料			

续前表

工作要项	详细内容	落实情况		
		应完成时间	责任人	完成情况描述
学员培训用具与资料	礼品、服装（根据需要）			
	签到表、课程评估表、学员资料表			
	课程/日程安排表、工作人员联络表			
	其他筹备，例如课前游戏准备			
教师学员接待	接送站车辆、招牌			
	教师、学员的用餐、住宿安排			
现场管理与教学服务	饮水与饮水用具供应			
	茶点供应（包括咖啡、饮料、食品等）			
	投影仪、电脑、话筒、音箱等正常运作			
	学员与教师需求响应			
	照相/摄影、速记、录音到位与运作			
	课间衔接（音乐播放、宣传片播放等）			
	课后就餐秩序与安排			

四、企业文化培训效果综合评估表

本工具（见表 5－16）主要用于对企业文化培训效果的综合评估，具体包括两部分：第一部分是对培训课程质量及有关教学管理与服务的评估，一般由受训人员在授课现场填写；第二部分是对培训产生的实效情况的评估，一般由考核人员在课程结束后 1 ～ 3 个月进行填写和评估。其中所列评估项目仅供参考，企业应根据实际需求进行适当增减。例如，后勤服务未必就适合每次培训评估内容。

表 5-16　　企业文化培训效果综合评估表

课程主题		授课老师				
授课地点		单位及职务				
授课对象		授课日期				
第一部分（140 分）　评价时间：授课现场						
评估项目	评价指标	非常满意	比较满意	一般	不太满意	非常不满意
课程设计及培训效果	（1）培训目标符合性。	5	4	3	2	1
	（2）结构合理性。	5	4	3	2	1
	（3）内容专业与丰富性。	5	4	3	2	1
	（4）对工作的实用性。	5	4	3	2	1
	（5）个人知识和技能的提升。	5	4	3	2	1
	（6）观念的提高。	5	4	3	2	1
	（7）课程时间安排。	5	4	3	2	1
	主要意见：					
授课老师	（1）个人专业知识和技能。	5	4	3	2	1
	（2）个人实践经验。	5	4	3	2	1
	（3）传授具体与准确性。	5	4	3	2	1
	（4）演讲与表达。	5	4	3	2	1
	（5）培训方式与授课技巧。	5	4	3	2	1
	（6）课堂气氛。	5	4	3	2	1
	（7）形象气质。	5	4	3	2	1
	主要意见：					
教学服务与现场管理	（1）课程通知发布及时清楚。	5	4	3	2	1
	（2）教材资料准备、装订质量。	5	4	3	2	1
	（3）教学用品准备。	5	4	3	2	1
	（4）课堂及日常纪律管理。	5	4	3	2	1
	（5）现场主持及现场服务。	5	4	3	2	1
	（6）老师与学员的教学需求回应。	5	4	3	2	1
	（7）教学服务流程化、标准化。	5	4	3	2	1
	主要意见：					

续前表

评估项目	评价指标	非常满意	比较满意	一般	不太满意	非常不满意
后勤服务	（1）餐饮、住宿安排。	5	4	3	2	1
	（2）接待。	5	4	3	2	1
	（3）服务态度。	5	4	3	2	1
	（4）服务质量。	5	4	3	2	1
	主要意见：					
培训环境	（1）地点。	5	4	3	2	1
	（2）教室摆设及会场布置。	5	4	3	2	1
	（3）硬件设备。	5	4	3	2	1
	主要意见：					
总体建议						
评估人签名		部门				
职务		联系电话				
第二部分（60 分）　评价时间：课程结束后 1 ～ 3 个月						
评估项目	评价指标	非常满意	比较满意	一般	不太满意	非常不满意
行动学习反馈	（1）认知度与认同度提高。	10	8	6	4	2
	（2）精神面貌得以改善。	10	8	6	4	2
	（3）行为规范方面得以改善。	10	8	6	4	2
	（4）将所学有效融入工作实际。	10	8	6	4	2
	（5）能力或者素质得以提高。	10	8	6	4	2
	（6）组织工作效率得以提升。	10	8	6	4	2
	主要意见：					
评估人签名		部门				
职务		联系电话				

五、企业文化培训师评估表

本工具（见表 5－17）主要用于对企业文化培训师的综合评估，具体包括两部分：第一部分是对培训师授课现场综合表现的评估，一般由受训人员在授课现场填写；第二部分是对培训所产生实效情况的评估，一般由考核人员在课程结束后 1 ～ 3 个月进行填写和评估。

表 5 - 17 企业文化培训师评估表

<table>
<tr><td>课程主题</td><td></td><td>授课老师</td><td colspan="4"></td></tr>
<tr><td>授课地点</td><td></td><td>单位及职务</td><td colspan="4"></td></tr>
<tr><td>授课对象</td><td></td><td>授课日期</td><td colspan="4"></td></tr>
<tr><td colspan="7">第一部分（70 分） 评价时间：授课现场</td></tr>
<tr><td>评估项目</td><td>评价指标</td><td>非常满意</td><td>比较满意</td><td>一般</td><td>不太满意</td><td>非常不满意</td></tr>
<tr><td rowspan="8">课程设计及培训效果</td><td>（1）培训目标符合性。</td><td>5</td><td>4</td><td>3</td><td>2</td><td>1</td></tr>
<tr><td>（2）结构合理性。</td><td>5</td><td>4</td><td>3</td><td>2</td><td>1</td></tr>
<tr><td>（3）内容专业与丰富性。</td><td>5</td><td>4</td><td>3</td><td>2</td><td>1</td></tr>
<tr><td>（4）对工作的实用性。</td><td>5</td><td>4</td><td>3</td><td>2</td><td>1</td></tr>
<tr><td>（5）个人知识和技能的提升。</td><td>5</td><td>4</td><td>3</td><td>2</td><td>1</td></tr>
<tr><td>（6）观念的提高。</td><td>5</td><td>4</td><td>3</td><td>2</td><td>1</td></tr>
<tr><td>（7）课程时间安排。</td><td>5</td><td>4</td><td>3</td><td>2</td><td>1</td></tr>
<tr><td colspan="6">主要意见：</td></tr>
<tr><td rowspan="8">授课老师</td><td>（1）个人专业知识和技能。</td><td>5</td><td>4</td><td>3</td><td>2</td><td>1</td></tr>
<tr><td>（2）个人实践经验。</td><td>5</td><td>4</td><td>3</td><td>2</td><td>1</td></tr>
<tr><td>（3）传授具体与准确性。</td><td>5</td><td>4</td><td>3</td><td>2</td><td>1</td></tr>
<tr><td>（4）演讲与表达。</td><td>5</td><td>4</td><td>3</td><td>2</td><td>1</td></tr>
<tr><td>（5）培训方式与授课技巧。</td><td>5</td><td>4</td><td>3</td><td>2</td><td>1</td></tr>
<tr><td>（6）课堂气氛。</td><td>5</td><td>4</td><td>3</td><td>2</td><td>1</td></tr>
<tr><td>（7）形象气质。</td><td>5</td><td>4</td><td>3</td><td>2</td><td>1</td></tr>
<tr><td colspan="6">主要意见：</td></tr>
<tr><td>总体建议</td><td colspan="6"></td></tr>
<tr><td>评估人签名</td><td></td><td>部门</td><td colspan="4"></td></tr>
</table>

职务		联系电话				
第二部分（30 分）　评价时间：课程结束后 1 ～ 3 个月						
评估项目	评价指标	非常满意	比较满意	一般	不太满意	非常不满意
行动学习反馈	（1）认知度与认同度提高。	5	4	3	2	1
	（2）精神面貌得以改善。	5	4	3	2	1
	（3）行为规范方面得以改善。	5	4	3	2	1
	（4）将所学有效融入工作实际。	5	4	3	2	1
	（5）能力或者素质得以提高。	5	4	3	2	1
	（6）组织工作效率得以提升。	5	4	3	2	1
	主要意见：					
评估人签名		部门				
职务		联系电话				

企业文化传播体系构建工具

一、企业文化传播载体分类清单

企业文化传播主要分为对内传播与对外传播两大类别。其中，对内传播的目的是促使企业全体员工认知、认同企业的愿景、使命、核心价值观、企业精神、行为准则等核心理念，并使其“内化于心、外化于形”；对外传播的目的是促使企业与股东、供应商、政府、社会、消费者等利益相关者进行友好沟通与互动，对外树立良好的社会形象与品牌形象。企业文化传播载体分类清单及详细说明如表 5 - 18 所示。

表 5－18　　企业文化传播载体分类清单

一、对内传播		
分类	释义／说明	载体示例
视听传播	主要指通过制作与建设视觉标识、文字宣传资料、视频资料、荣誉室等视觉、听觉系统传播企业标识、文化理念、案例故事与企业形象等。	企业标语、企业内刊、企业宣传资料、企业文化手册、公司司歌、案例故事集、电子屏幕、宣传栏、文化墙、专题片、故事片、漫画、广播、视听走廊、荣誉室等。
培训传播	主要指结合培训体系构建工作，由企业领导、企业文化宣贯员队伍（包括宣贯员、中层骨干、内训师等）、外聘企业文化专家通过各种培训形式向员工传播企业文化建设相关的理论知识、企业文化理念、企业文化建设规划与思路、实施路径与方法等。	授课培训、在线学习、宣讲培训、会议培训、角色扮演、模拟沙盘、拓展培训等。
会议传播	主要指利用企业内部定期与不定期开展的各类会议，进行企业文化理念及相关工作要求的传播。	例如党组会议、全体员工会议、公司晨会、部门工作例会、安全质量专题会议、研讨会、大型讲座、公司年会、表彰会等。
活动传播	主要指通过开展形式多样的企业文化活动，一方面突出企业文化建设的重点、营造浓厚的企业文化建设氛围；另一方面让员工直接在轻松、互动的活动中体验式地接受和认同企业文化。	（1）庆典仪式类：企业文化手册发放仪式、升旗仪式、公司庆典。 （2）文体活动类：书画展览、文艺演出、运动会、篮球友谊赛、足球友谊赛、各类兴趣小组活动。 （3）培训教育类：专题培训学习、巡回宣讲、研讨会、企业文化主题教育（如感恩教育、服务意识培养等）、在线学习、案例学习、视频学习。 （4）实践活动类：拓展训练、角色模拟、标杆学习、传帮带活动。 （5）评选竞赛类：企业文化先进组织与个人评选、知识竞赛、演讲或辩论比赛、技能比赛、征文评选、优秀案例征集。 （6）社会活动类：参加社会公益活动，以及社会组织的一些文体活动、创新竞赛活动等（也有利于对外树立良好形象）。 （7）主题活动类：年度主题企业文化建设活动、围绕某一主题的企业文化推行系列活动（包括文化展、培训学习、各类互动活动等）、特别主题活动（例如员工帮扶联谊活动、征集合理化建议活动等）。

续前表

分类	释义 / 说明	载体示例
媒体传播	主要指通过企业内刊、内部电视、内部广播、网站、微博、微信等媒体平台（包括自有媒体）解读企业文化核心理念与企业文化建设工作要求，展示企业文化建设动态信息，宣扬典型人物与事迹等，促进员工认知与认同企业文化，并营造良好的文化氛围。	企业内刊、内部电视、内部广播、网站、微博、微信等媒体平台（包括自有媒体）。
标杆传播	主要指以企业内部员工身边的故事或事件为载体，更清晰地揭示企业文化的内涵、明确价值导向，向员工树立标杆学习的榜样，从而引导员工更好地理解企业文化理念并以“榜样的力量”激励员工积极主动地参与企业文化建设。	先进人物或事迹典型案例集、宣传片、各类宣传报道与推广活动等。
领导传播	领导的引领示范、以身作则，对于企业文化的推行起着至关重要的作用。企业中高层领导应该充分利用各种场合与机会，以言传身教的方式“讲文化”“行文化”，用模范表率的力量引导和改变下属员工的思想与行为，这是企业文化传播中最有效的方法之一。	（1）言传：文化宣讲、会议传达、思想教育引导等。 （2）身教：以身作则、模范表率、行为示范引导等。
制度传播	主要指依据企业文化理念以及企业文化建设要求，修订、梳理和完善企业各项规章制度与流程，使制度体系与新的文化理念体系保持一致，从而实现企业文化“固化于制”，通过制度进行有效传播，并以文化制度支撑企业文化建设深度融入企业经营管理。	（1）企业文化建设工作本身：企业文化建设内部日常管理制度与规范，企业文化建设评价、考核与激励制度。 （2）企业管理制度：人才培养机制、员工激励机制、生产质量管理制度、服务质量管理制度、成本控制管理制度、创新管理制度、品牌规划与建设制度等。
二、对外传播		
分类	释义 / 说明	载体示例
公众媒体	主要指根据企业文化传播的需要，适当借助服务社会公众的各类媒介载体传达企业文化理念、案例故事与品牌信息，以赢得消费者、供应商及社会公众的认同，并扩大品牌的影响力。	电视、报纸、杂志、网络（包括社交媒体）、楼宇媒体、户外广告牌等。

续前表

分类	释义/说明	载体示例
自有媒体	主要指企业将企业内部的各类媒体资源（以电子媒体为主）整合起来，建立自己的媒体平台，并向企业内外部传播企业文化。	网站、企业内刊（杂志、报纸、电子期刊）、微博、微信、博客等。
案例传播	主要指向外部机构推荐和传播企业文化以及管理成果案例，通过深度的内容传播，达到企业文化深入人心的效果。	向高校或者权威研究机构、媒体推荐成果案例。
图书传播	主要指出版图书并对外公开发行，内容可涵盖企业史、管理经验总结、优秀实践案例等。对企业文化、品牌形象进行深入、广泛传播的同时，树立行业标杆地位。	通过图书策划机构以及出版社出版、发行、推广。
品牌推广	主要指品牌文化的推广，通常是借助品牌管理部门的有关推广活动实现企业文化的有效传播。	企业文化理念植入品牌宣传片中，参与服务品牌建设活动，积极参与开展各类品牌宣传活动。
社会责任	主要指积极组织、参与各类社会责任活动，充分展示企业敢于承担社会责任的气魄，并对外传达企业核心价值观。	组织、参与或赞助社会公益活动、扶贫活动、环境保护活动、捐资救灾活动，进行社会责任实施战略规划，发布社会责任报告或者有关信息等。

二、企业文化宣贯员队伍管理办法内容纲要

企业文化宣贯员队伍管理办法主要通过明确企业文化宣贯员队伍建设的目标、原则、组织机构设置与队伍选拔，宣贯员职责与权力、培养办法、日常工作管理措施以及考核方法等，对企业文化宣贯员队伍的建设工作进行规范化管理，以塑造一支优秀的企业文化宣贯员队伍，为企业文化的全面建设工作提供队伍保障。企业文化宣贯员队伍管理办法内容纲要如表 5－19 所示。

表 5－19　　　　企业文化宣贯员队伍管理办法内容纲要

提纲	主要内容说明
一、总则	1.1　目的 / 宗旨。明确制定宣贯员队伍管理办法的目的（包括宣贯员队伍建设的总体目标）。 1.2　基本原则。例如与企业文化战略目标相结合、与人力资源发展相结合、与岗位实际工作相结合等。 1.3　内容范围。界定企业文化宣贯员队伍管理工作的内容范围。 1.4　适用范围。界定本办法适用的部门、对象范围。 1.5　术语释义。例如宣贯员、内训师或者与企业文化有关的术语等。
二、宣贯员队伍的组建	2.1　组织机构设置。例如企业文化宣贯员队伍建设负责部门及相关组织机构的职责与权力说明（例如宣贯员队伍日常管理、业绩考核、人才队伍培养等）。 2.2　宣贯员选拔。例如选拔原则、选拔标准与条件、选拔流程等。
三、宣贯员的职责与权力	3.1　职责。例如工作计划拟定、培训教材开发、培训课程设计、培训授课、宣讲、传播效果评估、企业文化建设评估等。 3.2　权力。例如参加专业培训辅导、宣贯资源获得、优秀者可优先参加企业的评先评优工作等。
四、宣贯员的培训	4.1　主要培训内容。针对宣贯员培养实施的培训内容说明，例如授课技巧、企业文化专业内容等。 4.2　主要辅导者。为宣贯员提供辅导与支持的人员或者队伍。 4.3　培训实施安排。例如具体的培训形式、时间、频率、地点等有关培训事项的说明。
五、宣贯员的日常工作管理	5.1　日常工作流程管理。宣贯员日常工作开展的流程说明（包括无法按照工作计划实施而需要申报的工作流程）。 5.2　职业要求管理。主要指专业水平要求、着装及仪表要求等。 5.3　宣贯资源管理。例如课程资料版权说明、传播载体应用的有关规定等。 5.4　经费管理。主要指涉及的宣贯员的资料费、差旅费、研发费用等。 5.5　责任制管理。例如签订责任书、采取一年一度的聘任制度等。
六、宣贯员的考核	6.1　考核目的。宣贯员考核工作的目的。 6.2　考核原则。例如公平公正、绩效优先。 6.3　考核办法。采取的考核方式（例如定性考核与定量考核、自我评估与他人评估等）、考核周期、考核指标等具体考核实施工作的内容。 6.4　考核激励。主要指考核结果与薪酬、晋升、评先评优之间关系的说明。

续前表

提纲	主要内容说明
七、附则	7.1 本办法解释权归属说明。 7.2 本办法拟定、修改、审批说明。 7.3 本办法生效说明。
八、附件（清单）	以下为有关附件清单，仅供参考，企业应根据实际需求来安排内容。 8.1 宣贯员培训实施安排计划表。 8.2 宣贯员考核指标体系。 8.3 宣贯员考核评估表。

三、企业文化活动计划表

本工具（见表5-20）主要用于多项企业文化活动的实施计划安排，具体包括企业文化活动的主题、类别、目的、形式、时间、地点、参与对象、人员规模、负责人、执行人、筹备事项等内容。一般由企业文化活动策划及执行人负责填写并统筹安排。

表5-20　企业文化活动计划表

活动主题	活动类别	活动目的	活动形式	活动时间		活动地点	参与对象	人员规模	活动负责人	活动执行人	需配合事项/筹备事项	备注
				起	止							

四、企业文化活动费用预算表

本工具（见表5－21）适用于一般的企业文化活动，如公司年会、大型晚会、专题培训、各类竞赛等，尤其适合企业内部使用。因为所列项目已经进行了细分，所以便于精确控制活动成本。所列项目仅供参考，使用者应根据实际需求进行适当增减。预算表最好转化为Excel格式，并设计自动计算公式，以方便使用。

表5－21　　企业文化活动费用预算表

项目	数量/单位	单价（元）	细项总额（元）	大项总额（元）	备注
活动费用：					
活动VI设计费	套				
活动背景板	块				
宴会背景板	块				
演讲台装饰板	块				
桁架/展板	块				签到处、室外、走廊等。
红地毯	张				
横幅	条				
拱门	个				
气球	个				
气柱	个				
花篮	个				
道旗	幅				
指示牌	个				
易拉宝	个				
鲜花/绿植	盆				演讲台、主席台、签到台、贵宾室。

续前表

项目	数量 / 单位	单价（元）	细项总额（元）	大项总额（元）	备注
签到用品及 VIP 胸花	套				签到簿、签名笔、胸花。
工作证	个				
参会证	个				
请柬	份				
桌牌	个				
接机牌	个				
场地租赁费	天				
贵宾室	次				
投影仪租赁费	天				含激光笔。
LED 显示屏租赁费	天				
其他设备器材（租赁或自备）	天				音响、电脑、相机、录音笔、电池等。
资料袋	个				
活动手册	本				
宣传册	本				一般指定制的形象或产品宣传册子。
文具用品	套				笔、笔记本或便笺纸、新闻稿、问卷。
赠品 / 礼品	份				
现场翻译费	人 / 天				
现场速记费	人 / 天				
视频短片制作费	个				短片时间一般为 5 分钟左右。
全程摄像录制费	天				
全程摄影费	天				

续前表

项目	数量 / 单位	单价（元）	细项总额（元）	大项总额（元）	备注
现场视频技术传输费	天				
灯光舞美	天				
现场音乐	天				
矿泉水	瓶				
活动茶点	人				
医药箱	个				备有常用药品。
合计					
媒体宣传费用：					
媒体发稿	家				电视台可另算。
媒体专访	家				电视台可另算。
媒体邀请与协调	家				
网络专题设计与制作费	个				自己设立或者与媒体合作。
广告投放	家				
新闻剪报制作	份				
合计					
招待费用：					
午宴	桌				
晚宴	桌				
往返机票 / 火车	人				
专车租赁费用	辆				接送嘉宾。
嘉宾住宿费用	人				临时用餐费可估算在其中。
其他餐费	人次				
合计					
嘉宾费用：					

续前表

项目	数量 / 单位		单价（元）	细项总额（元）	大项总额（元）	备注
演讲嘉宾费用		人				
主持人费用		人				
专家费用		人				
税费						
合计						
人员费用及其他：						
工作人员费用		人				
礼仪费用		人				
学生志愿者费用		人				
工作人员往返机票 / 火车		人				
会务房费（2 间）		天				
通信交通办公杂费		天				
物料运输费		天				
图书出版费用		本				含编辑、排版等出版成本费用。
其他费用						
合计						
费用合计						
不可预计费用（5%）						
总计						

五、企业文化活动成效分析表

本工具（见表 5－22）适用于对企业文化活动效果的评估以及活动实施过程的监控与分析，具体分析项目包括活动内容、目标达成情况、活动实施评估、活动现场反馈等。评估人员在此基础上进行经验总结，并提出改进建议。本分析表一般在活动结束后的一定周期内由企业文化活动执行负责人调查、分析、总结后填写，并提交上级负责人或者部门审批。

表 5－22　　企业文化活动成效分析表

制表人：__________　　部门：__________　　日期：　年　月　日

活动内容	活动时间				
	活动地点				
	活动主题				
	活动内容概要				
目标达成情况（所列选项仅供参考）	文化理念认知度	活动前		活动后	
	组织精神面貌	活动前		活动后	
	组织行为规范	活动前		活动后	
	员工技能	活动前		活动后	
	组织工作效率	活动前		活动后	
	文化认同度（对外）	活动前		活动后	
	品牌认知度（对外）	活动前		活动后	
	企业形象（对外）	活动前		活动后	
活动实施评估	筹备工作及组织管理				
	活动现场执行及流程监控				
	其他重要工作事项	例如活动内容设计、活动形式策划、嘉宾邀请、媒体宣传、推广活动、剪报等。			
	活动实施质量				
	预算控制				
活动现场反馈	实施者				
	与会者				
存在问题	方案策划与设计问题				
	活动实施问题				
总结与改进					
备注					

六、企业文化主题宣传计划表（不含活动）

本工具（见表 5－23）适用于对某企业文化主题宣传工作的实施进行详细计划与安排，但不包括活动载体相关工作内容。其中，要求明确列出宣传目的、宣传重点、预期效果以及具体的实施方案和预算。所列费用项目仅供参考，使用者可根据实际需求进行调整。

表 5－23　　企业文化主题宣传计划表（不含活动）

制表人：__________　　部门：__________　　日期：　年　月　日

<table>
<tr><td>企业文化主题名称</td><td colspan="6"></td></tr>
<tr><td>宣传重点</td><td colspan="3"></td><td colspan="2">时间安排</td><td></td></tr>
<tr><td>预计达成目标</td><td colspan="6"></td></tr>
<tr><td colspan="7">宣传安排及费用</td></tr>
<tr><td>宣传载体类别</td><td>宣传载体名称</td><td>时间安排</td><td>频率／数量</td><td>内容</td><td>规格</td><td>宣传费用（元）</td></tr>
<tr><td></td><td></td><td></td><td></td><td></td><td></td><td></td></tr>
<tr><td></td><td></td><td></td><td></td><td></td><td></td><td></td></tr>
<tr><td></td><td></td><td></td><td></td><td></td><td></td><td></td></tr>
<tr><td></td><td></td><td></td><td></td><td></td><td></td><td></td></tr>
<tr><td></td><td></td><td></td><td></td><td></td><td></td><td></td></tr>
<tr><td colspan="6">宣传费用合计</td><td></td></tr>
<tr><td colspan="7">其他项目费用（元）</td></tr>
<tr><td>设计费用</td><td>制作费用</td><td>采编费用</td><td>印刷费用</td><td colspan="2">载体维护费用</td><td>其他（公关服务、不可预计费用）</td></tr>
<tr><td></td><td></td><td></td><td></td><td colspan="2"></td><td></td></tr>
<tr><td colspan="6">其他项目费用合计（元）</td><td></td></tr>
<tr><td colspan="6">企业文化主题宣传总费用预算（元）</td><td></td></tr>
<tr><td>宣传实施注意事项</td><td colspan="6"></td></tr>
<tr><td>预期效果</td><td colspan="6"></td></tr>
<tr><td>执行人</td><td colspan="6"></td></tr>
<tr><td>备注</td><td colspan="6"></td></tr>
<tr><td>部门负责人意见</td><td colspan="6">签名：　　日期：</td></tr>
<tr><td>总经理意见</td><td colspan="6">签名：　　日期：</td></tr>
</table>

七、媒体宣传效果评估表

本工具（见表 5 - 24）适用于对媒体组合式的企业文化宣传效果进行评价与分析，主要通过对媒体组合费用投入、文化认同度、品牌认知度、企业形象、不同媒体宣传效果比较等方面进行系统分析，找出媒体组合宣传产生的实效以及存在的缺点。本评估表一般由媒体宣传执行人调查、分析、总结后填写，并提交部门负责人审批。

表 5 - 24　　　　媒体宣传效果评估表

制表人：__________　　　部门：__________　　　日期：　　年　　月　　日

企业文化主题名称				
媒体费用				
媒体名称	使用时间	使用频率	规格	费用
媒体宣传成本合计				
效果评价				
关键评价项目	广告前		广告后	
文化认同度（对外）				
品牌认知度（对外）				
企业形象（对外）				
……				
不同媒体宣传效果比较分析				
其他效果说明				
总体评价及改进建议				

企业文化激励体系构建工具

一、企业文化建设评价与考核制度内容纲要

企业文化建设评价与考核制度主要明确了公司企业文化建设评价与考核的目的、原则、组织机构、评价与考核内容（考核指标体系）、评价与考核方法、评价与考核激励办法等，以引导、约束、奖励、惩罚的方法促使企业文化建设真正落地实施，促使企业营造良性竞争、人人参与的企业文化建设氛围。企业文化建设评价与考核制度内容纲要如表 5－25 所示。

表 5－25　企业文化建设评价与考核制度内容纲要

提纲	主要内容说明
一、总则	1.1　目的/宗旨。明确为了达到什么目的而制定本制度，例如通过引导、约束、奖励、惩罚的方法促使企业文化建设真正落地实施，并营造良性竞争、人人参与的企业文化建设氛围。 1.2　评价考核原则。例如公平公正、绩效优先、遵循企业文化建设战略规划等。 1.3　内容范围。界定企业文化建设评价与考核工作的内容范围，必要时需要将其与其他相关激励制度进行比较说明。 1.4　考核依据。例如企业总体的企业文化建设管理办法。 1.5　适用范围。界定本制度适用的部门、对象范围。 1.6　术语释义。例如可能用到的专业评价与考核工具。
二、企业文化建设评价与考核组织	2.1　组织机构设置。负责评价与考核的部门设置及人员配备说明，有的企业可能会引进一些外部专业机构的力量。 2.2　职责与权力。主要指实施评价与考核的机构及有关负责人和执行人承担的职责以及拥有的权力。
三、企业文化建设评价与考核指标体系	3.1　企业文化建设工作评价与考核指标体系。主要针对各部门或者主要负责人具体工作实施的评价与考核内容，相对而言其考核周期更短且考核频率更频繁。 3.2　企业文化建设效果评价与考核指标体系。主要针对各部门企业文化建设实施之后产生的实效的评价与考核，考核周期相对较长，而且考核形式更加复杂，专业要求较高。

续前表

提纲	主要内容说明
三、企业文化建设评价与考核指标体系	说明：一般而言，企业在企业文化建设的初期，各方面工作尚不成熟，只需做到侧重于工作实施过程的评价与考核，并结合应用部分适合企业发展阶段的工作成效评价指标内容即可。当然，在必要情况下，也可以借助专业机构的力量来进行效果评价。
四、企业文化建设评价与考核实施	4.1　评价与考核形式。例如自我评估与他人评估、定性考核与定量考核等，要求详细描述具体各种考核形式的工作内容，例如评价与考核的具体途径，包括群众反馈、问卷调查、现场观察、汇报材料审阅等。 4.2　评价与考核周期。例如分为月度考核、季度考核、年度考核等，并就不同周期考核的内容进行说明。 4.3　评价与考核实施流程。详细描述评价与考核工作实施的具体流程，例如实施机构公布企业文化建设评价与考核制度并发放有关通知→部门提交有关汇报材料→实施机构开始进行评价与考核（可对不同周期、不同形式的评价与考核工作内容进行说明）→实施机构与各部门确认评价与考核结果→将评价与考核结果对照公司有关奖惩制度明确奖惩情况→公布评价与考核结果以及奖惩情况→部门提交改进方案。
五、企业文化建设评价与考核激励	主要是将评价与考核结果和公司有关奖惩制度进行对照，并列出具体的奖惩方案，包括涉及薪酬、职位晋升、评先评优（组织及个人）等重要奖惩事项的说明。
六、附则	6.1　本制度解释权归属说明。 6.2　本制度拟定、修改、审批说明。 6.3　本制度生效说明。
七、附件	以下为有关附件清单，仅供参考，企业可根据实际需求来安排内容。 7.1　企业文化建设工作评价与考核指标体系详细说明。 7.2　企业文化评价与考核实施流程图。

二、企业文化激励方案设计表

本工具（见表 5 - 26）主要用于企业文化激励体系方案的规划与设计，具体包括企业文化激励内容的类别、主题、形式及主要内容、时间、地点、参与对象、负责人等内容。其中所列活动主题或者事项主题的项目内容仅为示例，使用者可以根据实际需求进行适当调整。

表 5-26 企业文化激励方案设计表

制表人：__________ 部门：__________ 日期： 年 月 日

类别	活动主题/事项主题（以下为示例）	形式及主要内容	时间		地点	参与对象	负责部门	负责人	其他事项	备注
			起	止						
企业文化建设评价与考核激励	年度企业文化建设先进组织、先进岗位、先进个人评比活动									
	优秀企业文化内训师/宣贯员评选活动									
榜样激励	优秀案例征集									
	树立标兵人物/集体									
竞赛活动（结合传播体系相关活动）	技能比赛									
	书画比赛									
	演讲比赛									
思想教育/引导	感恩教育活动									
	社会公益实践活动									
学习成长与职业发展激励	薪酬待遇									
	学习与培训支持									
	职业生涯规划									
	参与管理机制									
	员工满意度改善									

三、案例征集指导书

本工具主要适用于榜样激励工作模块中的案例征集。榜样激励是指通过树立企业文化学习标杆（如企业文化标兵人物、先进示范岗等）、优秀案例征集等活动，向员工树立标杆学习的榜样，传播典型案例或人物事迹（结合传播体系相关工作），从而引导员工更好地理解企业文化理念并以“榜样的力量”激励员工积极主动地参与到企业文化建设中。本指导书以优秀案例征集为主。

（1）案例故事征集之前，确保员工对企业倡导的理念及其释义已经有一定的了解。

（2）征集工作应覆盖各部门、各类岗位、各层级员工，以使每一位员工都能找到身边的典型进行对照学习。

（3）每条理念可选 2 ～ 3 个案例故事（具体数量，企业可根据自己的需要确定）。

（4）重要或希望强调的理念（例如核心价值观、服务理念等）可适当多选一些案例故事。

（5）每个案例故事的字数尽量控制在 400 ～ 500 字，但不要绝对化，视案例本身和对理念的诠释程度而定。

（6）每个案例故事应准确反映相应的理念或者理念中的某一部分内容，要有典型性，为员工所普遍认同甚至广为传诵。

（7）案例故事文风简洁，通俗易懂，语言生动活泼，以使传播效果最佳。

（8）对公司已有的先进人物事迹等案例故事集，去粗取精，保留最能代表公司核心理念的案例。

（9）定期更新案例故事集，以使最新的典型人物、行为或事件能及时得到传播。

（10）可以把案例故事征集作为常态化工作，鼓励各部门或员工主动发掘并上报与企业所倡导理念一致的行为、事件，撰写成案例故事。为调动员工或部门发掘、选送案例故事的积极性，可采取一定的激励措施（例如结合评先评优工作进行）。

四、员工满意度调查问卷①

本工具主要适用于员工成长与发展激励工作模块中的员工满意度调查。

① 资料来源：北京未名潮管理顾问有限公司。

员工成长与发展激励是指从员工的薪酬待遇、学习成长、职业发展、组织公平感、参与管理等方面，给予员工帮助与支持；同时，还要积极开展员工满意度调查，不断提升员工满意度。

此调查问卷（见表5－27）参照了工作描述指数量表、明尼苏达工作满意度调查量表等员工满意度调查量表，并结合企业文化咨询、人力资源管理咨询等实践活动，主要从工作本身、工作回报、工作环境、工作群体、企业经营5个维度，引导员工对工作满意度进行客观的评价。其中，每个维度包含20道题目，共100道题目。具体评估方法则采用李克特5分等级量表，即非常不满意、不满意、一般、比较满意、非常满意。此问卷内容相对全面完善，可作为模板使用，但建议企业在使用之前，根据自身特点以及实际需求适当增减其中的题目内容。

表5－27　　员工满意度调查问卷评分题项

下面是一些关于您目前工作的陈述。仔细阅读这些陈述，判断您对句子中所描述的关于您目前工作的某方面是否满意，然后进行评价：

5= 非常满意　4= 比较满意　3= 一般　2= 不满意　1= 非常不满意

请在各问题后面最能代表您看法的一个数字上画钩。

说明：

1. 请根据自己的实际想法独立作答，不必讨论。答案没有正确与错误之分。如果您不了解某一个问题或觉得这个问题与自己无关，可以跳过此题。(本问卷全部为单选，复选无效！)

2. 后面部分为开放式问题，请如实填写，或不填。

3. 最后一部分为个人资料，请认真、完整填写，不要漏填。

工作满意度评估				
5	4	3	2	1
非常满意	比较满意	一般	不满意	非常不满意

序号	工作现状描述	满意度评估				
		非常满意	比较满意	一般	不满意	非常不满意
一、工作本身						
1	公司目前提供给我的工作符合自己的期望。	5	4	3	2	1

续前表

序号	工作现状描述	满意度评估				
		非常满意	比较满意	一般	不满意	非常不满意
2	在工作过程中我经常感到很紧迫。	5	4	3	2	1
3	我认为我的能力得到了充分的发挥。	5	4	3	2	1
4	我很喜欢目前公司提供给我的工作。	5	4	3	2	1
5	公司给我提供很多的学习和进修机会。	5	4	3	2	1
6	接受的培训正是我所需要的，对能力提升帮助较大。	5	4	3	2	1
7	我清楚地了解工作的职责和任务。	5	4	3	2	1
8	在工作中，若有重大的事情影响我的工作，经常会有人征求我的意见。	5	4	3	2	1
9	有些属于职权范围内的工作我却不负责，而有些不属于工作职责的事情总是分配给我。	5	4	3	2	1
10	必要时，我可以根据自己的实际情况，灵活地调整个人工作日程。	5	4	3	2	1
11	我有权制定必要的方案，以便开展工作。	5	4	3	2	1
12	目前的工作对我来说很有挑战性。	5	4	3	2	1
13	目前的工作压力我可以承受。	5	4	3	2	1
14	工作压力主要来自任务太重、难度太大。	5	4	3	2	1
15	工作压力主要来自个人兴趣与任务不同。	5	4	3	2	1
16	工作压力主要来自个人能力与岗位要求相差较大。	5	4	3	2	1
17	我认为自己拥有足够的能力和技巧完成工作任务。	5	4	3	2	1
18	我认为自己有足够的自信完成工作任务。	5	4	3	2	1
19	在公司内，我感觉还有更适合我的工作。	5	4	3	2	1
20	我很愿意接受比目前难度更大的工作。	5	4	3	2	1

续前表

序号	工作现状描述	满意度评估				
		非常满意	比较满意	一般	不满意	非常不满意
二、工作回报						
21	距上一次我受表扬已经过了很久。	5	4	3	2	1
22	过去半年里，有人讨论我的进步。	5	4	3	2	1
23	当我在工作中取得成绩时，直接上级通常会及时给予表扬。	5	4	3	2	1
24	在工作中，我的意见经常得到上级领导的重视。	5	4	3	2	1
25	我能够在公司的业绩和服务中看到自己的工作成果。	5	4	3	2	1
26	公司的考核制度能够充分体现我的绩效和表现。	5	4	3	2	1
27	我能够从自己的工作中体验到一种成就感。	5	4	3	2	1
28	与公司的其他员工比较，我对自己的收入感到很满意。	5	4	3	2	1
29	与外单位的同行相比，我对自己的收入感到很满意。	5	4	3	2	1
30	与外单位的朋友相比，我对自己的收入感到很满意。	5	4	3	2	1
31	与自己的付出相比，我对自己的收入感到很满意。	5	4	3	2	1
32	公司的绩效好坏能对我的收入产生重大的影响。	5	4	3	2	1
33	我知道公司有完整的薪酬管理体系及相关福利制度。	5	4	3	2	1
34	公司有完善的员工职业生涯规划设计和相关制度。	5	4	3	2	1

续前表

序号	工作现状描述	满意度评估				
		非常满意	比较满意	一般	不满意	非常不满意
35	公司有较完善的激励体系，并起着很好的激励作用。	5	4	3	2	1
36	公司有明确的员工晋升流程。	5	4	3	2	1
37	在公司得到晋升的员工都是应该得到晋升的。	5	4	3	2	1
38	公司职业发展的机遇总是先给最适合的人。	5	4	3	2	1
39	公司职业发展的机遇总是先给和领导关系最好的人。	5	4	3	2	1
40	公司空缺岗位的填补往往忽略内部员工。	5	4	3	2	1
三、工作环境						
41	公司提供了非常好的办公条件。	5	4	3	2	1
42	公司提供了必备的办公设备。	5	4	3	2	1
43	公司有严格的作息制度。	5	4	3	2	1
44	公司具有完善的规章和制度。	5	4	3	2	1
45	公司的规章制度做到了公正、透明。	5	4	3	2	1
46	公司给我提供的福利是其他公司不容易做到的。	5	4	3	2	1
47	我对公司处理员工福利的方式感到很满意。	5	4	3	2	1
48	我对自己在公司内的人际关系感到满意。	5	4	3	2	1
49	我经常能感受到上级和同事对我工作的关心。	5	4	3	2	1
50	我的上级支持我平衡个人工作与生活方面的需求。	5	4	3	2	1
51	我和同事间的矛盾和误会比较多。	5	4	3	2	1

续前表

序号	工作现状描述	满意度评估				
		非常满意	比较满意	一般	不满意	非常不满意
52	公司通过一个有效的程序帮助我了解自己的发展需求。	5	4	3	2	1
53	业余时间，我经常和同事一起外出。	5	4	3	2	1
54	公司经常开展丰富的业余活动。	5	4	3	2	1
55	我的工作不会影响我的家庭生活及社会生活。	5	4	3	2	1
56	公司通过高效的程序帮助员工进行有关问题的申诉。	5	4	3	2	1
57	公司建立了良好的内部沟通机制。	5	4	3	2	1
58	我在公司能够得到尊重。	5	4	3	2	1
59	公司有完善的企业援助计划。	5	4	3	2	1
60	公司一直注重员工工作环境改善、生活质量提高。	5	4	3	2	1
四、工作群体						
61	通常情况下，我的同事都表现出积极的工作态度。	5	4	3	2	1
62	为实现同一目标，我的同事能紧密合作。	5	4	3	2	1
63	我很清楚我的工作是如何同本组织中的其他员工保持协调一致的。	5	4	3	2	1
64	我的同事能够尊重我的想法和感受。	5	4	3	2	1
65	公司部门和岗位之间分工非常明确，职责清楚。	5	4	3	2	1
66	我所在部门与其他部门的沟通和协调能够达成一致。	5	4	3	2	1
67	我工作所需的资料通常能够准备妥当，供我使用。	5	4	3	2	1

续前表

序号	工作现状描述	满意度评估				
		非常满意	比较满意	一般	不满意	非常不满意
68	工作中，我知道在何处能获得所需要的信息（资源）。	5	4	3	2	1
69	我的工作由于无法获取必要的资料（资源）而被耽误。	5	4	3	2	1
70	为获得必要的信息资料（资源），我不得不找多个主管审批。	5	4	3	2	1
71	我的上级不断提醒我目标的进展情况。	5	4	3	2	1
72	我的上级向我提供重要的改进意见，以帮助我提高绩效。	5	4	3	2	1
73	我的上级非常理解我的工作，所以才能公平评估我的工作业绩。	5	4	3	2	1
74	我的上级对我的工作和成长起着很好的引导、培育和推动作用。	5	4	3	2	1
75	我的上级营造一种积极的团队氛围。	5	4	3	2	1
76	当我遇到问题或有困难时，我的上级可以帮我解决。	5	4	3	2	1
77	我从不相信上级的承诺。	5	4	3	2	1
78	我的上级公平对待所有的员工。	5	4	3	2	1
79	我的上级一直注重持续不断地学习和发展。	5	4	3	2	1
80	公司内部上下级之间、员工之间能够充分坦诚沟通。	5	4	3	2	1
五、企业经营						
81	公司是行业中的佼佼者，我为自己能够在此工作感到自豪。	5	4	3	2	1
82	公司的文化和战略目标给我指出了非常明确的发展方向。	5	4	3	2	1

续前表

序号	工作现状描述	满意度评估				
		非常满意	比较满意	一般	不满意	非常不满意
83	公司还没有充分发挥自身的优势。	5	4	3	2	1
84	我对公司内部的各项管理制度非常了解。	5	4	3	2	1
85	公司各项管理制度能够得到严格的执行。	5	4	3	2	1
86	各项制度在执行中保证了公平性。	5	4	3	2	1
87	公司制定的各项管理制度中不合理的地方很少。	5	4	3	2	1
88	我很认可高层管理者的领导风格和管理方式。	5	4	3	2	1
89	高层管理者在制定决策过程中高度重视员工的意见和建议。	5	4	3	2	1
90	我的直接上级在制定决策时非常重视员工的意见和建议。	5	4	3	2	1
91	高层管理者遵照公司使命和价值观来制定决策。	5	4	3	2	1
92	高层管理者值得员工信任。	5	4	3	2	1
93	高层管理者采用开放而诚恳的沟通方式。	5	4	3	2	1
94	高层管理者具有很强的组织、协调能力，使组织高效、平稳运行。	5	4	3	2	1
95	公司建立了先进的管理信息系统，以保证各部门之间方便快捷地沟通与交流信息，高效开展业务。	5	4	3	2	1
96	公司提倡员工与企业共成长，积极营造和谐发展的环境。	5	4	3	2	1
97	公司很好地履行了社会责任。	5	4	3	2	1
98	公司塑造了良好的社会形象。	5	4	3	2	1

续前表

序号	工作现状描述	满意度评估				
		非常满意	比较满意	一般	不满意	非常不满意
99	在公司工作让我有家的感觉。	5	4	3	2	1
100	总的来说，我对公司非常满意。	5	4	3	2	1

■ 开放式问题：

（1）如果您还希望针对这份调查问卷中的相关话题发表其他见解，请将您的意见写在下列空白处（如工作本身、薪资福利、工作环境、沟通氛围、团队合作、领导风格、公司经营等）：

（2）与您可能任职的其他公司相比，总体来说，您如何评价（优势及劣势比较）本公司？

（3）您认为目前公司存在哪些问题？其中最迫切需要解决的三项是什么？

个人资料（仅用于统计目的）

● 您所在单位或部门：________________　具体职务：________________

● 您的性别：（1）男　（2）女

● 您的年龄：（1）20 ～ 30 岁　（2）31 ～ 40 岁　（3）41 ～ 45 岁　（4）46 ～ 50 岁　（5）50 岁以上

● 您的最高学历：（1）中专及以下　（2）大专　（3）本科　（4）硕士及以上

● 您已经在公司工作：（1）2 年以下　（2）2 ～ 5 年　（3）5 ～ 10 年　（4）10 ～ 20 年　（5）20 年以上

● 您的职位：（1）一般员工　（2）基层管理者　（3）中层管理者　（4）高层管理者

感谢您参与本次员工满意度调查！

企业文化融入体系构建工具

一、常用管理制度清单

本工具主要适用于制度梳理与完善（融入管理制度）工作模块。文化融入管理制度是指根据企业文化核心理念、公司战略目标与规划，全面梳理和审视各项制度，在征求员工意见、科学论证的基础上删除或合并重复、多余的制度和规定，维护制度体系与文化理念体系的一致性，使各项制度反映企业文化理念，做到“固化于制”。表 5－28 中列举了企业常用的管理制度，主要包括企业文化建设管理制度以及企业人力资源管理、行政管理、财务管理、营销管理、生产管理等各个方面的管理制度。

表 5－28　　常用管理制度清单

制度类别	细分项目	制度名称
企业文化建设管理制度	规划与日常管理制度	企业文化建设规划与实施细则
		企业文化建设管理办法
		员工行为规范
		企业文化培训管理流程图
		企业文化宣贯员队伍管理办法
	企业文化评价与考核制度	企业文化建设评价与考核制度
		企业文化建设工作评价指标体系
		企业文化建设效果评价指标体系
企业管理制度	人力资源管理制度	员工手册
		员工招聘管理制度
		员工档案管理制度
		员工绩效考核管理制度
		员工关系管理制度
		员工薪酬与福利管理制度
		员工辞退管理制度
		员工保密管理制度
	行政管理制度/基础管理制度	员工考勤管理制度
		办公用品管理规定

续前表

制度类别	细分项目	制度名称
企业管理制度	行政管理制度 / 基础管理制度	用车管理制度
		会务管理规定
		印鉴印章管理办法
		合同管理办法
		专利管理规定
		公务 / 业务接待管理制度
		后勤工作管理规定
		绿化保洁管理制度
	财务管理制度	财务管理制度
		财务内部控制制度
		预算管理制度
		资金管理制度
		现金管理制度
		费用报销管理制度
		应收账款管理办法
		资产盘点管理制度
	营销管理制度	销售部管理制度
		市场部管理制度
		客户部管理制度
		客户数据管理办法
		营销渠道管理制度
		品牌管理制度
		企业商标管理办法
		包装管理制度

续前表

制度类别	细分项目	制度名称
企业管理制度	生产管理制度	生产计划管理制度
		生产组织管理制度
		生产控制管理制度
		存货管理制度
		生产设备管理制度
		生产物料管理制度
		生产质量管理制度
		安全生产管理制度
	其他管理制度	……

二、部门工作总结与改进计划表

本工具（见表5－29）主要适用于部门改进计划（融入管理岗位）工作模块，还可用于各部门绩效考核，其主要内容包括工作业绩、工作计划完成情况、具体执行情况（制度执行、团队建设）、不足之处以及改进计划等。为了促进文化融入岗位、融入实际工作，填写过程中要求各部门根据企业文化理念、企业文化建设相关要求、公司发展战略目标及总体规划，基于自身职责（岗位说明书及能力素质要求）和分管领域，提出改进思路、计划以及具体的实施方案。

表5－29　　部门工作总结与改进计划表

部门：　　　　部门负责人：　　　　考评周期：

一、本阶段部门主要的工作业绩

二、本阶段部门工作计划完成情况		
三、本阶段部门在制度执行以及人员培养（团队建设）方面的情况		
四、本阶段部门工作中主要的不足之处或者失误（包括企业文化建设方面存在的差距与问题）		
五、下阶段（下一个考核周期）部门应如何改进工作		
考评者对本阶段部门工作的评价：		
考评者对下阶段部门工作的建议：		
本期考核分数：	部门负责人签字：	考评者签字：

三、个人工作总结与改进计划表

本工具（见表5-30）（包括个人绩效改进表——表5-31）主要适用于个人改进计划（融入管理岗位）工作模块，还可用于各部门个人绩效考核。其主要内容包括工作业绩、工作计划完成情况、具体执行情况、不足之处以及改进计划等。为了促进文化融入岗位、融入实际工作，要求个人根据企业文化理念、企业文化建设相关要求、公司发展战略目标及总体规划，基于自身职责（岗位说明书及能力素质要求），提出改进思路、计划以及具体的实施方案。

表 5-30　　个人工作总结与改进计划表

姓名：　　职位：　　直接领导：

部门：　　考评周期：

一、本阶段主要的工作业绩
二、本阶段工作计划完成情况（包括上阶段绩效改进目标以及具体的改善措施实施情况）
三、本阶段工作中主要的不足之处或者失误以及原因分析
四、下阶段（下一个考核周期）应如何改进工作
五、需要取得的支持（上级支持、资源支持等）
考评者对本阶段工作的评价：

考评者对下阶段工作的建议：		
本期考核分数：	部门负责人签字：	考评者签字：

表 5－31　　个人绩效改进表

姓名		职位		部门	
绩效偏差描述					
需改进的绩效	采取的措施	完成时间	所需支持	改进后的效果	
被考核者签字		直接主管签字		部门负责人签字	

四、班组文化建设考核指标体系

本工具（见表 5－32）主要适用于班组文化建设（融入“组织细胞”）工作模块中的工作总结与评估，通常从班组精神（理念）、班组制度、班组行为、班组形象四个维度对班组文化建设的过程以及效果进行评估，以总结班组文化建设的经验，同时找出自身班组文化建设中存在的问题与不足。

表 5－32　　班组文化建设考核指标体系

一级指标	二级指标	标准分	指标说明
班组精神（理念）	内容完善度	5	理念内容是否完善。
	内容普及性	5	是否容易记住、容易理解。
	是否具有特色	5	是否体现班组的特征。
	认知度	5	班组成员对理念的认知度。
	认同度	5	班组成员对理念的认同度。
班组制度	制度健全性	5	规章制度是否系统完善。
	制度规范性	5	各项制度是否公平、公正、规范。
	文化制度化	15	制度是否充分体现班组精神。
班组行为	行为规范化	5	员工行为是否符合规范要求。
	日常工作效率	5	班组成员日常工作效率的综合表现。
	工作质量	5	班组成员日常工作质量。
	班组活动的开展情况	5	包括活动的频率、活动的效果等。
	班组学习情况	5	班组是否充分体现学习型组织特征。
班组形象	员工形象	5	员工的行为表现是否充分体现班组精神，并展现出良好的精神风貌。
	环境形象	5	班组工作环境是否体现班组精神，宣传载体以及整体风格是否符合公司的视觉识别要求。
	整体氛围	15	班组氛围是否积极、上进，既展现出特色的班组精神，又符合公司倡导的文化价值导向。

五、安全文化理念体系

本工具（见表 5－33）主要适用于子系统文化建设（融入管理重点）工作模块中的安全文化建设。安全文化属于子系统文化之一，主要针对安全管理这一重点，在企业内部横向形成安全文化。子系统文化建设是对企业主文化建设的有力支撑，也是推行企业主文化的有效途径之一。当然，除了提出必要的安全文化理念体系（不一定按照以下架构进行设计，可以适当增减，也可以按照岗位进行细分），同样需要实施一系列安全文化建设工作，例如建立安全管理体系、开展安全知识培训、进行系统的安全文化宣贯、开展各类安全主题活动等。

表5-33　　安全文化理念体系

类别	项目	内容（示例）
核心理念	安全生产方针	安全第一，预防为主，综合治理，人人参与。
	安全使命	构筑安全基石，建设和谐企业。
	安全目标	杜绝“三违”，消除隐患，实现人、机、环、法、料系统安全化，实现安全生产零事故。
	安全愿景	企业安全发展，员工幸福安康。
	安全誓言	珍爱生命，遵守纪律，杜绝违规，人人有责。
价值理念	安全责任理念	安全责任重于泰山。
	安全道德理念	安全入情，安全有理。
	安全效益理念	安全是最大的效益。
	安全行为理念	一举一动，严守规程。
	安全作业理念	在岗一分钟，安全六十秒。
	安全教育理念	关爱人，引导人，警示人，规范人，塑造人。
	…………	…………

企业文化评估体系构建工具

一、企业文化建设工作评价指标体系

企业文化建设工作评估是指对企业文化建设过程中工作的计划与落实情况的评估，评估内容涵盖建设规划、理念提炼、形象规范、行为规范、文化宣贯、文化评估、宣贯员队伍建设、保障措施等，具体可从目标体系、保障体系、识别体系、培训体系、传播体系、激励体系、融入体系、评估体系八个方面进行。表5-34中的指标仅供参考，企业可根据自身所处企业文化发展阶段的实际需求进行适当调整（满分为100分）。

表 5-34　企业文化建设工作评价指标体系

一级指标	二级指标	权重
1. 企业文化目标体系（10 分）	提出了符合本企业战略发展要求的企业文化发展战略。	2
	制定了科学、清晰、可持续的企业文化建设规划。	3
	规划工作有计划、有落实、有检查。（对各项任务进行分解，并形成任务的阶段时间表、具体责任人，对实施的具体过程和最终将达到的效果有明确界定。）	5
2. 企业文化保障体系（10 分）	设置企业文化建设领导及实施机构，明确职责分工；企业领导班子充分发挥核心引领作用。	2
	构建企业文化建设长效机制，包括企业文化建设考核评价制度、企业文化建设激励制度等。	3
	经费保障到位，纳入预算管理；硬件设施、企业文化设施（如企业文化活动场地）能够满足企业文化建设需求；积极开展知识管理①工作，做到系统化、科学化，建立知识共享平台；为员工创建良好的学习与生活环境。	2
	建立专业的企业文化研究队伍、企业文化内训师队伍、企业文化服务队伍。	3
3. 企业文化识别体系（15 分）	理念识别体系：独特性、完整性、指导性、先进性。	10
	行为识别体系：有统一的行为要求和行为准则。	3
	视觉识别体系：系统、规范，由专门机构持续进行维护与管理。	2
4. 企业文化培训体系（10 分）	课程体系系统、全面。	2
	培训队伍成熟，成员综合素质高。	2
	培训形式丰富、灵活，且定期和不定期开展各类培训活动。	2
	培训评估机制健全。	2
	培训工作管理制度与流程不断完善。	1
	积极建设学习型组织。	1

① 主要指与企业文化相关的知识管理工作。如对各部门各项工作成果，包括企业文化建设成果、服务典型人物及事件、制度修订、管理或技术创新（专利）等进行梳理和汇编，并重点建设案例库、专利库。

续前表

一级指标	二级指标	权重
5. 企业文化传播体系（15 分）	拥有成熟的内外传播体系，且传播方式具有创新性与实效性，如会议、党组学习、内刊、文化墙、展板、网络、荣誉室、活动、案例故事、外界媒体等多种传播渠道和载体。	10
	定期开展有影响力的充分展现企业核心价值观的大型活动。	2
	经常开展员工喜闻乐见的文化活动，并注重企业文化理念的融入。	2
	积极对外传播企业文化，提升企业品牌知名度和美誉度。包括进行媒体传播、积极参与对外交流活动、积极组织并履行社会责任①等。	1
6. 企业文化激励体系（15 分）	拥有健全的企业文化建设激励体制。	2
	及时总结典型案例（企业文化建设中涌现的优秀人物及事件），并树立榜样。	1
	积极开展员工关爱工程、保障员工利益。	1
	积极帮助员工学习与成长。②	1
	创造良好的企业文化建设氛围。	10
7. 企业文化融入体系（15 分）	通过制度梳理与完善，使企业文化深度融入管理制度。	10
	积极实施部门与个人改进计划。	1
	积极开展班组文化建设并形成长效机制。	2
8. 企业文化评估体系（10 分）	设立科学的企业文化建设评估机制，内容全面、指标明确细致、评估时机恰当、贴近实际。	5
	具有详细的书面评估成果，内容涉及经验总结、成果提炼、存在问题、改进方案等。	3
	运用评估机制改善企业文化建设工作，并产生实际成效。	2

① 履行社会责任包括：将社会责任纳入企业战略并长期、系统规划；模范遵守法律法规和社会公德、商业道德及行业规则，反对不正当竞争；做到节能减排、保护环境；积极回报社会，热心社会公益事业，参与地方建设，鼓励员工志愿服务社会，在助学帮困、救灾抢险等方面勇于承担责任；等等。

② 主要指完善人才培养机制、完善职业发展通道、帮助制定职业生涯规划等。

二、企业文化建设效果评价指标体系

企业文化建设效果评估是指对企业文化建设所取得成效的评估。评估内容涵盖员工对文化的认同度、员工队伍凝聚力与执行力、经济效益、管理水平、组织的学习与创新能力、企业社会形象等，具体可从凝聚力、领导力、执行力、成长力、形象力五个维度进行评估。表 5－35 中所列指标仅供参考，企业可根据自身所处企业文化发展阶段的实际需求进行适当调整（满分为 100 分）。

表 5－35　企业文化建设效果评价指标体系

一级指标	二级指标	权重
凝聚力（25 分）	全体员工以企业为荣，爱岗敬业，忠诚度高，自觉为企业发展做贡献，“价值观驱动”特征明显。	5
	企业管理层与员工之间、员工与员工之间关系和谐融洽。	5
	部门协同能力强。	5
	员工参与度高。	3
	员工对企业的满意测评度高。	3
	员工对实现自我价值充满信心。	2
	员工到上级机关上访及群体性事件得到有效控制，无大规模群体性事件发生。	2
领导力（20 分）	管理层以身作则，率先垂范。	5
	认同并认真践行企业文化理念及战略。	4
	组织认同度高。	2
	管理绩效不断提高。	3
	管理能力与水平不断提高。	3
	廉洁自律，无违规违纪现象。	3
执行力（20 分）	员工对企业发展战略认知度高，并认真执行上级的决策和部署。	4
	员工认可并遵守各项规章制度、严格执行生产管理流程。	4
	员工在工作中形成了良好的行为习惯，并充分体现企业文化特征。	4
	员工认真落实岗位责任制。	4
	企业文化建设与企业运营管理工作融合度、协调发展度高，企业文化积极引领作用得到发挥。	4

续前表

一级指标	二级指标	权重
成长力（20 分）	企业管理水平不断提升，整体实力和竞争力显著增强，经济效益、社会效益与环境效益良好，发展预期有保证。	5
	企业未发生重大安全和质量事故、重大污染事故等。	4
	近两年内有重大科学技术发明创造，获得国家级奖励和省部级奖励（重大发明）。	3
	员工政治觉悟、思想道德水平和文明素质得到整体提升，弘扬正能量，精神生活健康。	3
	员工科学文化水平、职业素质和职业技能不断提高，学习型组织日益成熟，创新意识和自尊心、自信心、自豪感增强。	3
	员工收入持续稳定增长，个人发展有上升空间，精神风貌整体良好。	2
形象力（15 分）	企业品牌知名度和美誉度不断上升，客户对企业产品和服务的满意度不断上升或维持在高水平。	3
	企业对行业发展起到推动作用，权威机构公布的竞争力等排名上升。	3
	企业对当地经济建设和社会各项事业的发展有明显贡献。	2
	企业社会责任履行情况社会评价度高。	2
	企业在党的建设、思想政治工作和精神文明建设、企业文化建设等方面获得相关单位授予的省级以上荣誉称号。	3
	企业培育选树的典型得到省级以上单位的表彰奖励，培育选树典型或工作经验得到宣传报道和推广。	2

三、企业文化调查问卷

本工具主要用于对企业文化的主导类型、现状、宣贯效果以及文化对组织发展的作用和影响展开调查，是企业文化评估工作中最重要的工具之一。问卷包含 92 个问题，其中多选题 9 个，单选题 63 个，开放题（开放式文字回答题）15 个，其余 5 个为个人信息题。

1. 结构与题目设计说明

本问卷的结构设计及题目选择基于企业文化建设四层次结构模型、奎因企业文化导向诊断分析量表、企业文化案例研究等多种方法和工具。其问卷题目内容主要围绕以下四个维度设计：

（1）文化精神层测量。

● 核心理念体系现状（包括愿景、使命、价值观及管理理念）。

● 员工对核心理念的认知及期望。

● 个人价值观与组织价值观的匹配。

（2）文化制度层测量。

● 各项制度的建设现状。

● 制度层与精神层的匹配。

（3）文化行为层测量。

● 宣贯与落地实施（渠道、措施、效果）。

● 员工行为与表现：员工行为与价值观的一致性（忠诚度、组织沟通与协调、凝聚力）、员工参与性（授权、团队导向、能力发展）。

（4）文化形象层测量。

● 外观及视觉识别。

● 企业与社会的交流。

● 社会形象（包括社会责任表现）。

虽然此问卷适用于对一般企业的企业文化现状与未来提升需求进行调查与分析，但是为了确保问卷调查的针对性及有效性，建议使用者在进行初步调研并了解企业文化现状的基础上，对问卷题目进行适当的调整与重新设计，然后再实施问卷调查。

2. 评价题分值说明

重要程度评价中 A ～ E 分别代表很重要、比较重要、一般、不太重要、不重要，表示该项内容在企业文化建设以及企业持续发展中的重要程度；现状评估中数字 1 ～ 5 分别代表非常不赞同、不赞同、不确定、赞同、非常赞同，表示对该项内容在本企业现状的评估。

3. 调查方式

本问卷调查一般采用无记名方式。

具体问卷参见案例 5－3。

案例 5－3

××有限公司企业文化调查问卷

女士 / 先生：

您好！我们是北京未名潮管理顾问有限公司企业文化咨询课题组。我们正在与 ×× 有限公司（以下简称公司）一道提升企业文化建设水平，为更好地实现公司战略目标而努力。此次问卷调查旨在了解公司真实的企业文化现状以及您对公司企业文化进行提升的要求。您的见解对于我们开展项目非常重要，您交回的问卷将被课题组严格保密，您的回答将只在课题组的顾问范围内做统计使用。您认真填写问卷是对我们工作的大力支持！感谢您的积极参与！

北京未名潮管理顾问有限公司企业文化咨询课题组

2018 年 10 月

---

1. 您认为影响公司企业文化形成的主要因素有哪些？（最多选 3 项，直接在选项序号上画"√"。）

A. 公司的发展历史　B. 市场经济的发展　C. 历代领导思想与风格

D. ×× 城市精神　E. 国有企业文化　F. 集团企业文化

G. 中国传统文化　H. 行业文化　I. "× 商"（地域）商业文化

J. 其他（直接填写）________________________

下面是一些理念的描述，请将正确答案的序号填在第 2～5 题的横线上。（选项可重复出现在另一题。）

（1）科学管理　（2）以人为本　（3）尊重人才　（4）互敬互助

（5）和谐稳定　（6）安全第一　（7）责任意识　（8）利益共享

（9）开拓创新　（10）廉洁自律　（11）绩效导向　（12）危机意识

（13）学习上进　（14）追求卓越　（15）优质服务　（16）团结协作

（17）包容开明　（18）公正透明　（19）求真务实　（20）敬业奉献

（21）诚实守信　（22）顾客至上　（23）纪律严明　（24）精细管理

（25）专业高效

2. 在上述理念中，公司现在已有的是（最多不超过5项）：______ ______ ______ ______ ______

3. 在上述理念中，公司还没有的是（最多不超过5项）：______ ______ ______ ______ ______

4. 在上述理念中，对公司最重要的是（最多不超过5项）：______ ______ ______ ______ ______

5. 在上述理念中，不适用于公司的有（最多不超过5项）：______ ______ ______ ______ ______

6. 和竞争对手相比，您认为公司最大的优势是什么？（最多选3项，直接在选项序号上画"√"。）

A. 领导远见卓识，决策能力强　B. 优良的传统和强大的凝聚力、士气高

C. 拥有优秀的人才　D. 硬件设施先进

E. 服务意识强、服务质量高、具有优秀的品牌

F. 对市场需求变化敏感　G. 具有完善的规章制度和流程

H. 其他（直接填写）____________________________

7. 您认为制约公司发展的主要因素有哪些？（最多选3项，直接在选项序号上画"√"。）

A. 管理水平落后，效率较低　B. 制度不健全、流程不完善

C. 思想观念转变比较慢　D. 研发和创新能力不够

E. 市场开发强度不足　F. 形象宣传与推广力度不够

G. 缺乏高素质的专业人才

H. 缺乏与集团有机融合、支撑公司战略发展的企业文化

I. 竞争与危机意识比较淡薄　J. 缺乏支撑公司国际化的品牌文化

K. 缺乏创新精神　L. 团队执行力不够

M. 员工激励不够　N. 部门协同能力较差

O. 其他（直接填写）____________________________

8. 您一般从哪些渠道了解公司的企业文化？（可多选，在相应选项序号上画"√"。）

（1）企业制度和规范　（2）内部培训　（3）会议

（4）升旗仪式　　（5）文化宣讲、“结对子”等活动
（6）晚会、征文、演讲、技能比赛等活动　　（7）历史陈列馆
（8）企业宣传资料　　（9）企业标语　　（10）领导言行举止
（11）企业先进人物的事迹　　（12）企业歌曲
（13）其他（直接填写）________________

9. 影响您的工作积极性的主要因素有哪些？（请选择其中的 5 项，按主次进行排序，并将相应选项的序号填入以下表格中。）

主————————→次

第 1	第 2	第 3	第 4	第 5

（1）薪酬待遇　　（2）工作上的自主权
（3）个人能力得到发挥　　（4）个人能力适应岗位要求
（5）工作符合个人兴趣　　（6）工作时间的合理安排
（7）工作压力　　（8）个人职位提升机会
（9）学习新知识的机会　　（10）公司的发展前景
（11）与同事的关系是否融洽　　（12）参与决策
（13）工作上的成就感　　（14）工作的保障和稳定性
（15）领导的信任与认可　　（16）领导的承诺可以实现
（17）得到尊重　　（18）有挑战性和成就感的工作
（19）得到公正评价　　（20）领导素质

请对以下陈述进行评价：

评价提示：以下前半部分 A ～ E 分别代表很重要、比较重要、一般、不太重要、不重要，表示该项内容在企业文化建设以及企业持续发展中的重要程度；后半部分数字 1 ～ 5 分别代表非常不赞同、不赞同、不确定、赞同、非常赞同，表示您对该项内容在本企业现状的评估。请在相应的字母或数字上画“√”。

表 5-36　企业文化调查问卷评分题项

重要程度评价					现状评估				
A	B	C	D	E	5	4	3	2	1
很重要	比较重要	一般	不太重要	不重要	非常赞同	赞同	不确定	不赞同	非常不赞同

序号	题目	重要程度评价					现状评估				
		很重要	比较重要	一般	不太重要	不重要	非常赞同	赞同	不确定	不赞同	非常不赞同
10	我很清楚公司的愿景①、价值观。	A	B	C	D	E	5	4	3	2	1
11	我的主管②对我工作绩效的评价主要依据工作结果。	A	B	C	D	E	5	4	3	2	1
12	我清楚地了解本岗位和本部门的职责要求。	A	B	C	D	E	5	4	3	2	1
13	当工作中出现问题时，我能从领导或同事处及时获得帮助。	A	B	C	D	E	5	4	3	2	1
14	我所在部门和其他部门在工作上沟通较为融洽。	A	B	C	D	E	5	4	3	2	1
15	我个人的业绩评价是由团队和个人业绩共同决定的。	A	B	C	D	E	5	4	3	2	1
16	我在企业中能够受到尊重。	A	B	C	D	E	5	4	3	2	1
17	我的个人能力能够适应目前的岗位要求。	A	B	C	D	E	5	4	3	2	1
18	公司有较完善的培训体系，对我提升工作能力帮助大。	A	B	C	D	E	5	4	3	2	1

① 愿景即愿望的景象，是组织成员发自内心的对组织未来的一种远期追求。

② 主管指直接上级。

续前表

序号	题目	重要程度评价					现状评估				
		很重要	比较重要	一般	不太重要	不重要	非常赞同	赞同	不确定	不赞同	非常不赞同
19	在公司，任何员工都可以就工作上的事情提问题，而不是有权力的人才能提问题。	A	B	C	D	E	5	4	3	2	1
20	公司大力提倡团队协作的精神，员工积极参与各项工作和活动。	A	B	C	D	E	5	4	3	2	1
21	公司重视员工的合理化建议。	A	B	C	D	E	5	4	3	2	1
22	公司为员工设置了明确、合理的职业发展通道。	A	B	C	D	E	5	4	3	2	1
23	我认为公司的管理制度是公平的。	A	B	C	D	E	5	4	3	2	1
24	公司制度与倡导的理念相符合。	A	B	C	D	E	5	4	3	2	1
25	公司对员工很信任，相信员工能够做好自己的工作并认真履行对员工的承诺。	A	B	C	D	E	5	4	3	2	1
26	我确实把公司的问题当作自己的问题来对待。	A	B	C	D	E	5	4	3	2	1
27	为了更好地完成目前的工作，我必须持续地学习。	A	B	C	D	E	5	4	3	2	1
28	公司对合作者很有责任感，强调共同发展。	A	B	C	D	E	5	4	3	2	1
29	公司塑造并传播了良好的社会形象。	A	B	C	D	E	5	4	3	2	1

续前表

序号	题目	重要程度评价					现状评估				
		很重要	比较重要	一般	不太重要	不重要	非常赞同	赞同	不确定	不赞同	非常不赞同
30	我所在部门的制度随着业务和部门的发展得到了及时调整和更新。	A	B	C	D	E	5	4	3	2	1
31	公司上下级之间、员工之间能够充分坦诚沟通。	A	B	C	D	E	5	4	3	2	1
32	除了会议和培训授课，我还能够从公司的制度和工作过程中感受到企业文化。	A	B	C	D	E	5	4	3	2	1
33	领导在做决策时能够听取员工的意见。	A	B	C	D	E	5	4	3	2	1
34	在公司工作让我有家的感觉。	A	B	C	D	E	5	4	3	2	1
35	公司很关心员工工作环境、生活质量提高。	A	B	C	D	E	5	4	3	2	1
36	公司制度在本部门得到了有效的落实和执行。	A	B	C	D	E	5	4	3	2	1
37	我认为员工都严格按照各项规章和制度执行工作，且组织纪律严明。	A	B	C	D	E	5	4	3	2	1
38	公司以往评定的先进分子的确是员工中的优秀代表，有效地激励了全体员工。	A	B	C	D	E	5	4	3	2	1
39	公司时刻关注经营环境、相关政策法规的变化，并迅速做出反应。	A	B	C	D	E	5	4	3	2	1

续前表

序号	题目	重要程度评价					现状评估				
		很重要	比较重要	一般	不太重要	不重要	非常赞同	赞同	不确定	不赞同	非常不赞同
40	公司注重技术创新，并鼓励员工创新，制定创新奖励制度。	A	B	C	D	E	5	4	3	2	1
41	我所在的组织富有活力且具有创业精神，大家都勇于冒险和敢于承担责任。	A	B	C	D	E	5	4	3	2	1
42	公司建立了先进的管理信息系统，以保证各部门之间方便快捷地沟通与交流信息，高效开展业务。	A	B	C	D	E	5	4	3	2	1
43	公司形成了你追我赶的良性竞争氛围，人人渴望成功。	A	B	C	D	E	5	4	3	2	1
44	我对我在公司的待遇很满意。	A	B	C	D	E	5	4	3	2	1
45	公司领导对我的工作和成长起着很好的引导、培育和推动作用。	A	B	C	D	E	5	4	3	2	1
46	公司领导富有企业家精神，善于创新，且敢于冒险。	A	B	C	D	E	5	4	3	2	1
47	公司领导富有进取拼搏精神，一切行动看结果。	A	B	C	D	E	5	4	3	2	1
48	公司领导具有很强的组织、协调能力，使组织高效、平稳运行。	A	B	C	D	E	5	4	3	2	1

续前表

序号	题目	重要程度评价					现状评估				
		很重要	比较重要	一般	不太重要	不重要	非常赞同	赞同	不确定	不赞同	非常不赞同
49	公司提倡个人英雄主义、勇于冒险、崇尚自由和展现自我。	A	B	C	D	E	5	4	3	2	1
50	公司提倡员工与企业共成长，积极营造和谐发展的环境。	A	B	C	D	E	5	4	3	2	1
51	公司主要靠员工的忠诚以及彼此相互信任凝聚在一起。	A	B	C	D	E	5	4	3	2	1
52	公司主要靠不断创新、技术先进、理念超前的发展模式凝聚在一起。	A	B	C	D	E	5	4	3	2	1
53	公司主要靠规章和制度确保组织高效运行，使大家凝聚在一起。	A	B	C	D	E	5	4	3	2	1
54	公司主要靠大家积极进取并追求共同的目标凝聚在一起。	A	B	C	D	E	5	4	3	2	1
55	公司注重员工的发展、高度信任、开诚布公以及员工的持续参与。	A	B	C	D	E	5	4	3	2	1
56	公司注重寻求新的资源、新的机遇并勇于迎接新的挑战。	A	B	C	D	E	5	4	3	2	1
57	公司注重在市场环境中通过竞争获取成功并占据市场主导地位。	A	B	C	D	E	5	4	3	2	1

续前表

序号	题目	重要程度评价					现状评估				
		很重要	比较重要	一般	不太重要	不重要	非常赞同	赞同	不确定	不赞同	非常不赞同
58	公司注重组织的高效、可控以及平稳运行，做到持久性和稳定性。	A	B	C	D	E	5	4	3	2	1
59	公司成功的原因在于人才队伍强大、凝聚力强、员工忠诚度高。	A	B	C	D	E	5	4	3	2	1
60	公司成功的原因在于拥有创新的、差异化的和个性化的产品或者服务。	A	B	C	D	E	5	4	3	2	1
61	公司成功的原因在于超越竞争对手，并成为市场领导者。	A	B	C	D	E	5	4	3	2	1
62	公司成功的原因在于组织的高效以及平稳运行。	A	B	C	D	E	5	4	3	2	1
63	部门之间主动服务意识很强，彼此能站在对方的角度考虑问题。	A	B	C	D	E	5	4	3	2	1
64	我认为我的直接上级在管理过程中能够充分授权。	A	B	C	D	E	5	4	3	2	1
65	我的直接上级或者公司领导经常为我们的工作排忧解难，提供高效优质服务，确保我们的合法权益。	A	B	C	D	E	5	4	3	2	1
66	公司注重细节，追求完美服务，能够做到使客户完全满意。	A	B	C	D	E	5	4	3	2	1

续前表

序号	题目	重要程度评价					现状评估				
		很重要	比较重要	一般	不太重要	不重要	非常赞同	赞同	不确定	不赞同	非常不赞同
67	我所在部门对外服务的工作都有完善的服务流程和服务标准。	A	B	C	D	E	5	4	3	2	1
68	当客户遇到问题时，我能快速反馈并及时、竭尽全力帮助其解决问题。	A	B	C	D	E	5	4	3	2	1
69	我们总是追求更高的服务标准、更好的服务质量。	A	B	C	D	E	5	4	3	2	1
70	我们非常重视与客户进行沟通，以了解客户的需求，不断改进服务质量。	A	B	C	D	E	5	4	3	2	1
71	我们能够给客户提供差异化和个性化的服务。	A	B	C	D	E	5	4	3	2	1
72	我们会采取各种方法不断提高客户忠诚度，并创造新的需求。	A	B	C	D	E	5	4	3	2	1

73. 请写出一两件您认为最能代表公司（或者所在的部门）企业文化的事件。（正面的和负面的都可以。）

74. 您认为公司的愿景应该是什么？愿景，即愿望的景象，主要回答“我们想成为什么”，是组织成员发自内心的对组织未来的一种远期追求，是浓缩的“发展蓝图”。例如：

微软公司：让每张桌子上和每个家庭里都有一台电脑。

通用汽车：使通用汽车成为全球领先的交通产品和服务供应商。

75. 您认为公司的使命应该是什么？使命主要回答“组织为什么存在”，是在界定企业愿景概念的基础上，具体表述组织在社会中的经济身份或角色，即在社会领域里，该组织的分工是什么，在哪些经济领域里为社会做贡献。例如：

默克制药：保存和改善生命。

迪士尼：用我们的想象力，给人们带来快乐。

76. 您认为公司应该追求什么样的核心价值观？核心价值观是组织对事物的是非、善恶和重要性的评价和优先性排序，它决定和影响着单位各项制度的价值和作用，为企业的生存和发展提供基本的方向和行动指南。

企业的核心价值观回答在处理企业内部关系、企业和社会以及利益共同体之间的关系方面“什么是正确的”“应该以何者为先”的问题，是企业的核心思想、基本指导原则、根本信条和做人做事的最高标准，一般具有不可变的特征。例如：

诺基亚核心价值观：科技以人为本。

海尔核心价值观：真诚到永远。

三星电子核心价值观：实业报国。

惠普核心价值观：尊重和关心每个员工。

77. 您认为公司的经营决策理念应该是什么？经营决策是指根据企业内外部条件，决定如何配置资源，以及采取什么样的商业模式。

78. 您认为公司的管理理念应该是什么？管理是指企业根据战略，对业务活动进行有效计划、组织、协调和控制，以达成既定经营目标。

79. 您认为公司的执行理念应该是什么？执行是指贯彻、实施公司战略意图与指令要求，完成预定目标任务。

80. 您认为公司的人才理念应该是什么？人才理念是指企业有关识人、用人、育人等方面的指导思想。

81. 您认为公司的安全理念应该是什么？安全理念是指导和明确企业生产与经营的安全管理工作方向和目标的指南。

82. 您认为公司的质量理念应该是什么？质量理念是指企业进行质量管理、履行质量承诺、加强质量文化建设的总的原则和指导思想。

83. 您认为公司的服务理念应该是什么？服务理念是指企业对内外部的服务承诺、服务要求以及具体服务行为的总体准则。

84. 您认为公司的设备理念应该是什么？设备理念是指企业为保证生产、提高效益而实施设备管理时应遵循的原则和指导思想。

85. 您认为公司的行为理念应该是什么？行为理念是指企业员工在生活以及经营过程中的行为准则和思维方式。

86. 您认为公司的形象理念应该是什么？形象理念涉及企业员工的综合素质、职业道德、精神风貌和仪表装束等。

87. 您认为公司的廉洁理念应该是什么？廉洁理念是廉洁观点、思想、动机以及态度的总和，能够反映全体员工的价值取向及道德追求。

个人资料（仅用于统计目的）

88. 您的性别：（1）男　（2）女

89. 您的年龄：（1）20 ～ 30 岁　（2）31 ～ 40 岁　（3）41 ～ 45 岁　（4）46 ～ 50 岁　（5）50 岁以上

90. 您的最高学历：（1）中专及以下　（2）大专　（3）本科　（4）硕士及以上

91. 您已经在公司工作：（1）2 年以下　（2）2 ～ 5 年　（3）5 ～ 10 年　（4）10 ～ 20 年　（5）20 年以上

92. 您的职位：（1）一般员工　（2）基层管理人员　（3）中层管理人员　（4）高层管理人员

再次感谢您抽出宝贵的时间填写这份问卷！

PRACTICES ON CORPORATE
CULTURE BUILDING

第 6 章

常用理论知识与诊断分析工具

掌握好企业文化基础理论知识与常用的诊断分析工具，是企业文化实践者成功有效地构建和运行企业文化建设体系的前提。

其中，企业文化基础理论知识主要指企业文化理论的起源、企业文化的定义、企业文化的内容构成、企业文化的本质特征、企业文化的功能与意义以及企业文化建设体系等理论内容。由于这些内容已经在前面进行了详细阐述，这里不再一一列出。我们之所以如此安排，也是期望读者能够在深刻理解并掌握好企业文化基础理论知识的条件下，再进入企业文化建设"实战"阶段，从而确保实践者正确、有效地炼成优秀的企业文化。这也足以表明掌握好企业文化基础理论知识对于企业文化建设的重要性和必要性。

除了企业文化基础理论知识，企业文化建设实践者不可忽略的还有常用的诊断分析工具，具体包括企业文化建设四层次结构模型、奎因企业文化导向诊断分析模型、丹尼森组织文化分析模型、标杆企业文化核心要素结构模型、"4+2"管理法则、麦肯锡7S模型、"PDCA"循环、"5W2H"分析法等，这也是本章重点介绍的相关工具。当然，对于大多数企业文化建设实践者来说，无须深入研究这些工具，只需熟悉其理论框架并正确理解即可，并且通常可以采取联合或者借助外部专业力量的办法来科学、合理地应用这些工具，因为大多数调研分析工具的应用都要求使用者具备专业的企业文化研究能力与丰富的企业文化案例研究及实践经验，尤其需要掌握系统的咨询研究方法与工具。例如，如何将奎因企业文化导向诊断分析量表的题目转化为贴近企业实际的题目并合理安排在调查问卷中，如何就调查问卷的答题结果进行因子分析、相关因素分析、回归分析等，如何正确选择这些诊断分析工具，如何将其组合成符合企业文化现状的分析工具……这一切都需要研究人员具有较高的专业水平与丰富的咨询研究经验。

企业文化建设四层次结构模型

企业文化建设四层次结构模型（见图 6－1）是基于企业文化四层次内容构成提出的，与其内容完全一致，只是在应用过程中更加突出了企业文化建设的具体实施内容。该模型不同于传统意义上的企业文化四层次理论模型(即精神层、制度层、行为层、物质层)，而是将物质层调整为形象层，并在原来物质层内容的基础上添加品牌内涵、社会形象等元素，从而使企业文化四层次结构理论显得更加丰富、完善且贴切新时代企业发展的实际需求。从企业文化建设的角度，我们又可以从四个层面将其依次理解为“内化于心、固化于制、实化于行、外化于形”的过程。

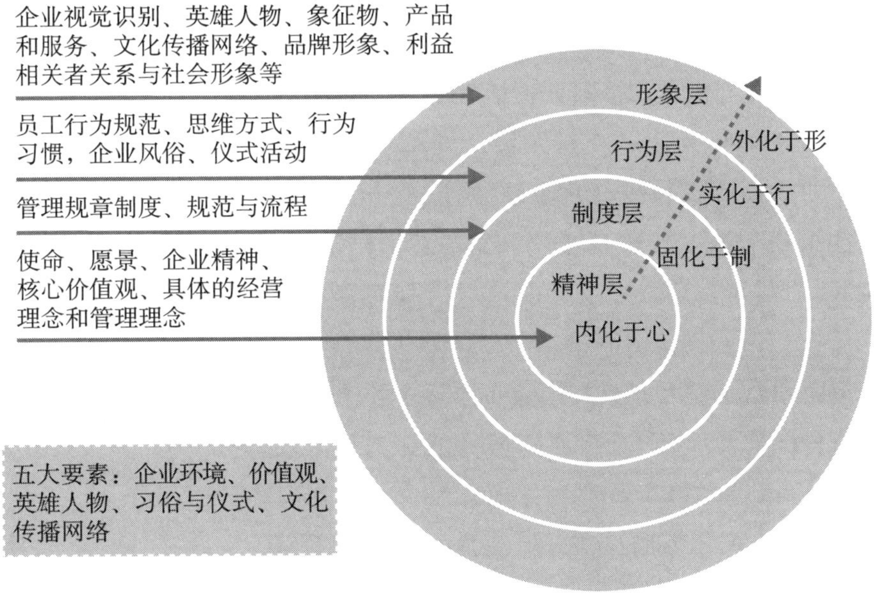

图 6－1　企业文化建设四层次结构模型

资料来源：北京未名潮管理顾问有限公司。

（1）精神层（内化于心）：企业文化的精神内核，是一切企业文化建设活动的源泉，包括价值理念体系，即使命、愿景、企业精神、核心价值观、具体的经营理念和管理理念。

（2）制度层（固化于制）：企业文化核心理念通过制度化融入管理的重

要载体（包括企业的各项管理规章制度、规范与流程），是员工践行企业文化以及树立企业形象的重要保障。

（3）行为层（实化于行）：员工践行企业文化理念的具体言行表现，包括员工行为规范、思维方式、行为习惯等，还包括企业风俗、仪式活动等。

（4）形象层（外化于形）：企业通过视觉识别设计、产品和服务（形象）、文化传播网络、社会责任等物质与行为向企业内外传播和树立的社会形象。包括企业视觉识别[①]、英雄人物、象征物、产品和服务、文化传播网络[②]、品牌形象、利益相关者关系与社会形象等。

奎因企业文化导向诊断分析模型

奎因企业文化导向诊断分析模型[③]将企业文化从内部－外部、控制－灵活两个维度，分为团队支持、灵活变革、市场绩效和层级规范四种导向。通常来讲，团队支持型文化更注重授权、沟通和以人为本；灵活变革型文化更注重反应速度、客户意识、变革意识；市场绩效型文化更注重市场竞争意识、风险意识和绩效导向；层级规范型文化则更注重集权、等级和规范。

下面列出了奎因企业文化导向诊断分析模型，还提供了奎因企业文化导向诊断分析量表（奎因分析原始题）、评分方法以及分析示例。

1. 奎因企业文化导向诊断分析模型

奎因企业文化导向诊断分析模型如图 6－2 所示。

2. 奎因企业文化导向诊断分析量表（奎因分析原始题）

原始的奎因企业文化导向诊断分析量表（见表 6－1）主要包括管理特征、组织领导、员工管理、组织的凝聚力、战略重点、成功标准六个方面，其中每个方面分为 A，B，C，D 四类问题，其中 A 代表的是团队支持型，

---

① 主要指物质层面，包括企业环境、纪念建筑、员工着装、企业 LOGO、名片、广告、产品包装设计等。

② 指各类传播载体，如电视、报纸、企业内刊、网络、文化墙、宣传栏、新媒体等。

③ 提出者为美国密歇根大学组织行为学教授罗伯特·E. 奎因（Robert E. Quinn）。

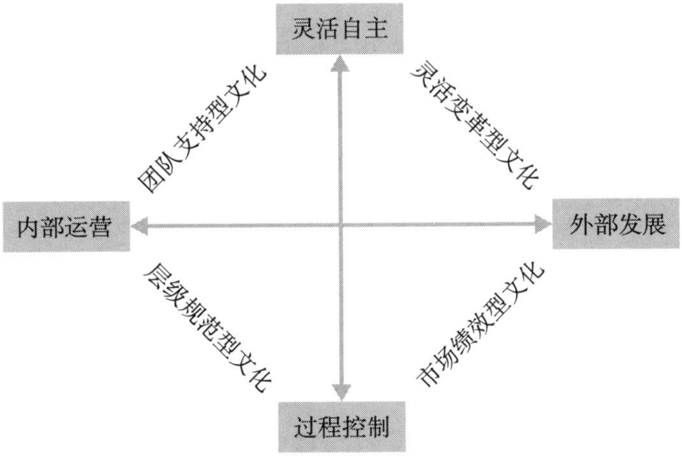

图 6－2　奎因企业文化导向诊断分析模型

B 代表的是灵活变革型，C 代表的是市场绩效型，D 代表的是层级规范型。组织文化评价量表主要采用李克特量表法和强迫选择法两种计分方式。李克特量表法给出分数范围，要求根据相似程度对每个答案评分，李克特 5 分量表和李克特 7 分量表都在使用。李克特量表法每次评分不需要考虑其他答案，但强迫选择法必须同时考虑几个答案。强迫选择法要求将 100 分分配到每个题项的 4 句陈述中，根据相似程度评分，但 4 句陈述的总分必须等于 100 分。本示例选用的是李克特量表法。另外，原始题目可以灵活穿插在问卷中，增强问卷回答的真实性和有效性。

表 6－1　　奎因企业文化导向诊断分析量表

题号	题目内容	现状评分（1～5 分）	期望评分（1～5 分）
一、管理特征			
A	第 1 题：组织是一个人性化的地方，就像家庭的延伸，人们不分彼此。		
B	第 2 题：组织具有很强的活力和创业精神，人们勇于冒险和承担责任。		
C	第 3 题：组织的功利性很强，人们主要的想法是完成工作，员工的能力很强而且期望成功。		

续前表

题号	题目内容	现状评分（1～5分）	期望评分（1～5分）
D	第4题：组织被严格地控制且法律严明。人们按照条例办事。		
	二、组织领导		
A	第5题：组织的领导通常被视为体现了导师、推动者或培育者的作用。		
B	第6题：组织的领导风格主要是创业、创新和尝试冒险。		
C	第7题：组织的领导风格主要是“没有废话”，具有进取性和高功利性。		
D	第8题：组织的领导风格主要是有条理、有组织性、运作流畅且充满效率。		
	三、员工管理		
A	第9题：管理风格是团队合作，少数服从多数以及参与性强。		
B	第10题：管理风格是个人英雄主义、喜欢冒险、勇于创新、崇尚自由和展现自我。		
C	第11题：管理风格具有很强的竞争性，要求和标准都非常严格。		
D	第12题：管理风格主要是保持雇佣关系，人们的关系是可以预见的、稳定的和一致的。		
	四、组织的凝聚力		
A	第13题：组织靠忠诚、互信黏合在一起。人们都具有承担义务的责任感。		
B	第14题：人们靠创新和发展结合在一起，走在时代的前端是重点。		
C	第15题：成功和完成目标把人们联系在一起，进取和取得胜利是共同的目标。		
D	第16题：人们靠正规的制度和政策联系在一起，维持一个顺畅运作的组织是非常重要的。		

续前表

题号	题目内容	现状评分（1～5分）	期望评分（1～5分）
五、战略重点			
A	第 17 题：组织重视人力资源发展、互信、开诚布公和员工持续参与。		
B	第 18 题：组织主要寻求新的资源和迎接新的挑战。尝试新的事物和寻求机遇是员工价值的体现。		
C	第 19 题：组织追求竞争和成功，打击对手和在市场中取得胜利是组织的主要战略。		
D	第 20 题：组织希望看到持久和稳定，效率和顺畅地运作是工作重点。		
六、成功标准			
A	第 21 题：组织对成功的定义是人力资源、团队合作、员工的贡献和对员工关怀上的成功。		
B	第 22 题：组织对成功的定义是组织是否具有最特别和最新的产品，组织是不是产品的领导者和创新者。		
C	第 23 题：组织对成功的定义是赢得市场份额并且打败对手，成为市场的领导者。		
D	第 24 题：组织视效率为成功的基础，相互沟通、平稳的工作安排和低成本是至关重要的。		

3. 奎因企业文化导向诊断分析示例

某公司问卷评分结果如表 6－2 所示。

表 6－2　　某公司奎因企业文化导向诊断分析量表评分结果

题号	类型	现状值	期望值
A	团队支持型	3.76	4.23
B	灵活变革型	3.65	4.24
C	市场绩效型	3.79	4.19
D	层级规范型	3.93	4.29

分析示意图如图 6 - 3 所示。

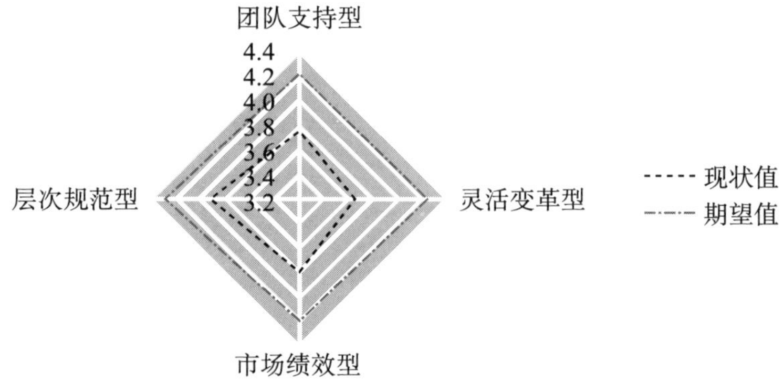

图 6 - 3　某公司奎因企业文化导向诊断分析结果示意图

分析结论如下（需结合其他调研分析方法与工具）：

目前，该公司企业文化的最大特点是注重集权、等级和规范，具体表现为“员工严格按照各项规章和制度执行工作，且组织纪律严明”，即属于层级规范型。而且，从员工期望来看，公司未来仍然要继续保持层级规范型文化。这也充分说明，层级规范型文化在强化规范管理、确保执行力、推进制度文化、促进公司发展的过程中发挥了强大的推动作用，并得到员工的一致认同。

但是，层级规范型文化也存在一定的劣势，即在创新变革、客户服务意识、员工主观能动性等方面相对较弱。因此，公司在未来发展中，不可过于偏向层级规范型文化，而是需要在以上四种文化类型之间取得一定的平衡。

从员工期望来看，公司应有意识地强化灵活变革型与团队支持型文化要素，同时适当引入市场绩效型文化要素。这也充分体现了员工期望公司在“制度规范、纪律严明、高效执行”的基础上，能够进一步注重“服务客户、创新变革、授权沟通、以人为本、市场竞争”等。

丹尼森组织文化分析模型

丹尼森组织文化分析模型（见图 6 - 4）是衡量组织文化最有效、最实用的模型之一。该模型是由瑞士洛桑国际管理学院（IMD）教授丹尼尔·丹尼森（Daniel Denison）创建的。丹尼森在对大量的公司研究后，总结出组织文化的四个特征：适应性、使命、参与性和一致性。

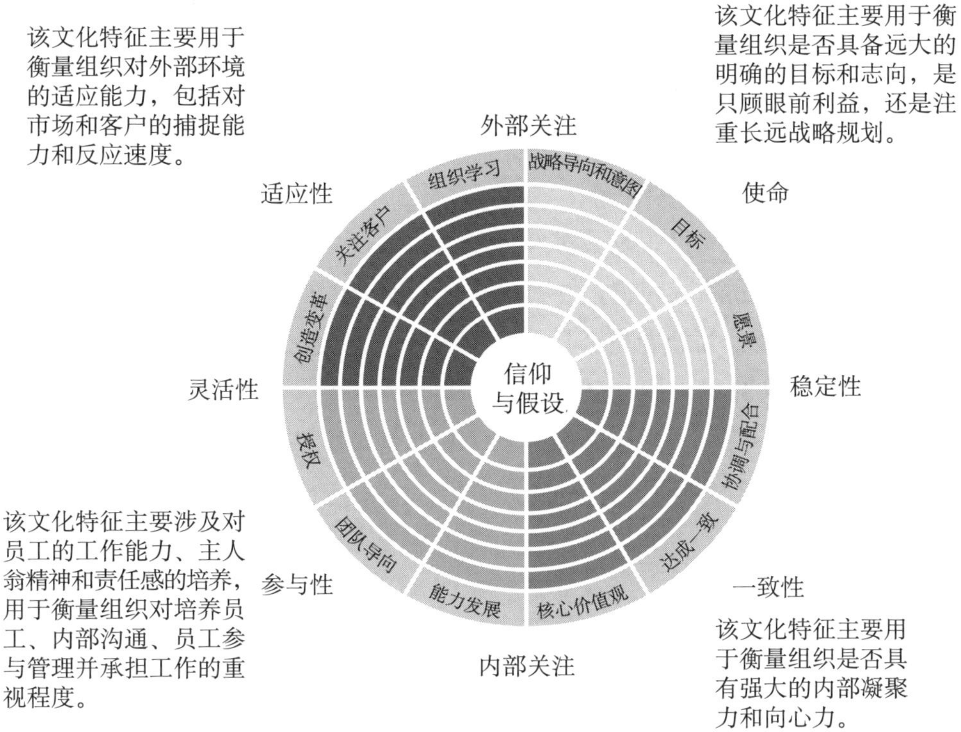

图 6－4　丹尼森组织文化分析模型

一、参与性

参与性（involvement）涉及对员工的工作能力、主人翁精神和责任感的培养。组织在这一文化特征上的得分反映了组织对培养员工、与员工进行沟通，以及使员工参与并承担工作的重视程度。

参与性的三个维度如下：

● 授权：员工是否获得真正的活动授权并承担责任？他们是否具有主人翁意识和工作积极性？

● 团队导向：组织是否重视并鼓励员工相互合作，以实现共同目标？员工在工作中是否依靠团队力量？

● 能力发展：组织是否不断投入资源培训员工，使他们具有竞争力，跟上组织业务发展的需要，同时满足员工不断学习和发展的愿望？

二、一致性

一致性（consistency）用以衡量组织是否拥有强大且富有凝聚力的内部文化。

一致性的三个维度如下：

● 核心价值观：组织是否存在一套大家共同信奉的核心价值观，从而使组织员工产生强烈的认同感，并对未来抱有明确的期望？

● 达成一致：领导者是否具备足够的能力让大家达成高度的一致，并在关键的问题上调和不同的意见？

● 协调与配合：组织中各职能部门和业务单位是否能够密切合作？部门或团队的界限会不会变成合作的障碍？

三、适应性

适应性（adaptability）主要是指组织对外部环境（包括客户和市场）中的各种信号迅速做出反应的能力。

适应性的三个维度如下：

● 创造变革：组织是否惧怕承担因变革带来的风险？组织是否学会仔细观察外部环境，预计相关流程及变化步骤，并及时实施变革？

● 关注客户：善于利用环境的组织凡事都从客户的角度出发。组织是否了解自己的客户，使他们感到满意，并能预计客户未来的需求？

● 组织学习：组织能否将外界信号视为鼓励创新和吸收新知识的良机？

四、使命

使命（mission）用于判断组织是一味注重眼前利益，还是着眼于制定系统的战略行动计划。

使命的三个维度如下：

● 愿景：员工对组织未来的理想状况是否达成了共识？这种愿景是否得到组织全体员工的理解和认同？

● 战略导向和意图：组织是否希望在本行业中脱颖而出？明确的战略意图表达了组织的决心，并使所有人都知道应该如何为组织的战略做出自己的贡献。

● 目标：组织是否周详地制定了一系列与使命、愿景和战略密切相关的目标，可以让每个员工在工作时参考？

上述四个特征中，每个都涵盖三个维度，12个维度又分别对市场份额和销售额的增长、产品和服务的创新、资产收益率、投资回报率和销售回报率等业绩指标产生重要的影响。

标杆企业文化核心要素结构模型

企业文化研究过程中，我们曾选择30家典型的服务性集团企业作为标杆对象，它们分别是10家世界知名酒店集团（全球TOP 10）、20家国内外大型综合性服务集团（涉及旅游、客运、银行、餐饮、零售、食品等行业）。就标杆对象，我们通过深度的案例研究和分析，挖掘并提炼出这批企业的企业文化共性，即标杆企业文化核心要素（见图6－5和图6－6）。

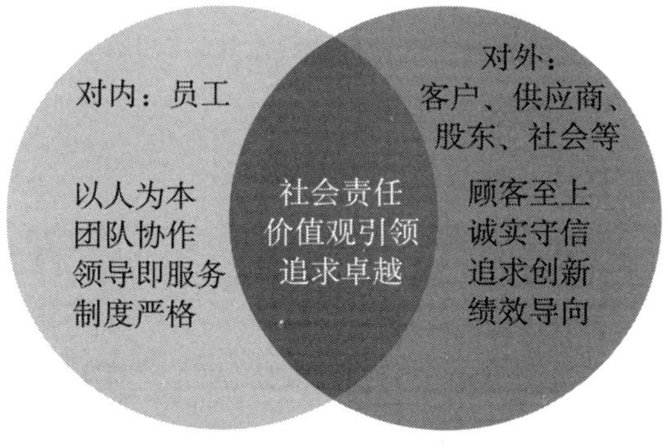

图6－5　标杆企业文化核心要素结构模型

资料来源：北京未名潮管理顾问有限公司。

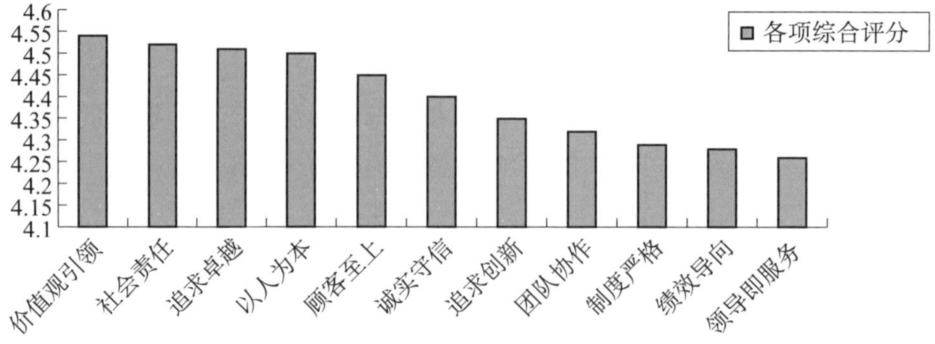

图 6－6　标杆企业文化核心要素的评分情况

说明：以上评分结果是我们在研究过程中对 30 家标杆企业文化核心理念的受重视程度、理念实施落地及其效果进行综合评估并取其平均分值得到的。满分为 5 分。

资料来源：北京未名潮管理顾问有限公司。

“4+2”管理法则

威廉·乔伊斯（William Joyce）、尼廷·诺里亚（Nitin Nohria）和布鲁斯·罗伯逊（Bruce Roberson）三位管理咨询专家曾经组织了一项名为“常青树项目”的开拓性研究，对 160 家公司 11 年间 200 多种管理实践进行分析，并从中探寻成功企业的管理定律。结果发现，大多数管理实践与业绩无关，企业只要在战略、执行、文化、组织结构这 4 项首要管理实践上表现卓越，并做好人才、创新、领导、兼并与合作这 4 项次要管理实践中的任意 2 项，便能成功在握，基业长青，故称之为“4+2”管理法则（见图 6－7）。其中，“文化”属于 4 项首要管理实践要素之一，可见，优秀的企业文化是企业成功的必备条件。

1. 首要管理实践 4 要素

（1）战略方面：制定和保持界定明确、沟通充分、重点突出的战略比制定何种战略更重要。

（2）执行方面：搞清楚如何执行与执行什么同样重要。

（3）文化方面：创造一个鼓励高绩效、高标准的氛围比营造一个快乐的工作环境更重要。

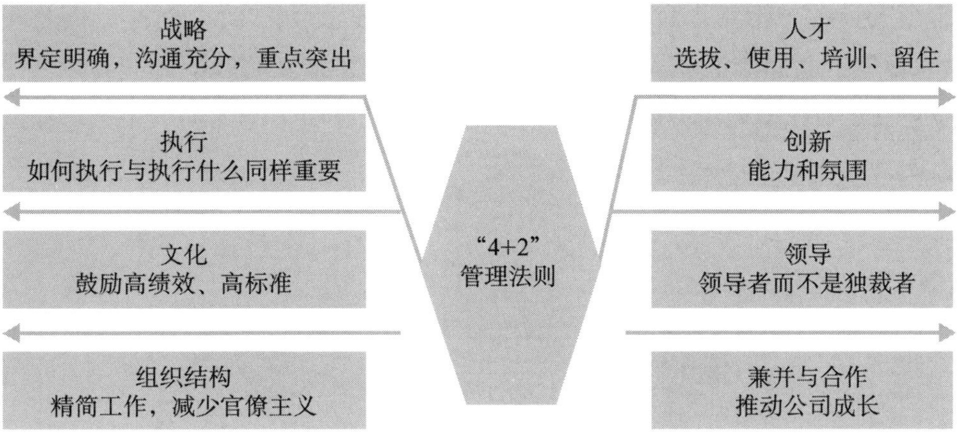

图 6-7　"4+2"管理法则示意图

（4）组织结构方面：不管按何种形式来架构组织，关键的是要能精简工作、减少官僚主义。

2. 次要管理实践 4 要素

（1）人才方面：成功企业不仅设法留住人才，而且创造环境培养人才。

（2）创新方面：领先企业对那些能够推动行业变革的突破性创新孜孜以求。

（3）领导方面：首席执行官是否能和员工建立良好的关系、能否及时发现机遇和问题所在，都和公司的命运息息相关。

（4）兼并与合作方面：不管并购的动机是什么，成功企业都不会贸然进入和自己的核心业务相距甚远的领域，它们通过一套高效的运作体系来发展优势互补的新业务，推动公司成长。

麦肯锡 7S 模型

麦肯锡 7S 模型（Mckinsey 7S Model）（见图 6-8），简称 7S 模型，是麦肯锡咨询公司研究中心设计的企业组织七要素，指出企业在发展过程中必须全面考虑各方面的情况，包括结构（structure）、制度（system）、风格（style）、人员（staff）、技能（skill）、战略（strategy）、共同价值观（shared values）。在模型中，战略、结构和制度被认为是企业成功的"硬件"，风格、人员、技能和共同价值观被认为是企业成功经营的“软件”，而代表“软件”的共同价值观、风格等要素都与企业文化紧密相关，这也足以表明企业文化在该模型中占据着重要位置。该模型也是组织绩效与企业战略相适应的重要评价与分析工具之一。

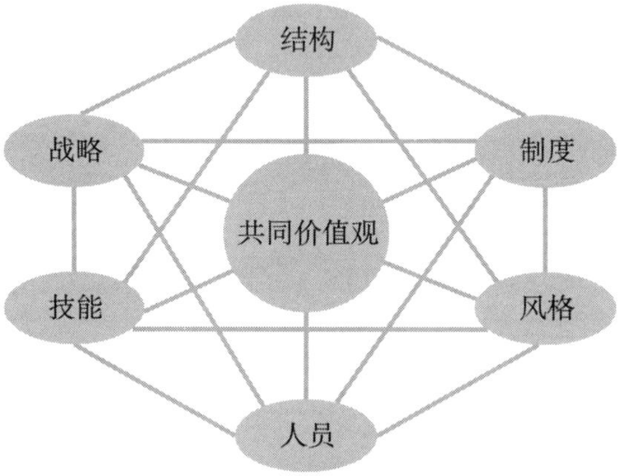

图 6-8 麦肯锡 7S 模型

7S 模型的要素说明如下：

（1）战略：获取和分配有限资源并实现企业持续成长的总体谋划，即对企业发展目标、途径和手段的总体规划。

（2）结构：适应企业战略的组织构成方式，即目标、协同、人员、岗位、相互关系、信息等组织要素的有效排列组合方式。

（3）制度：与企业精神、战略思想保持高度一致的制度体系，包括各项管理规章制度与流程。

（4）风格：企业长期以来形成的独特管理风格，通常指企业管理队伍所表现出来的管理方式与行为特征。

（5）人员：支撑战略的人力资本，即企业内部人员的配置、培养等情况。

（6）技能：组织所具备的技能与特长，这与企业关键人物及全体员工的技能水平息息相关。

（7）共同价值观：企业长期以来形成的且被全体员工共同认同的愿景、使命、企业精神以及核心价值观。

其中，战略、结构和系统是“硬”要素，风格、人员、技能和共同价值观是“软”要素。最高目标——共同价值观处于模型的中心地位，充分发挥企业文化的导向、约束、凝聚、激励及辐射作用，把其他六个要素黏合成一个整体，是决定企业命运的关键要素。

“PDCA”循环

“PDCA”循环又叫戴明环，是管理学中的一个通用模型，更是全面质量管理所应遵循的科学程序。该理论最早起源于 20 世纪 20 年代，当时被称为“统计质量控制之父”的著名统计学家沃尔特·A. 休哈特（Walter A. Shewhart）首次提出“计划—执行—检查”(plan-do-see) 理论，即“PDCA”循环的雏形；后来美国质量管理专家爱德华兹·戴明（Edwards Deming）博士将休哈特的“PDS”循环进一步完善，发展成为“计划—执行—检查—处理”（plan-do-check/study-act)，即“PDCA”循环，形成了一个完善的质量持续改进模型，成为质量管理不可或缺的工具之一。它包括持续改进与不断学习的四个循环反复的步骤，即计划、执行、检查、处理。

本书前面的案例 4－16 强调了 F 公司抓住“PDCA”循环的精髓，通过检查与处理，即评估与改进，形成闭环管理模式，不断改进培训质量，不断优化流程，实现企业文化培训的高效管理。而且，本书中重点阐述的企业文化建设体系，其本身也是一个“PDCA”循环过程。该体系正是通过企业文化评估体系的构建，即不断地总结评估与持续改进，建立一个闭环式企业文化建设体系，并实现了企业文化建设体系的自我完善与提升。可见，“PDCA”循环在企业文化建设过程中的应用既普遍又重要。“PDCA”循环示意图如图 6－9 所示。

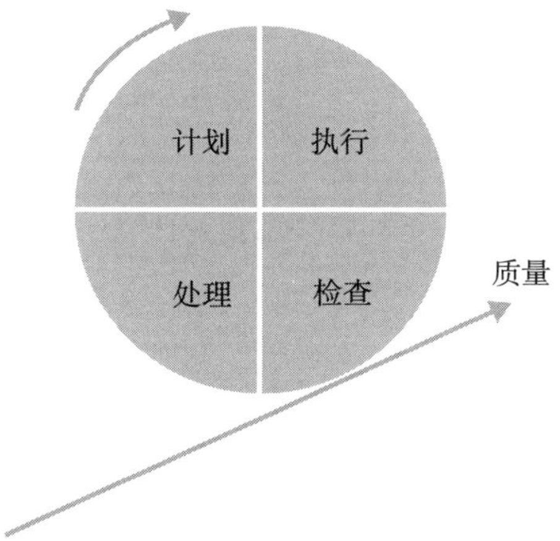

图 6－9　“PDCA”循环示意图

“PDCA”循环详解如下：

（1）P——计划。计划主要指确定方针和目标并制定活动计划。

（2）D——执行。执行就是计划实施的过程，即具体运作，实现计划。

（3）C——检查。检查就是要总结计划完成情况，明确效果、发现优势的同时，分析存在的问题。

（4）A——处理。处理是指就检查的结果进行处理，予以认可或否定。成功的经验要予以肯定，并进一步使其模式化或者标准化，甚至全面推广；对于失败的教训要及时进行总结，避免重蹈覆辙。需要注意的是：本环节未解决的问题应顺推到下一个“PDCA”循环，直到问题解决为止。

“PDCA”循环实施的八大步骤与工具方法如表6-3所示。

表6-3　“PDCA”循环实施的八大步骤与工具方法

阶段	步骤	主要工具和方法
P	1. 分析现状，找出问题	排列图、直方图、控制图
	2. 分析各种影响因素或原因	因果图
	3. 找出主要影响因素	排列图、相关图
	4. 针对主要原因，制定措施计划	回答“5W1H”： ● 为什么制定该措施？ ● 达到什么目标？ ● 在何处执行？ ● 由谁负责完成？ ● 什么时间完成？ ● 如何完成？
D	5. 执行、实施计划	
C	6. 检查计划执行结果	排列图、直方图、控制图
A	7. 总结成功经验，制定相应标准	制定或修改工作规程、检查规程及其他有关规章制度
	8. 把未解决或新出现的问题转入下一个“PDCA”循环	

“5W2H”分析法

“5W2H”分析法又叫七何分析法，是第二次世界大战中美国陆军兵器修理部首创的，该方法简单、方便，易于理解、使用，富有启发意义，广泛用于企业管理和技术活动，对于决策性和执行性的活动措施也非常有帮助，有助于弥补考虑问题的疏漏。发明者用五个以 W 开头的英语单词和两个以 H 开头的英语单词进行设问，用以发现解决问题的线索，寻找发明思路，进行设计构思，从而搞出新的发明项目，这就叫作“5W2H”。

“5W2H”分析法是一种调查研究和思考问题的有效方法。本书前面的案例 4－15 描述了 E 公司之所以能够确保企业文化活动的实效性，主要是因为其很好地贯彻了“5W2H”的思维方法。因此，在企业文化建设过程中，我们应该善于灵活运用该分析方法，它可以帮助我们开启系统的思维方式，并寻求发现、解决问题的思路与对策。“5W2H”分析法示意图如图 6－10 所示。

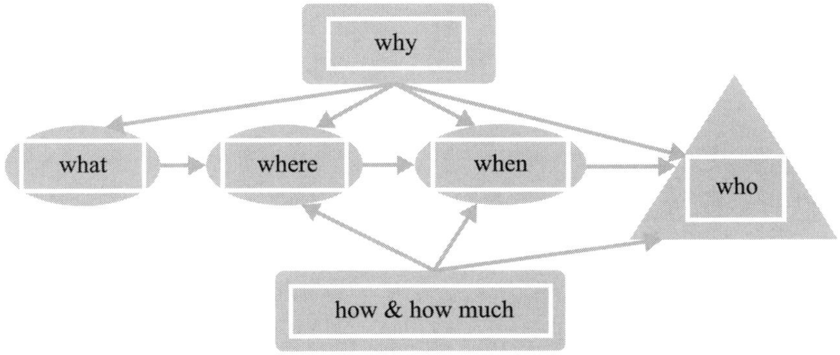

图 6－10　“5W2H”分析法示意图

“5W2H”分析法详解如下：

（1）why——为什么？为什么要这样做？原因是什么？

（2）what——做什么？目的是什么？条件是什么？重点是什么？具体什么内容？

（3）when——何时？什么时间完成？什么时机最适宜？

（4）where——何处？在哪里做？从哪里入手？

（5）who——何人做？由谁来承担？谁来完成？

（6）how——如何做？如何确保成功？如何提高效率？具体方法怎样？

（7）how much——多少？做到什么程度（数量、质量）？效益如何？成本多少？

附录1　企业文化提升必问的十个问题

你是不是投入了很长时间、很多财力与物力，甚至是引入了各类先进的测评与应用工具，但是仍然觉得企业文化建设工作见效慢，总是与理想中的企业文化效果差距很大？不妨思考以下十个问题，并找找自己企业文化存在的差距。

企业文化现状十问

1. 你的企业文化是不是与战略不匹配？

A. 是的　　B. 不清楚　　C. 不是

2. 你的企业文化建设工作是不是没有长短期规划与详细的实施方案？

A. 是的　　B. 有一部分　　C. 不是

3. 你的企业文化建设是不是缺乏持续性的保障机制？①

A. 是的　　B. 有一些　　C. 不是

4. 你的企业文化是不是没有被全体员工共同认同？

A. 是的②　　B. 一般　　C. 不是

5. 你的企业文化是不是对内与对外模糊不清？

A. 是的　　B. 有一点　　C. 不是

6. 企业的制度、员工行为是不是与企业文化存在不一致？③

A. 是的　　B. 有一点　　C. 不是

7. 你的企业文化建设是不是运动式的，而非持续性地实施？

A. 是的　　B. 有一点　　C. 不是

8. 你的企业文化宣贯与推行工作是否有些杂乱，且缺乏专业性、系统

---

① 保障机制包括组织机构设置（领导与执行组织）、制度保障、持续性的硬件建设、资金投入等。

② 不被认同的原因包括：拍脑袋提出理念；缺乏调研分析；没有征求全体员工意见；照搬外面的理念而不切实际；创新过度，与自身历史文化脱节；理念过于复杂；理念没有个性特色等。

③ 主要指企业文化未深度融入制度、员工行为以及日常管理工作，例如只停留在物质层面、空喊口号、形象工程层面。

性、针对性与实效性？

A. 是的　　　　B. 有一点　　　　C. 不是

9. 你选用的企业文化测评以及应用工具是不是与企业“水土不服”？[①]

A. 是的　　　　B. 有一点　　　　C. 不是

10. 你的企业文化建设是不是缺乏科学的评价考核与有效的激励机制？

A. 是的　　　　B. 有一些　　　　C. 不是

计分方法、评估结果及提升建议

答 A，得 0 分；答 B，得 1 分；答 C，得 2 分。

低于或等于 10 分者，企业文化存在较大的问题，建议重点阅读本书第 4 章的全部内容，并反复学习各细分章节的指导内容及案例。

高于 10 分但低于或等于 16 分者，企业文化存在一定的问题，建议在通读本书第 4 章全部内容的基础上，重点根据自己存在的差距或问题，仔细研读相应的章节内容。

高于 16 分者，企业文化处于比较好的状况。“他山之石，可以攻玉”，建议对本书中第 4 章的一些实战经验、典型案例进行选择性学习，这样会对你的企业文化建设带来一些创新和提升。

① 通常表现为引入先进的企业文化测评工具、应用工具，与企业实际情况相差甚远，而且应用效果一般。

附录 2　企业文化建设实用工具清单

体系分类	企业文化建设实用工具清单	页码
企业文化目标体系构建	企业文化建设规划与实施细则方案撰写指导说明	209
	企业文化建设工作任务分解与工作推进表	210
	企业文化建设三年规划实施甘特图	210
企业文化保障体系构建	企业文化建设管理办法内容纲要	212
	企业文化建设经费预算表（年度）	214
	职位说明书——企业文化建设职能部门（负责人）	216
	职位说明书——基层企业文化建设小组（负责人）	220
	职位说明书——企业文化专员	223
企业文化识别体系构建	企业文化手册撰写指导说明	227
	企业文化核心理念提炼指导说明	230
	员工行为规范制定指导书	231
	视觉识别体系建设清单	234
企业文化培训体系构建	企业文化培训计划表	248
	企业文化培训成本费用预算表	248
	培训课程执行工作核查清单	248
	企业文化培训效果综合评估表	253
	企业文化培训师评估表	255
企业文化传播体系构建	企业文化传播载体分类清单	257
	企业文化宣贯员队伍管理办法内容纲要	260
	企业文化活动计划表	262
	企业文化活动费用预算表	263
	企业文化活动成效分析表	266
	企业文化主题宣传计划表（不含活动）	268
	媒体宣传效果评估表	269

续前表

体系分类	企业文化建设实用工具清单	页码
企业文化激励体系构建	企业文化建设评价与考核制度内容纲要	270
	企业文化激励方案设计表	271
	案例征集指导书	272
	员工满意度调查问卷	273
企业文化融入体系构建	常用管理制度清单	281
	部门工作总结与改进计划表	284
	个人工作总结与改进计划表	285
	班组文化建设考核指标体系	287
	安全文化理念体系	288
企业文化评估体系构建	企业文化建设工作评价指标体系	289
	企业文化建设效果评价指标体系	292
	企业文化调查问卷	293